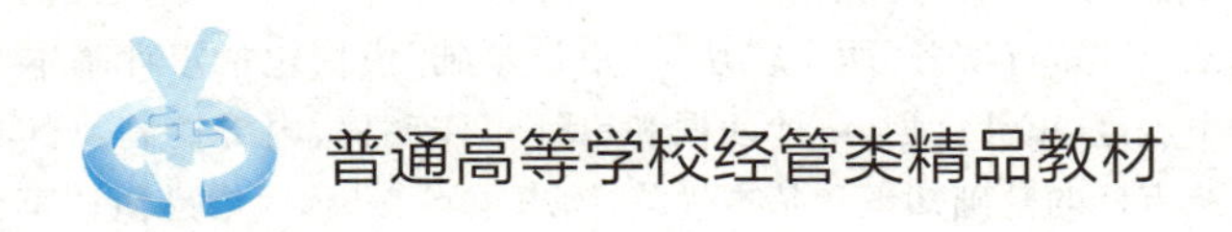

普通高等学校经管类精品教材

审计基础与实务

主　　编　丁　丁　黄季红

副 主 编　李晓渝　杨晶晶　刘　青

编写人员（以姓氏笔画为序）

丁　丁　王茹艺　叶　爽　刘　青

刘　悦　刘诗婉　吕　铭　李邦勇

李晓渝　张彧玥　杨晶晶　费　洁

胡　蓉　黄季红

中国科学技术大学出版社

内容简介

本书以培养学生的审计执业能力为目标，以注册会计师所应掌握的审计知识为中心内容，分为“审计基础”和“审计实务”两个模块。“审计基础”模块包括审计基本知识、审计组织和审计人员、审计基本规范、审计计划、审计证据和审计工作底稿、内部控制及其测试、审计报告等7个项目，系统介绍审计的基础知识和基本规范，力求重点突出，通俗易懂；“审计实务”模块包括货币资金审计、销售与收款循环审计、采购与付款循环审计、生产与存货循环审计、筹资与投资循环审计等5个项目，系统介绍审计的基本流程和方法，重视审计技能的培养。

本书可作为高职院校审计、会计、财务管理等专业的教材，也可作为审计理论和实务工作者及高职院校师生的参考书。

图书在版编目(CIP)数据

审计基础与实务/丁丁，黄季红主编. —合肥：中国科学技术大学出版社，2023.1
ISBN 978-7-312-05578-2

Ⅰ.审…　Ⅱ.①丁…②黄…　Ⅲ.审计学—高等学校—教材　Ⅳ.F239.0

中国国家版本馆CIP数据核字(2023)第005369号

审计基础与实务
SHENJI JICHU YU SHIWU

出版　中国科学技术大学出版社
安徽省合肥市金寨路96号，230026
http://press.ustc.edu.cn
https://zgkxjsdxcbs.tmall.com
印刷　安徽国文彩印有限公司
发行　中国科学技术大学出版社
开本　787 mm×1092 mm　1/16
印张　18.75
字数　463千
版次　2023年1月第1版
印次　2023年1月第1次印刷
定价　48.00元

前　言

在国家治理体系和治理能力现代化进程中，审计发挥着越来越重要的作用。以习近平同志为核心的党中央，高度重视审计在服务社会主义现代化国家建设中的作用，绘制出新时代审计发展的宏伟蓝图。新时代给审计行业带来了前所未有的发展机遇，同时也赋予了审计行业前所未有的历史期望。如何构建审计知识体系、夯实审计基础素养，为党和国家培养“以审计精神立身、以创新规范立业、以自身建设立信”的新时代人才，是全体审计教育工作者的使命和责任。

本教材以注册会计师所应掌握的审计知识为主干，分为审计基础和审计实务两个模块，包含12个项目共42个任务内容，其背后的理念、逻辑、流程、方法和技术对其他类型的审计、监督、监察、纪检等工作具有示范和借鉴意义。本教材具备以下特点：

1．强化思维逻辑。在审计实务工作中，只有坚持正确的思维导向和方向判断，才能有效实现审计目标；但是作为一门综合性课程，审计所涉及的知识点多且杂，整体逻辑难以透彻分析。本教材按照知识学习规律和业务开展流程，重视项目任务之间的逻辑衔接，旨在让读者一目了然地理解知识点之间的逻辑关系。

2．深化产教融合。本教材依托全国“审计职业教育联盟”平台，校企合作开发数字化资源建设，共同梳理审计实务工作中的典型岗位工作任务，并将其作为课程内容设计的载体，同时融入行业技能比赛和职业资格证书中应知应会的内容，实现“岗课赛证”四位一体。

3．优化课程思政。本教材立足国家良治、践行道德教育，在每一项目中设置了具体的课程思政点，分别从知识目标、能力目标和思政目标三个方面，精准对接人才培养的知识性、实践性和价值性需求，锻造具有家国情怀和责任担当、坚守职业底线、驾驭复杂问题的高素质技术技能创新型人才。

另外，本教材以活页形式满足知识点不断更新的需求；同时读者可通过扫描二维码获取配套的数字化学习资源。

本教材由安徽审计职业学院和厦门网中网软件有限公司联合组编，丁丁、黄季红担任主编。具体分工如下：丁丁拟定全书提纲和内容要点，编写项目八，并负责全书的统稿工作；黄季红编写项目九、项目十和项目十二，并负责全书的校订工作；李晓渝编写项目一和项目十一；杨晶晶编写项目四和项目五；费洁编写项目二和项目三；张彧玥编写项目六和项目七；刘青和李邦勇负责全书的数字化学习资源建设；胡蓉、吕铭、刘悦、叶爽、刘诗婉和王茹艺等参加了部分资料的整理及编写。本教材是中国高校产学研创新基金项目(批号:2021ZBA04004)、安徽省高校学科(专业)拔尖人才学术资助项目(批号:gxbjZD2022161)、安徽省质量工程项目(批号:2020dsg2s18、2021gspjc021)和安徽审计职业学院承接提质培优项目的阶段性研究成果。

由于作者的水平有限,不当之处在所难免,尚祈广大读者与同仁不吝指教。

编　者

目　　录

模块二　审 计 实 务

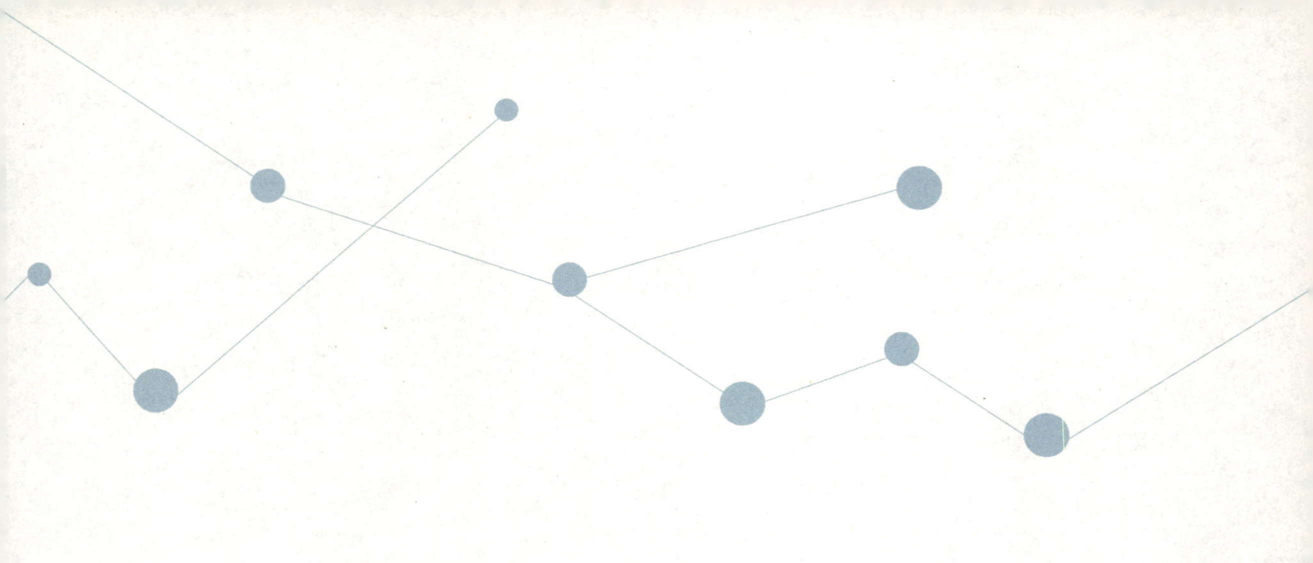

模块一

审 计 基 础

项目一　审计基本知识

知识目标

认识审计的含义、特征，审计与会计的关系、认知审计目标实现的过程，了解审计的起源与发展，掌握审计的对象、职能、任务、目标、作用及分类。

能力目标

培养学生透过现象看本质的能力，树立系统意识和流程思维，培养分析问题的逻辑性和条理性。

思政目标

把握审计的本质规律，通过学习审计发展历程，树立文化自信、制度自信的观念，增强职业自豪感和使命感，培养服务于国家良治的家国情怀和责任担当。

任务一　认知审计产生和发展

一、审计产生和发展的客观基础

审计孕育于国家的萌芽及初创阶段，其产生可上溯至奴隶制国家的强盛时期，并随着社会的发展和自身的内在规律而演进。审计行为是人类社会有了分工，生产力发展到一定水平，物质财富有了剩余，阶级私有制和国家出现以后才发生的。

当社会经济发展到一定程度，必然出现经济组织规模扩大，经济活动过程复杂，管理层次增多，致使财产所有者无法亲自掌管全部经济活动，只好委托他人代为经营，这样就形成了财产所有权与经营管理权的分离及受托经济责任关系。所谓受托经济责任关系是指受托者即财产的经营管理者接受财产所有者的委托，代其行使经营管理权，并通过法则、合同、组织原则等手段形成的责权利相结合的责任关系。受托经济责任关系是审计产生的客观基础，为审计的产生提供了可能性。

当财产的所有者将其财产委托他人代管或代为经营时，出于对其财产安全与完整的关心，需要经常对受托者进行经济监督。但由于时间、地点和条件（自身能力、法规等）的限制，财产的所有者或委托人很难亲自对具体业务执行经济监督，于是便产生审计意识，需要设置专职机构和人员代其行使审计监督权。财产经营管理者即受托者也必须向委托者如实报告经济责任履行情况并接受监督。

我国著名的会计学家杨时展教授认为："审计因受托责任的发生而发生，又因受托责任的发展而发展。"

二、我国审计的起源和发展

国家审计的起源与发展

在我国，伴随社会经济管理活动而产生的审计经历了一个漫长的发展历程。从有记载开始，审计已有3000多年的历史，可见，我国是审计产生最早的国家之一。我国审计的产生和发展大体可分为以下几个阶段：

（一）我国古代审计的起源和发展

1．西周时期——初步形成阶段

据史料记载，早在西周时期就开始了审计思想的萌芽。西周末年设置的宰夫是有记载以来最早的审计官员，与掌管财政收支、会计核算的官员一起隶属六卿之首的天官系统，负责对宫廷的财务收支、记录及其掌管的官员进行审查监督。同时按"以参互考日成，以月要考月成，以岁会考岁成"的要求，按日、按月、按年进行考核，审查经营成果，并定期向周王报告，当时称之为受计，就是由周王亲自听取审查的意见。这套办法称为上计制度，这一制度对以后历代王朝产生了深远的影响。当时，审计与会计、财政同属一个部门，审计机构尚未独立，是政府审计的形成时期，但在当时是世界上非常先进的。

2．秦汉时期——逐渐发展阶段

秦汉时期是我国历史上进入大统一的中央集权时期，典章制度比较完备，财政监督也具体化了。秦始皇继承并完善了上计制度，设立检查监督的官职——御史大夫，直接辅佐皇帝，掌管国家政治、经济监察事项，有权处理贪污、盗窃人员。汉朝时期汉武帝也重视审计工作，除了设置御史大夫这一官职外，还在原来上计制度的基础上制定上计律，把它作为一种专门制度，不仅使审计与法律联系起来，成为我国审计立法的开端，同时使审计与会计逐渐分离，审计开始逐步走向独立。

3．隋唐至宋时期——日臻健全阶段

隋唐时期是我国封建社会的鼎盛时期，社会经济的进一步发展，对经济管理提出了更高的要求，审计也得到了空前的发展。

隋朝时期设三省六部，掌管财政的机关叫尚书省；在其下面设比部，主管财政并定期将财政预算与财政实际支出进行比较审查。

唐朝时期进一步完善三省六部制。尚书省改为刑部，刑部之下设比部，专司勾覆审计之事。凡国家财计，不论军政内外无不加以勾稽和查核审理。比部的审计之权通达财经各领域，审计监督的性质从原来的行政监督变为司法监督的一部分，使审计工作具有较强的独立性和权威性。

从审计发展的历史来看，宋朝是一个极其重要的朝代。宋太宗淳化三年（公元992年），

在太府寺下设置审计院，掌管审计工作。审计一词首次出现，从此，审计便成为财政监督的专用名词，对后世中外审计建制具有深远的影响。由于多种原因，审计院成立后未能真正发挥作用，不久即被撤销。到宋神宗元丰三年（公元1080年），在太府寺下设置审计司，各地也设相应机构，但因为没有配套的审计制度，所以也未能充分发挥其应有的作用。

4. 元、明、清时期——停滞不前阶段

元、明、清各朝，审计工作无大发展，甚至还有所倒退，如元朝初期撤销了比部，由户部兼管财务报告的审核。明朝初期再设比部，不久即被撤销。到了清朝，又在户部下按行政区域设置清吏司；雍正年间，将清吏司归入督察院。督察院具有对君主进行规谏、对政务进行评价、对管理进行纠察弹劾的职责，是当时最高的监察、监督机构，表面上看权力很大，实际工作却不得力，名存实亡。清朝末年（1906年），光绪皇帝仿效西方资本主义国家设立审计院，同时引进了近代的审计制度，后因辛亥革命爆发，审计制度未能实施。而同时期的世界先进国家却已逐步建立了以民主政治和工业革命为基础的现代政府审计和独立审计模式。所以说，虽然这期间经历了著名的康雍乾盛世，但审计工作走了很多弯路，故这一阶段仍为审计的停滞不前阶段。

（二）我国近代审计的发展：中华民国——不断演进阶段

辛亥革命以后，建立了中华民国。1912年在国务院下设中央审计处，直属国务院总理领导。各省设审计分处。1914年，改审计处为审计院，颁布《审计法》和《审计法实施细则》。这是我国历史上第一部《审计法》。1931年改审计院为审计部，为检察院所属机构。由于当时政治腐败，虽有审计，但并未起到应有的作用。

进入中华民国之后，为了维护民族的利益和尊严，以谢霖为代表的一批爱国会计学者积极倡导创建中国的注册会计师事业。1918年初，时任中国银行总司长的谢霖向当时的北洋政府农商部、财政部递呈了执行会计师业务的呈文和章程——《会计师暂行章程》；同年9月，北洋政府农商部核准了该章程，颁布了我国第一部注册会计师法规——《会计师暂行章程》，并批准谢霖先生为中国第一位注册会计师。与此同时，谢霖创办了中国第一家会计师事务所——正则会计师事务所。此后，上海、南京、武汉等城市相继成立了会计师事务所。至1947年底，中国已拥有注册会计师2619人。

（三）我国现代审计的发展：新中国——振兴阶段

1. 国家审计的发展

新中国成立之后，在国民经济恢复时期，财政部和省财政厅都设审计机构和部门，后并入监察部，1958年后由于种种原因取消了审计制度。同时，由于国民经济中还存在着多种经济成分，与之相适应的注册会计师行业也被保留下来，并且在新中国成立初期的经济恢复工作中发挥了积极作用。随着对资本主义工商业的社会主义改造基本完成，我国开始实行高度集中的计划经济，注册会计师失去了服务对象，而且会计师事务所本身也是私有经济，被列入了改造对象，因此注册会计师行业悄然退出了历史舞台。

党的十一届三中全会以后，国家把工作重点转移到以经济建设为重心的轨道上来。审计工作的重要性和必要性也被更多人士所认同。1982年党中央、国务院批转了财政部《关于筹建审计机关的报告》，同年12月4日第五届全国人民代表大会第五次全体会议通过了

新宪法，明确规定了应该设立审计机关、实施审计监督。1983年9月正式成立中华人民共和国审计署，全国各省设立审计局，配备专职的审计人员。1995年1月1日《中华人民共和国审计法》的实施，在法律上确立了政府审计的地位；从2000年1月开始，审计署相继发布《中华人民共和国国家审计基本准则》及相关具体准则；2006年2月28日第十届全国人民代表大会常务委员会第二十次会议通过了《关于修改〈中华人民共和国审计法〉的决定》并予以发布实施，为政府审计进一步发展奠定了良好基础。

2014年10月国务院发布《关于加强审计工作的意见》，提出要加强对重大政策措施和决策部署落实情况、重大投资项目、重点专项资金和重大突发事件的全过程跟踪审计，加强对公共资金、国有资产、国有资源、领导干部经济责任履行情况的审计，加强国家经济安全审计、民生审计、生态审计，探索实行自然资源资产离任审计，加强对审计机关的监督，完善审计结果运用机制，实现审计监督全覆盖，促进国家治理体系化和治理现代化，保障国民经济健康发展。为保障审计机关依法独立行使审计监督权，更好发挥审计在党和国家监督体系中的重要作用，2015年2月中共中央办公厅、国务院办公厅印发了《关于完善审计制度若干重大问题的框架意见》及《关于实行审计全覆盖的实施意见》等相关配套文件。

2018年3月组建中国共产党中央审计委员会，作为党中央决策议事协调机构，由习近平任主任，构建集中统一、全面覆盖、权威高效的审计监督体系。随后，各级地方党委也相应成立审计委员会。2021年10月23日第十三届全国人民代表大会常务委员会第三十一次会议通过了《关于修改〈中华人民共和国审计法〉的决定》，第二次修正《审计法》，并于2022年1月1日起颁布实施。

2. 民间审计的发展

随着对外开放政策的贯彻实施，我国又恢复了注册会计师制度。1980年12月财政部颁发了《关于成立会计顾问处的暂行规定》，1981年1月1日在上海成立了恢复注册会计师制度后的第一家会计师事务所——上海会计师事务所。随后，全国各地纷纷成立会计师事务所和审计事务所。1993年10月颁布《中华人民共和国注册会计师法》，1996年1月1日颁布并实施了《中国独立审计准则》等一系列法律、法规和制度，使我国注册会计师行业逐步走上了法制化、规范化的轨道，同时也逐渐得到各级政府和社会各界人士的重视和关注。为了加速我国注册会计师行业的发展和与国际同行的交流与合作，1996年10月中国注册会计师协会加入亚太会计师联合会，1997年5月又加入国际会计师联合会，这标志着我国注册会计师行业开始走上国际舞台。为了使注册会计师行业发展与我国社会主义市场经济发展进程相适应，中国注册会计师协会根据国务院领导的指示，1997年7月开展了全行业清理整顿工作，1998年开始全面推行事务所脱钩改制工作。2006年2月15日财政部发布《中国注册会计师鉴证业务基本准则》《中国注册会计师审计准则第1101号——财务报表审计的目标和一般原则》等48项审计准则(其中22项为新发布，26项为修订)，我国民间审计准则体系已经基本建立。这一系列工作的开展，推动了注册会计师行业的规范发展，为我国注册会计师行业冲出亚洲、走向世界奠定了良好的基础。

近年来，我国多次修订注册会计师审计准则，确保与国际审计准则持续趋同。截至2021年12月31日，全国共有会计师事务所(含分所)10142家，注册会计师97563人，非执业会员212278人。目前，全国具有注册会计师资质的人员超过26万人，全行业从业人员近40万人。注册会计师行业服务于包括3000余家上市公司在内的420万家以上企业、行政事业单位。

【课程思政案例】

永不褪色的“立信魂”——潘序伦先生与“立信”

出生于仕族家庭的潘序伦，自小聪慧过人，但恃才傲物的性格使他的人生之旅颇多波折。先是在上海浦东中学参与交“白卷”被开除；投考南京海军军官学校毕业后又退出军籍；到镇江中学当了教师，却因校长变动被辞退。28岁那年，一位家境贫寒的同乡准备前往法国勤工俭学，此事促使他彻底告别了游手好闲的荒唐岁月，重新开始求学。经黄炎培校长举荐，潘序伦破格进入上海圣约翰大学深造，并不负众望，以第一名的成绩保送美国哈佛大学，踏上了圆梦之旅。从美国学成归来后，潘序伦在上海商科大学（现上海财经大学）、国立暨南大学（现暨南大学）和重庆大学等校任职，致力引进和传授西方现代会计学理论与技术，为中国现代会计事业的发展打下了良好的基础。

当时国内会计界有改革旧式账簿的要求，然而除大型银行外，采用新式簿记和会计制度的工商企业为数极少。潘序伦决定以会计师作为终身职业，一心一意为发展我国会计事业奋斗。于是，他辞去了大学的职务，着手创立会计师事务所。

1927年1月，在上海爱多亚路（现延安东路）39号，“潘序伦会计师事务所”宣告成立。第二年，他取了《论语》中“民无信不立”之意，将“潘序伦会计师事务所”改名为“立信会计师事务所”。潘序伦为“立信”写下箴言：“信以立志、信以守身、信以处事、信以待人、毋忘立信、当必有成。”

资料来源：https://cj.sina.com.cn/articles/view/7437683051/1bb52096b001012wju

【课程思政】 潘序伦先生用一生所写就的“立信”精神，为我们留下了宝贵的精神财富。作为新时代新青年，我们更应该学习先生坚持原则、诚信为本的精神；学习先生刻苦学习、自强不息的精神；学习先生艰苦奋斗、一心为公的精神；学习先生开放包容、改革创新的精神。

3. 内部审计的发展

为了全面开展审计工作，完善审计监督体系，加强部门、单位内部经济监督和管理，我国于1984年在部门、单位内部成立了审计机构，实行内部审计监督。1985年10月发布了《审计署关于内部审计工作的若干规定》，在各级审计机关、各级主管部门的积极推动下，内部审计蓬勃发展。2003年3月审计署颁布修订后的《审计署关于内部审计工作的规定》。2003年6月我国颁布并实施了《中国内部审计准则》。从2003年4月开始，中国内部审计协会发布内部审计准则。2013年、2016年和2019年又对其进行修订，使我国内部审计更加规范化，更适应社会经济发展的需求。2019年4月为了加强内部审计工作，建立健全内部审计制度，提升内部审计工作质量，充分发挥内部审计作用，审计署发布了《关于内部审计工作的规定》。目前，我国上市公司、大中型企业、大中型行政事业单位均建立了相对健全的内部审计制度。

目前,我国已经形成了国家审计、民间审计和内部审计三位一体的审计监督体系。

三、西方国家审计的起源和发展

西方审计的产生也是从官厅审计开始的,但其民间审计起步较早、发展迅速。

(一) 西方国家审计的产生与发展

其他审计的起源与发展

1. 萌芽阶段

在奴隶制度下的古罗马、古埃及时代,统治者为了维护其统治地位,让自己的一些可靠亲信担任监督官,行使财政监督、行政监督和司法监督职能,负责检查监督各级官员是否尽职守法,但没有专门独立的审计机构,国家审计仍处于萌芽状态。古希腊已有官厅审计机构,审计人员采取“听证”(audit)的方式对各级官吏的卸任经济责任及账簿进行审查和处置,这一点在奴隶社会中是绝无仅有的。

2. 发展阶段

进入封建社会,各国的君王纷纷设置具有权威性的审计部门,并由过去的财政、审计合一模式逐步转变为独立审计模式,负责对国家财政收支和会计账簿的审查,处理各种财务纠纷,使审计有了长足的发展。如:公元 11 世纪的英国设置的上院,1320 年法国设立的审计厅,1713 年德国威廉时期设立的总会计院等。特别值得一提的是,法国的路易国王于 1256 年颁布法令要求各级官员必须接受每年一次的定期审计,开创了西方司法审计的先河。

3. 现代国家审计的形成

进入资本主义时期,随着民主政治思想的发展和现代国家的建立,西方国家审计也进入了一个崭新的发展时期。西方的政府审计大多采取由议会领导并直接对议会负责的领导管理体制,依法负责审查各级政府部门和官员对经济责任的履行情况,具有较强的独立性和权威性。但这一时期西方审计发展的最大突破还是注册会计师审计即民间审计的产生和迅猛发展。

(二) 西方注册会计师审计(民间审计)的产生与发展

西方民间审计的产生与发展

1. 注册会计师审计的起源

注册会计师审计起源于意大利合伙企业制度。16 世纪意大利商业城市威尼斯出现了最早的合伙企业。在合伙企业中,有的合伙人不参与经营管理,客观上希望能有一个独立的第三者对合伙企业的经营情况进行监督与检查,于是产生了对注册会计师审计的最初需求。1581 年一批具有良好会计知识、专门从事查账和公证工作的专业人员,在威尼斯创立了威尼斯会计协会,成为世界上第一个会计职业团体。

2. 注册会计师审计的形成

注册会计师审计虽然起源于意大利,但它对后来注册会计师审计事业的发展影响不大。英国在创立和传播注册会计师审计职业的过程中发挥了重要作用。工业革命开始后的 18 世纪下半叶,资本主义的生产力得到了迅速发展,生产的社会化程度大大提高,企业的所有权与经营权进一步分离,企业主们希望有外部独立的会计师来检查他们所雇佣的管理人员是否忠诚,是否存在舞弊行为。于是,英国出现了第一批以查账为职业的独立会计师。但此时的审计尚为任意审计，他们接受企业主委托，对企业会计账目进行逐笔检查，检查的目的是查错防弊，检查的结果也只向企业主报告。随着经济的发展特别是股份公司的兴起使企业的所有权与经营权进一步分离，大多数股东已完全脱离经营管理。股东及潜在的市场投资者非常关心企业的经营成果，以便作出是否继续持有或购买公司股票的决定。而了解公司经营成果等方面的情况主要是依据会计报表来进行的。因此，在客观上进一步产生了由独立会计师对公司会计报表进行审计，以保证会计报表信息真实可靠的需求。1721 年英国的“南海公司事件”成为注册会计师审计的催产剂。对南海公司进行审计的斯耐尔先生成为世界上第一位注册会计师。斯耐尔先生以会计师的名义提出了查账报告书，从而宣告了独立会计师——注册会计师的诞生。1844 年英国颁布《公司法》规定股份公司的账目必须经董事以外的人员审计，极大地促进了独立审计的发展。1853 年世界上第一个注册会计师的专业团体——苏格兰爱丁堡会计师协会的成立，标志着注册会计师职业的诞生。

3. 注册会计师审计的发展

注册会计师审计的发展经历了几个比较典型的历史阶段：

一是 1844 年至 20 世纪初的英式详细审计。其主要特点是注册会计师审计由任意审计转为法定审计；审计的目的是查错防弊，保护企业资产的安全和完整；审计的方法是对会计账目进行逐笔审计；审计报告使用人主要为企业股东等。其中详细审计的精华一直沿用至今。

二是自 20 世纪初到 20 世纪 30 年代初的美式资产负债表审计。这一时期的显著变化是由于全球经济发展重心由欧洲转向美国，注册会计师审计发展的中心也由英国转向了美国。由于金融资本对产业资本的渗透、企业规模的扩大，企业对银行的依赖性越来越强，银行也越来越需要了解企业财务状况和偿债能力方面的信息。美式审计的重要特点是审计对象由会计账目扩大到资产负债表；审计的主要目的是通过对资产负债表数据的审查判断企业信用状况；审计方法从详细审计初步转向抽样审计；审计报告使用人除企业股东外，更突出了债权人。

三是 20 世纪三四十年代的会计报表审计。1929 年到 1933 年，资本主义世界经历了历史上最严重的经济危机，在客观上促使企业利益相关者从只关心企业财务状况转变到更加关心企业盈利水平。于是审计模式从资产负债表审计转为会计报表审计。其主要特点是审计对象转为以资产负债表和收益表为中心的全部会计报表及相关财务资料；审计的主要目的是对会计报表发表审计意见，以确定会计报表的可信性，查错防弊转为次要目的；审计的范围已扩大到测试相关的内部控制，并广泛采用抽样审计；审计报告使用人扩大到股东、债权人、证券交易机构、税务、金融机构及潜在投资者；与此同时审计准则开始拟订，审计工作向标准化、规范化过渡；注册会计师资格考试制度广泛推行，注册会计师专业素质普遍提高。

四是 20 世纪 40 年代以后的管理审计与国际审计。其特点是审计竞争日益激烈，事务所之间的合并加剧，先后产生了“八大”国际会计师事务所，后又合并为“六大”，时至今日已合并为“四大”，它们分别是普华永道（Price waterhouse Coopers，PwC）、安永（Ernst&Young，EY）、毕马威（KPMG）、德勤（Deloitte&Touche，DTT）。与此同时，审计的技术也在不断地发展：抽样审计方法得到广泛采用，制度基础审计方法得到推广，计算机辅助审计技术被广泛采用。注册会计师业务扩大到代理纳税、会计服务、管理咨询等领域。

从我国和西方的审计产生与发展历程中，可以看出：

（1）不论是我国审计，还是西方各国审计，它的产生和发展都有其客观依据，都同财产所有权与经营权相分离而产生的受托经济责任关系有关。没有这种受托经济责任关系就不可能产生审计行为。

(2) 从审计的内容和范围看，都有着大体相同的发展过程和趋势，即从财政财务审计(包括财经法纪审计)发展到经济效益审计，从事后审计发展到事前审计，从外部审计发展到内部审计。

(3) 在审计方法上，从详细审计发展到以评价内部控制制度为基础的抽样审计。

(4) 在审计机构设置上，从萌芽时的不独立到形成时的相对独立，再到现代审计的完全真正独立；从立足本国到跨出国门。

任务二　认知审计含义与特征

一、审计的含义与审计关系人

审计的含义

(一) 审计的含义

从字义上讲，“审”就是审查的意思，“计”就是会计、计算的意思。“审”与“计”联在一起，“审计”的词义就是审查会计资料，即通常所讲的查账。但是这种理解只反映传统财务审计的含义，而不能反映现代审计的本质特征。那么，审计的完整含义是什么呢？各国审计理论者和实务工作者都对其进行过深入研究，并有着不同的表述。我国将审计定义为“审计是由专职机构和人员，依法对被审计单位的财政、财务收支及其有关经济活动的真实性、合法性、合规性和有效性进行审查，评价经济责任，用以维护财经法纪、改善经营管理、提高经济效益的一项独立性的经济监督活动”。

审计是一项具有独立性的经济监督活动。独立性是审计的本质属性，也是审计的精髓。审计人员在实施审计的过程中要做到客观、公正、实事求是，就必须保持独立性。只有这样，审计工作才能深受社会各界人士的重视，赢得社会的信任。所谓独立性，就是秉公、按原则办事。审计人员在执行审计业务、出具审计报告时应当在形式上和实质上均独立于委托单位和其他机构，不受任何外力的干扰和影响。具体地说，独立性包含以下四个方面的含义：

1. 机构独立

即审计机构要独立于被审计单位之外，与被审计单位没有组织上的隶属关系。

2. 人员独立

即审计人员应当独立于被审计单位之外，与被审计单位之间没有任何利害关系。这是保证审计工作客观、公正的前提。《中华人民共和国审计法》(以下简称《审计法》)第十三条明确规定：“审计人员办理审计事项，与被审计单位或者审计事项有利害关系的，应当回避。”

3. 经济独立

审计机构从事审计业务活动所需要的经费，应当有合法的来源和法律保证，不受被审计单位的牵制。《审计法》第十一条明确规定：“审计机关履行职责所必需的经费，应当列入财政预算，由本级人民政府予以保证。”这一规定，体现了国家对审计事业的重视和支持，也是独立行使监督权的保证。社会审计组织实行有偿服务，依据国家规定的计费标准计算审计费用，作为经济来源，保证其生存和发展的需要。

4. 工作独立

工作独立是指审计机构或人员从事审计工作要依据国家的法律规定，独立行使审计监督权，应有自主性，不受其他单位和个人的任何影响。

审计关系人

（二）审计关系人

审计的产生奠定了审计关系人理论。任何审计都具有三个基本要素，即审计主体、审计客体和审计授权或委托人。审计主体，是指审计行为的执行者，即审计机构和审计人员，为审计第一关系人；审计客体，指审计行为的接受者，即指被审计的资产代管或经营者，为审计第二关系人；审计授权或委托人，指依法授权或委托审计主体行使审计职责的单位或人员，为审计第三关系人。一般情况下，第三关系人是财产的所有者，而第二关系人是资产代管或经营者，他们之间有一种特定的经济责任关系。第一关系人即审计组织或人员，在财产所有者和受托管理或经营者之间，处于中间人的地位，要对两方关系人负责，既要接受授权或委托对被审计单位提交的会计资料认真进行审查，又要向授权或委托审计人（即财产所有者）提出审计报告，客观公正地评价受托代管或经营者的责任和业绩。

构成审计的三方面关系人如图 1.1 所示。

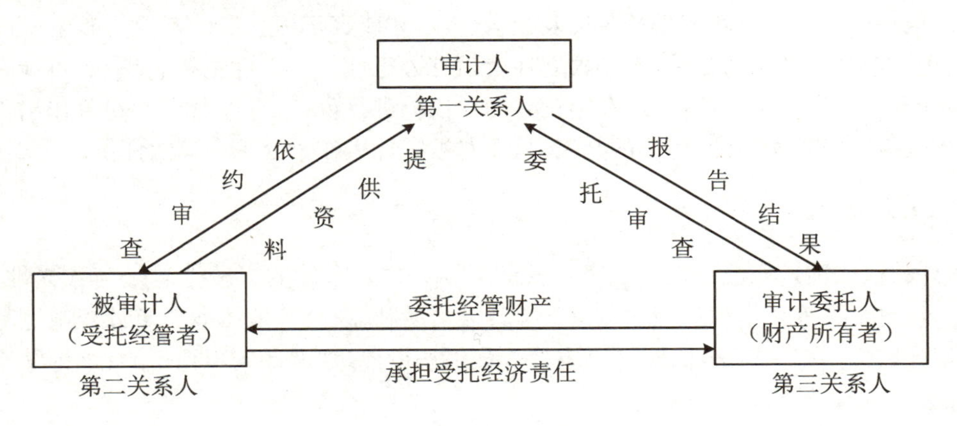

图 1.1　审计关系人

二、审计的特征

审计的特征

审计的特征是指审计区别于其他监督形式的独有的特征。在经济监督体系中，经济监督形式各种各样，既有财政、银行、税务等的经济监督，又有会计、主管部门、审计的经济监督。审计区别于其他经济监督的特点如下：

（一）独立性

国内外审计实践经验表明，审计在组织上、人员上、工作上、经费上均具有独立性。

审计监督的内容，一般是指被审计单位的经济活动及相关经济资料，着眼点在于评价经济责任。因此,审计监督是一种经济监督,并不同于行政监督或司法监督。行政监督的对象是国家行政机关实施的行政管理活动(包括经济活动);行政监督不是以第三者身份通过授权或委托进行监督的,其执行主体本身就具有管理权和处罚权。法律监督的客体是法律关系,其依据是法律;法律监督的最高机关是全国人民代表大会及其常务委员会,有权监督宪法的贯彻实施;实行法律监督的主体是法院和检察院,其监督要按照法律程序进行。审计虽然也是依法监督,但除法律为其依据外,还有国家的方针、政策、计划、规章、标准、法规等,依法审计并不等于就是法律监督。

审计监督虽说也是经济监督,但又不同于其他专业经济监督。审计监督是专设的部门所实行的监督,审计部门无任何经济管理职能,不参与被审计人及审计委托人的任何管理活动,具有超脱性;审计监督内容取决于授权人或委托人的需要,具有广泛性;审计监督代表国家实施监督,被审计单位不得阻挠;审计监督不仅可以对所有的经济活动进行监督,而且还可以对其他经济监督部门以及它们监督过的内容进行再监督,如会计、财政、税务、银行等可以实行经济监督,但它们不是独立的经济监督部门,而主要是经济管理部门。

(二)公正性

审计的公正性反映了审计工作的基本要求。审计人员理应站在第三者的立场上,进行实事求是的检查,作出不带任何偏见的、符合客观实际的判断,并作出公正的评价和进行公正的处理,以正确地确定或解除被审计人的经济责任,审计人员只有同时保持独立性、公正性,才能取信于审计授权者或委托者以及社会公众,才能真正树立审计权威的形象。

公正性与独立性密切相关,没有独立性就没有公正性。公正性主要表现在:审计人员独立于审计委托人和被审计单位,站在第三者的立场上进行审计,可以对审计对象作出不带任何成见的、符合客观实际的、正确的判断,从而对被审计人作出公平合理的评价。

(三)权威性

审计的权威性是保证有效行使审计权的必要条件。审计的权威性总是与独立性、公正性相关,它离不开审计组织的独立地位与审计人员的独立、公正地执业。审计权威性具体表现在:审计监督具有一定的法律地位;审计人员依法审计,被审计人不得拒绝;审计结论和决定具有法律效力,被审计人必须执行。

各国为了保障审计的权威性,分别制定《公司法》《证券交易法》《商法》《破产法》等,从法律上赋予审计超脱的地位及监督、评价和鉴证职能。一些国际性的组织为了提高审计的权威性,也通过协调各国的审计制度、准则以及制定统一的标准,使审计成为一项世界性的权威的专业服务。我国实行审计监督制度,这在宪法中作了明文规定,审计法中又进一步规定:国家实行审计监督制度,国务院和县级以上地方人民政府设立审计机关,审计机关依照法律规定的职权和程序进行审计监督。

审计人员依法执行职务,受法律保护。任何组织和个人不得拒绝、阻碍审计人员依法执行职务,不得打击报复审计人员。审计机关负责人在没有违法失职或者其他不符合任职条件的情况下,不得随意撤换。审计机关有要求报送资料权、检查权、调查取证权、采取临时强制措施权,建议主管部门纠正其有关规定权,通报、公布审计结果权,对被审计单位拒绝、阻碍审计工作的处理、处罚权,对被审计单位违反预算或者其他违反国家规定的财政收支行为的处理权，对被审计单位违反国家规定的财务收支行为的处理、处罚权，给予被审计单位有关责任人员行政处分的建议权等。我国审计人员依法行使独立审计权时受法律保护，如被审计单位拒绝、阻碍审计时，或有违反国家规定的财政、财务收支行为时，审计机关有权作出处理、处罚的决定或建议，这更加体现了我国审计的权威性。审计人员应当具备与其从事的审计工作相适应的专业知识和业务能力。审计人员应当执行回避制度和负有保密的义务，审计人员办理审计事项应当客观公正、实事求是、廉洁奉公、保守秘密。审计人员滥用职权、徇私舞弊、玩忽职守，构成犯罪的，依法追究刑事责任；不构成犯罪的，给予行政处分。这样不仅有利于保证审计执业的独立性、准确性和科学性，而且有利于提高审计报告与结论的权威性。

根据我国审计法规的要求，被审计单位应当坚决执行审计决定，如将非法所得及罚款按期缴入审计机关指定的专门账户等。对被审计单位和协助执行单位未按规定期限和要求执行审计决定的，应当采取措施责令其执行；对拒不执行审计决定的，申请法院强制执行，并可依法追究其责任。由此可见，我国政府审计机关的审计决定具有法律效力，可以强制执行，这也充分显示了我国审计的权威性。

我国社会审计组织，也是经过有关部门批准、登记注册的法人组织，依照法律规定独立承办审计查账验证和咨询服务业务，其审计报告对外具有法律效力，这也充分体现它们同样具有法定地位和权威性。我国内部审计机构也是根据法律规定设置的，在单位内部具有较高的地位和相对的独立性，因此也具有一定的权威性。

三、审计与会计的关系

审计与会计的关系

有人认为审计是从会计中派生出来的，其本质还是与会计有关。事实上，审计与会计是两种不同的但又有联系的社会活动。

（一）审计与会计的联系

审计与会计的联系主要表现在：

(1) 两者起源密切相关。会计资料是审计的直接审查对象，会计是产生审计的基础，审计是会计的质量保证。审计实质上是对企业会计监督的内容进行再监督，对企业会计认定的内容进行再认定。没有会计则无需进行审计，没有审计则无法保证会计的质量。

(2) 两者彼此渗透融会。审计与会计虽然是两门各自独立的学科，但无论在理论还是方法上都有着彼此渗透融会的地方，审计标准、审计证据与会计有着密切的联系，审计标准的制定和审计证据的取得，绝大多数依赖于会计资料。

(3) 两者目标最终一致。审计与会计尽管各自具体业务不同，但两者都以维护财经法纪，加强经营管理，提高经济效益为最终目的。

（二）审计和会计的区别

随着审计的发展，审计和会计的区别越来越突出，主要表现在：

(1) 产生基础不同。会计是随着人类社会生产的发展和经济管理的需要而产生的；审计则是在财产的所有权与经营权相分离的条件下基于对经济监督的需要而产生的。

(2) 性质不同。会计是经营管理的重要组成部分，主要是对生产经营或管理过程进行反映和监督；审计则处于具体的经营管理之外，是经济监督的重要组成部分，主要对财政财务收支及其他经济活动的真实性、合法性和效益性进行审查，具有外在性和独立性。

(3) 对象不同。会计的对象主要是资金运动过程，也就是经济活动价值方面；审计的对象主要是会计资料和其他经济信息所反映的经济活动。

(4) 方法程序不同。会计方法体系由会计核算、会计分析、会计检查三部分组成，包括记账、算账、报账、用账、查账等内容，其中会计核算方法包括设置账户、复式记账、填制和审核凭证、登记账簿、成本计算、财产清查、编制会计报表等记账、算账和报账方法，其目的是为管理和决策提供必须的资料和信息；审计方法体系由规划方法、实施方法、管理方法等组成。其中实施方法包括资料检查法、实物检查法、审计调查法、审计分析法、审计抽样法等，主要是为了确定审计事项、收集审计证据、对照标准评价、形成审计报告与决定、帮助会计信息使用者确定会计信息的可信赖程度。

(5) 职能不同。会计的基本职能是对经济活动过程的反映和监督；审计的基本职能是监督，此外还包括评价和鉴证。会计虽说也具有监督职能，但这种监督是一种自我监督行为，主要通过会计检查来实现。会计检查只是各个单位财会部门的附带职能，而审计是独立于财会部门之外的专职监督检查；会计检查的目的主要是为了保证会计资料的真实性和准确性，其检查范围、深度、方式均受到限制，而审计的目的在于证实财政财务收支的真实性、合法性、效益性。

任务三 认知审计的对象、职能、任务、目标与作用

审计的对象、职能和作用

一、审计的对象

审计的对象是指审计监督的客体，即审计监督的范围和内容。

概括来说，审计的对象是指被审计单位的财务收支及其有关的经营管理活动以及作为提供这些经济活动信息载体的会计报表和其他有关资料。因此，会计报表和其他有关资料是审计对象的现象，其所反映的被审计单位的财务收支及其有关的经营管理活动才是审计对象的本质。

具体来说，审计的范围和内容包括：

(1) 从被审计单位的范围来看，国家审计的对象主要是国务院各部门、地方各级人民政府、国有金融机构以及国有企事业组织，内部审计的对象为本单位及其所属单位，注册会计师审计的对象主要是委托人指定的单位。

(2) 从审计涉及的内容来看，审计对象主要指被审计单位的财政财务收支及其相关的经济活动。

(3) 从审计内容的载体来看，审计对象是指被审计单位的会计资料及其相关资料。

国家审计的对象或客体，即参与审计活动关系并享有审计权力和承担审计义务的主体

所作用的对象，它是对被审计单位和审计的范围所作的理论概括。根据我国《宪法》第 91 条和第 109 条的规定，以及《中华人民共和国审计法》的具体规定，我国国家审计对象的实体，即被审计单位是指所有作为会计单位的中央和地方的各级财政部门、中央银行和国有金融机构、行政机关、国家的事业组织、国有企业、基本建设单位等。

根据《中华人民共和国注册会计师法》及有关规章的规定，我国民间审计的对象主要是民间审计组织（会计师事务所），接受国家审计机关、企事业单位和个人的委托，可承办财务收支的审计查证事项，经济案件的鉴定事项，注册资金的验证和年检，以及会计、财务、税务和经济管理的咨询服务等。

根据《审计署关于内部审计工作的规定》，我国内部审计的对象是本部门、本单位及其所属单位的会计账目、相关资产，以及所反映的财政收支和财务收支活动，同时还包括本部门、本单位与境内外经济组织兴办合资、合作经营企业以及合作项目等的合同执行情况，投入资金、财产的经营状况及其效益。

二、审计的职能

审计的职能是审计本身所固有的内在功能，是由审计的本质决定的。它说明审计能够做什么，不以人们的主观意志为转移，而是由社会经济条件和经济发展的客观需要来决定的。审计的职能并非一成不变，会随着经济的发展而不断变化。关于审计到底有哪些职能，审计学界尚存在争议。概括起来，审计主要具有经济监督、经济鉴证和经济评价的职能。

（一）经济监督职能

经济监督，即监察和督促，是审计的基本职能。审计的经济监督职能是由审计的性质所决定的。它主要是通过审计，检查和监督被审计人的经济活动在规定的范围内沿着正常的轨道健康运行；检查受托经济责任人忠实履行经济责任的情况，借以揭露违法违纪，制止损失浪费，查明错误弊端，判断管理缺陷，进而追究经济责任。在审计实务中，审计机关和审计人员从依法检查到依法评价，再到依法作出审计处理处罚决定的执行，无不体现着审计的经济监督职能。

要使审计发挥监督职能，必须具备两个条件：一是监督必须由权力机关实施；二是要有严格的客观标准和明确的是非界限。

（二）经济鉴证职能

经济鉴证，即鉴定和证明。经济鉴证是指审计人员对被审计单位的财务报表及其他经济资料进行检查和验证，确定其财务状况和经营成果的真实性、公允性、合法性，并出具证明性审计报告，为审计授权人或委托人提供确切的信息，以取信于社会公众。比如，注册会计师接受委托并通过财务报表审计出具的审计报告就体现了审计的经济鉴证职能。又如，国家审计机关经授权提交的审计结果报告也体现了审计的经济鉴证职能。

经济鉴证职能的发挥应当具备两个条件：一是审计组织的权威性；二是审计组织要有良好的信誉。权威和信誉是互为前提、相辅相成的。

（三）经济评价职能

经济评价是指审计人员对被审计人的经济资料及经济活动进行审查，并依据相应的标准对所查明的事实作出分析和判断，肯定成绩，揭露矛盾，总结经验，从而改善经营管理，寻求提高效率和效益的途径。审计人员对被审计人的经营决策、计划、方案是否切实可行、是否科学先进、是否贯彻执行，内部控制系统是否健全、有效，各项经济资料是否真实、可靠，以及各项资源的利用是否合理、有效等诸多方面所进行的评价，都可以作为提出改善经营管理建议的依据。在现代审计实务中，效益审计最能体现审计的经济评价职能。

要发挥经济评价职能，应当具备两个条件：一是不断提高审计人员素质和构成；二是力求评价方法先进可行。

上述职能中，经济监督是审计的基本职能，经济鉴证和经济评价是以经济监督为基础而派生出的职能。审计职能客观地存在于审计之中，但审计职能是否实现，主要取决于审计单位的工作效率、审计人员的素质、社会的重视程度和审计工作环境等因素的共同作用。

三、审计的任务与目标

（一）审计的任务

审计的任务是指在一定时期内，根据审计的职能和社会经济发展的需要，赋予审计的职责和要求。我国审计的任务分为基本任务和具体任务。

基本任务是指依据国家的有关法规，对被审计对象经济活动进行监督、评价和鉴证，维护国家财经秩序，促进廉政建设，保障国民经济健康发展。

具体任务主要有：① 监督经济决策方案、计划、预算的制定和执行，保证国民经济的稳定、协调和持续发展；② 确保审计会计资料和其他经济资料的真实性、正确性与合法性；③ 揭发严重侵占国家资产，严重损失浪费等损害国家利益的行为；④ 评审内部控制结构和运行情况；⑤ 研究、分析和评价被审计对象的经济效益情况。审计的责任是维护国家财政经济秩序，保护国家财产的安全与完整，促进廉政建设，保障国民经济健康发展。

（二）审计的目标

审计的目标是审计行为的出发点，是审计活动要达到的境地，是目的的具体化。目的具有全面性与长期性，目标具有局部性和阶段性。审计的目的取决于审计授权人或委托人。审计目标的确定取决于两个因素，一是社会的需求，二是审计界自身的能力和水平。

社会需求是审计存在和发展的前提。但如果审计界没有能力和水平，不能满足社会的种种需求，那么这些需求的存在也仅仅是期望和空想，不能成为现实。可以说，审计目标的确定是社会需求和审计界能力与水平之间的平衡。不同审计主体，由于其在社会政治经济活动中所处的地位不同，社会对其需求会有很大不同，审计目标也有很大不同。

在现实工作中，我们还常常根据审计目标的不同将审计业务划分为不同的类型。例如，在传统的财务报表审计中，审计的目标是对所审计财务报表的真实性、公允性发表意见，而在政府效益审计中，审计的目标则是对被审计单位履行职责过程中管理和使用公共资源的经济性、效率性和效果性进行检查和评价。

审计目标通常可以划分为总体审计目标和具体审计目标。总体审计目标是指实施审计要实现的最终目的；具体审计目标是总体审计目标的细化，是针对具体审计项目所确定的审计目的。

1. 总体审计目标

在我国，国家审计、内部审计和民间审计对总体审计目标的表述不尽一致。

审计的总目标

(1) 国家审计的总目标。我国的国家审计是在《宪法》的明确要求下开展起来的。《宪法》第 91 条明确规定："国务院设立审计机关，对国务院各部门和地方各级政府的财政收支，对国家的财政金融机构和企业事业组织的财务收支，进行审计监督。"我国国家审计准则第 6 条规定，审计机关的主要工作目标是通过监督被审计单位财政收支、财务收支以及有关经济活动的真实性、合法性、有效性，维护国家经济安全，推进民主法治，促进廉政建设，保障国家经济和社会健康发展。真实性是指反映财政收支、财务收支以及有关经济活动的信息与实际情况相符合的程度。合法性是指财政收支、财务收支以及有关经济活动遵守法律、法规或者规章的情况。有效性是指财政收支、财务收支以及有关经济活动实现的经济效益、社会效益和环境效益。

国家审计的真实性、合法性、有效性这三个目标是紧密相连的，其中真实性是基础，不真实本身就是不合法的，建立在不真实的基础上的效益也是虚假的。合法性是基本要求，不合法的行为往往采取弄虚作假的手法加以掩盖，通过非法方式取得的效益也是不合法的，得不到法律的保护。效益性是最终目标，它需要以真实性和合法性为基础，并且是在这一基础上的更高要求。

(2) 内部审计的总目标。中国内部审计协会颁布的《第 1101 号——内部审计基本准则》第 2 条将内部审计的目标界定为"促进组织完善治理、增加价值和实现目标"，进一步明确了内部审计在提升组织治理水平，促进价值增值以及实现组织目标中的重要作用。对内部审计目标更高的定位将进一步提升内部审计在组织中的地位和影响力，提升内部审计的层次。

(3) 民间审计的总目标。根据《中国注册会计师审计准则第 1101 号——注册会计师的总体目标和审计工作的基本要求》，注册会计师接受委托对财务报表进行审计，其总体目标：一是对财务报表整体是否不存在由于舞弊或错误导致的重大错报获取合理保证，使得注册会计师能够对财务报表是否在所有重大方面按照适用的财务报告编制基础发表审计意见；二是按照审计准则的规定，根据审计结果对财务报表出具审计报告，并与管理层和治理层沟通。

2. 具体审计目标

本书仅介绍注册会计师审计的具体目标。

审计的具体目标

具体审计目标是审计总目标的具体化，包括一般审计目标和项目审计目标。一般审计目标是进行所有项目审计均须达到的目标，是适用于所有账户余额的、含义较广的目标；项目审计目标则是按每个项目分别确定的目标。具体审计目标的确定，有助于注册会计师按照审计准则的要求收集充分、适当的审计证据，并根据项目的实际情况发表恰当的审计意见。

具体审计目标必须根据被审计单位管理当局的认定和审计总目标来确定。

(1) 管理层的认定是指管理层对财务报表组成要素的确认、计量、列报作出的明确或隐含的表达。认定与审计目标密切相关，注册会计师的基本职责就是确定被审计单位管理层对其财务报表的认定是否恰当。管理当局在财务报表上的认定有些是明示性的，有些则是暗示性的。

例如，某企业2018年的资产负债表上列示：应收账款500万元，这就表明管理当局作了两项明示性的认定：应收账款客观存在，应收账款在报告日的正确余额为500万元；三项暗示性的认定：所有应列报的应收账款均已包括在内，所有应收账款均为企业的债权，应收账款在报表中的披露是恰当的。

小思考

"存货100万"这样一句话在注册会计师眼里要负哪几个方面的责任？

分析：① 说明被审计单位是有存货的；② 存货的余额是100万，这是两个明示性认定。暗示性认定：① 所有应报告的存货均已包括在内；② 所有被报告的存货都归公司所有；③ 存货的使用不受任何限制。

管理层在财务报表上的认定包括对与各类交易和事项相关的认定，与期末账户余额相关的认定，以及与列报相关的认定。

（2）一般审计目标是指注册会计师通过实施审计程序以确定管理层在财务报表中确认的各类交易、账户余额、披露层次认定是否恰当。注册会计师根据管理当局的认定推论得出两大类具体审计目标，即：① 与所审计期间各类交易、事项及相关披露相关的审计目标（表1.1）；② 与期末账户余额及相关披露相关的审计目标（表1.2）。

表1.1 与所审计期间各类交易、事项及相关披露相关的审计目标

认定	具体审计目标	举例
发生	确认已记录的交易是真实的	针对被审计单位账簿中记录的管理费用，检查证实是否有真实费用支出发生
完整性	确认已发生的交易确实已经记录，所有应包括在财务报表中的相关披露均已包括	针对被审计单位本期已经发生了采购业务，检查证实是否均在账簿中加以记录
准确性	确认已记录的交易是按正确金额反映的，相关披露已得到恰当计量和描述	对销售交易检查，以确定发出商品的数量与账单上的数量是否不符，或是开账单时是否使用了错误的销售价格，或是账单中的乘积或加总是否有误，或是在销售明细账中是否记录了错误的金额
截止	确认接近于资产负债表日的交易记录于恰当的期间	检查临近期末的本期费用是否将确认推到下期，或将下期收入确认提到本期
分类	确认被审计单位记录的交易经过适当分类	如果将现销记录为赊销，将与非日常活动相关的政府补助记录为其他收益，则导致交易分类的错误，违反了分类的目标
列报	确认交易和事项已被恰当地汇总或分解且表述清楚，相关披露在适用的财务报告编制基础下是相关的、可理解的	未披露对收入确认的时点和金额具有重大影响的判断以及判断的变更，如履约进度的确认方法、控制权转移的时点等，则违反了该目标

发生所要解决的问题是管理层是否把那些不曾发生的项目记入财务报表，它主要与财务报表组成要素的高估有关，完整性目标则针对漏记交易（低估）。准确性与发生、完整性之间存在区别。例如，若已记录的销售交易是不应当记录的（如发出的商品是寄销商品），则即使发票金额是准确计算的，仍违反了发生目标。

表 1.2　与期末账户余额及相关披露相关的审计目标

认定	具体审计目标	举例
存在	确认记录的金额确实存在	对在存货的明细中列入的该存货，检查期末是否真实存在该存货
权利和义务	确认资产归属于被审计单位，负债属于被审计单位的义务	检查确认是否有将他人寄售商品列入被审计单位的存货中；检查确认是否将不属于被审计单位的债务记入账内
完整性	确认已存在的金额均已记录，所有应包括在财务报表中的相关披露均已包括	应收票据贴现不符合金融资产终止确认条件，但未将贴现款项确认短期借款，则违反了完整性目标
准确性、计价和分摊	确认资产、负债和所有者权益以恰当的金额包括在财务报表中，与之相关的计价或分摊调整已恰当记录，相关披露已得到恰当计量和描述	年末未能对应收账款恰当地按照预期信用损失金额确认信用减值损失，则违反了该目标
分类	确认交易和事项已记录于恰当的账户	对于永续债直接确认为负债，未能恰当按金融负债与权益工具划分原则，则违反了分类的目标
列报	确认交易和事项已被恰当地汇总或分解且表述清楚，相关披露在适用的财务报告编制基础下是相关的、可理解的	未披露与合同成本有关的资产信息，如资产的摊销、资产的类别等，则违反了该目标

（3）项目审计目标是只适用于某一特定项目的审计目标。注册会计师依据管理当局的认定，在正确认识和掌握一般审计目标的基础上，针对被审计单位的具体情况，确定每个项目的审计目标，并以此作为评估重大错报风险以及设计和实施进一步审计程序的基础。

项目审计目标是一般审计目标的具体化，是一般审计目标具体运用于各具体会计报表项目、考虑到具体财务报表项目的性质和特点等因素形成的，因此，不同的财务报表项目其项目审计目标也不相同。各具体审计项目的审计目标将在以后各章节中详细阐述。

表 1.3 以应收账款余额为例，列示了管理层认定、与账户余额相关的一般审计目标和与应收账款余额相关的项目审计目标之间的关系。

表 1.3 管理层认定、与期末账户余额及相关披露相关的具体和项目审计目标

管理层认定	与期末账户余额及相关披露相关的具体审计目标	与应收账款余额及相关披露相关的项目审计目标
存在	存在	在资产负债表日，所有已记录的应收账款确实存在
权利和义务	权利和义务	所有应收账款归被审计单位所拥有，除已披露外，应收账款未作抵押或担保
完整性	完整性	所有符合销售确认条件的赊销金额已计入应收账款，应收账款的增减变动均已入账
准确性、计价和分摊	准确性、计价和分摊	应收账款预计可收回，并已按既定政策足额计提坏账准备，年末销售截止是恰当的
分类	分类	在资产负债表日，所有已记录的应收账款已记录于恰当的账户
列报	列报	在资产负债表日，应收账款已在资产负债表上进行恰当列报和披露

四、审计的作用

审计作用是指审计在履行审计职能、实现审计目标过程中所产生的客观影响或社会效果。

（一）制约性作用

制约性作用是指审计工作在执行批判性的监督活动中，通过监督、鉴证和评价，制约经济活动中的各种消极因素，有助于受托经济责任者正确履行经济责任和保证社会经济的健康发展。

（二）建设性作用

建设性作用是指审计在执行指导性的监督活动中，通过监督、鉴证和评价，对被审计单位存在的问题提出改进的建议与意见，从而使其经营管理水平与状况得到改善与提高。

需要注意的是虽然审计的职能客观地存在于审计之中，但要实现审计的职能，真正发挥出审计的制约性、证明性和促进性作用，还必须具备以下条件：第一，取决于审计主体的工作效率，即对审计机构的要求，包括审计机构的组织形式、管理水平等方面；第二，取决于审计人员的思想素质和业务素质，即对审计人员的要求，包括对审计人员的资格认定、监督管理、责任划分和业绩考评以及赏罚等方面；第三，取决于社会的支持和重视，即对审计环境的要求，特别对注册会计师审计尤其重要；第四，取决于审计工作条件的保证，如：审计经费的来源与保障等方面。

任务四 认知审计分类

对审计进行分类主要是从不同角度进一步观察、研究审计的不同特性和内容，以便审计

人员更好地理解、掌握审计在社会经济中的职能,根据审计目标选用适当的审计方式,组织审计实施,提高审计工作效率,充分发挥审计的作用。

审计分类的标准很多,结合我国目前经济类型和审计监督的特点,可将审计划分为基本分类和其他分类两大类别。

一、审计基本分类

审计的基本分类

审计的基本分类是说明审计本质的分类。

(一)按审计主体分类

1. 政府审计

政府审计又称国家审计或官厅审计,是指由国家审计机关所进行的审计,包括政府财政收支审计和国有企业审计两部分。政府审计的最大特点是具有法定的强制性,且具有处置权。

2. 内部审计

内部审计是指被审计单位内部所设置的专职机构和配备的专职人员,依法对本单位及下属单位的财政财务收支、经营管理活动及相关的资料等所进行的审计。我国内部审计分为两个层次,即部门内部审计和单位内部审计。

部门内部审计是指在国务院各部门和地方各级政府内部设立的审计机构及专职审计人员对本部门及下属单位的财政财务收支、经营管理活动及相关资料所进行的审计。这一层次的内部审计实行双重领导,即在行政上要接受本部门的领导,同时在业务上还要接受政府审计机关的指导,对本部门和政府审计机关负责并报告工作。

单位内部审计是指企业、事业单位以及大型基建项目的建设单位内部设置的审计机构和专职审计人员依法对本单位的财务收支、经营管理活动及其经济效益所进行的审计。这一层次的内部审计,除了接受本单位主管人员领导外,还要接受上一级主管部门审计机构的指导,对本单位和上一级主管部门审计机构负责并报告工作。

3. 民间审计

又称社会审计、私人审计、独立审计和注册会计师审计,是指由独立的会计师事务所等非官方机构通过接受委托,对被审计单位的财务报告和相关会计信息的合法性和公允性进行客观评价、公证的一种审计。社会审计的特点是实行有偿服务、自收自支、自负盈亏、独立核算、依法纳税,具有法人资格。因此,在业务上具有较强的独立性和客观公正性。它是商品经济中审计的主体。我国的民间审计起步较晚,但近期发展较快,对市场经济的影响和作用越来越强。

(二)按照审计的内容和目的分类

1. 财政财务审计

财政财务审计又称传统审计,是指审计机构和专职人员对被审计单位的会计资料的正确性、真实性、合规性、合法性实施的审计。财政财务审计亦可细分为财政审计和财务审计两类。

财政审计是指国家审计机关的专职人员对国务院各部门、地方各级人民政府财政预算的编制、执行情况及财政决算的真实性、合法性所进行的审计；财务审计主要以企事业单位的财务收支活动为审计对象，审查其财务收支活动及相关资料的真实性、正确性、合规性、合法性。从审计的主体上看，财政财务审计的主体可以是国家审计机关，也可以是内部审计机构，还可以是民间审计组织。

2. 合规性审计

合规性审计是指审计人员确定被审计单位在执行业务的过程中是否遵循了特定的法律、法规、程序或规则，或者是否遵守经营合同或财务报告的要求。合规性审计的既定标志有很多方面，其中最为普遍的应属政府某机构的各种规章制度。例如审计企业或个人是否按照税法及时申报纳税，或者检查企业的工资率是否符合工薪法规定的最低限额等，其目的是保护国家、集体和个人三者利益，保证党和国家的各项方针、政策及法律、法规贯彻落实。政府审计部门开展的财经法纪审计就是一种合规性审计，通常是根据群众举报和会计资料中所反映出来的问题，对有关人员在经济活动中的不法行为进行立案审查，以查清事实并确定问题的性质及责任。

3. 经营审计

经营审计也称管理审计或绩效审计，是审计人员为了评价被审计单位经营活动的效果和效率，对其经营程序和方法进行的审计。其审计内容是根据被审计单位的经营目标，对被审计单位的内部控制制度、人事管理制度等方面的效果与效率进行考核和评价并提出改进措施。其目的是促进被审计单位改善经营管理，提高经济效益。审计重点是各项计划指标、预期效果、决策方案的实现及措施；资源的合理利用、投资效果、物资节约、生产技术研究与开发程度等。与财政财务审计相比，经营审计产生不久，历史不长。

4. 经济责任审计

经济责任审计又称履责审计、离职审计，主要是指对企事业单位的法定代表人或经营承包人在任期内或承包期内应负的经济责任的履行情况所进行的审计。

在审计实践中，尤其是在政府审计机关的审计实践中，这四类审计有时并不是截然分开的，应根据客观情况的需要，将四类审计有机结合，而不能要求每个审计项目都平均投入力量，以致失其重心。

（三）按审计主体与被审计单位的关系分类

1. 外部审计

外部审计是指由政府审计机关、社会审计组织对被审单位所进行的审计。

2. 内部审计

内部审计是指由部门、单位内部设置的专职机构和配备的专职人员所进行的审计。

外部审计和内部审计既有区别，又有联系。区别是审计的范围不同；独立性的程度不同；审计结果的效力不同。联系是外部审计和内部审计都是审计监督体系的重要组成部分，其审计的总目标是一致的；外部审计和内部审计是相互依存、相互支持的，内部审计是外部审计的基础，外部审计的深度和广度在很大程度上取决于内部审计工作的健全程度，而外部审计，特别是政府审计机关对内部审计具有指导和监督的责任。

二、审计其他分类

审计的其他分类

（一）按审计范围分类

1. 全面审计

全面审计又称全部审计，是指审计机构和专职审计人员对被审计单位某一特定会计期间的财政财务收支活动、经营管理活动及其相关的会计资料、其他资料等进行周密而全面的审查。这种审计方式的范围广泛，程序严谨，不仅要详细地审阅资料、核对账目，而且还要对各项经营管理活动进行实地观察。全面审计的优点是审查详尽、不易遗漏重大问题、审计效果好；缺点是审计工作量大、耗费的时间多、审计的成本高。这种审计方式只适用于规模小、业务简单、会计资料少的企事业单位。如果被审计单位属于大中型企业，规模大、业务复杂，但是内部控制制度薄弱，内部管理比较混乱，审计机构也必须采用这种方式实施审计，以确保审计结论的真实、可靠。

2. 局部审计

局部审计又称部分审计，是指审计机构和专职审计人员对被审计单位某一特定会计期间部分的财政财务收支活动，经营管理活动及其相关的部分会计资料所进行的审计。如对企业存货中的材料进行审计、对长期资产中的固定资产进行审计、对负债业务中的应付工资进行审计等均属于局部审计。局部审计的优点是审计的范围小、针对性强、节省时间、降低成本，可以在较短的时间内实现审计目标。缺点是容易遗漏重大问题，具有一定的局限性，审计结论有时不够准确。

3. 专项审计

专项审计又称专题审计或特种审计，是指审计机构根据授权人或委托人提出的审计目标、时间和范围，对被审计单位特定的审计项目进行的审计。如对被审计单位某一贷款项目进行审计，对经济效益和经济责任进行审计，对贪污、受贿问题进行审计等均属于专项审计。专项审计的范围比局部审计小，但针对性更强，审计重点更突出，提出的审计意见更可行，作出的审计结论更准确。

（二）按审计实施时间分类

1. 事前审计

事前审计是指审计机构的专职人员在被审计单位的财政财务收支活动及其他经济业务活动发生之前所进行的审计。如对预算、计划编制的审核，对经济合同签字前的复查，对经济决策及可行性研究报告的鉴证等。进行事前审计可以防止错误和弊端，起到防患于未然的作用，以保证各项经济活动的合理性、合法性、真实性和效益性。

2. 事中审计

事中审计是指审计机构的专职人员对被审计单位的财政财务收支及其他经济业务活动进行过程所进行的审计。如对企业的费用开支标准、材料消耗定额等执行过程中的有关经济业务进行事中审计。事中审计便于及时发现问题和解决问题，挖掘企业内部潜力，改善经营管理，提高经济效益。

3. 事后审计

事后审计是指审计机构的专职人员在被审计单位的财政财务收支及其他经济活动结束以后所进行的审计。事后审计的目的是对各项经济活动的合规性、合法性、真实性、效益性作出评价和判断，从而确定或解除被审计单位的受托经济责任。事后审计是指在被审单位经济业务完成之后进行的审计。大多数审计活动都属于事后审计。事后审计的目标是监督经济活动的合法合规性，鉴证企业会计报表的真实公允性，评价经济活动的效果和效益状况。

按实施的周期性，审计还可分为定期审计和不定期审计。定期审计是按照预定的间隔周期进行的审计，如注册会计师对股票上市公司年度会计报表进行的每年一次审计、国家审计机关每隔几年对行政事业单位进行的财务收支审计等。而不定期审计是出于需要而临时安排进行的审计，如国家审计机关对被审单位存在的严重违反财经法规行为突击进行的财经法纪专案审计；会计师事务所接受企业委托对拟收购公司的会计报表进行的审计；内部审计机构接受总经理指派对某分支机构经理人员存在的舞弊行为进行审查等。

（三）按审计执行地点分类

1. 报送审计

报送审计又称送达审计，是由被审计单位按照审计机关的要求，将需要审查的全部资料送到审计机关所在地进行的审计。它是政府审计机关进行审计的重要方式。报送审计主要适用于政府审计机关对行政机关、事业单位执行的财政财务审计。这种审计方法的优点是省时、省力。缺点是不易发现被审计单位的实际问题，不便于用观察或盘点的方法进一步审查取证，从而审计的质量受到一定的影响。

2. 就地审计

就地审计又称现场审计，是审计机构派出审计小组和专职人员到被审计单位所在地进行的审计。

就地审计按其具体方式可以分为驻在审计、专程审计和巡回审计三类。驻在审计（又称常驻审计）是指审计机关派出审计人员到被审单位设立派出机构，常驻被审单位所进行的审计；专程审计是指审计机构为查明某一重点问题或审查某一经济案件，委派有关人员专程到被审单位进行审计，审计工作结束后再返回原审计机构的审计；巡回审计是指审计机构对应审计的单位派定审计次序，派出审计小组和专职人员依次周而复始地到各个被审单位进行的审计。就地审计的可靠性强、审计风险低、效果好，但审计时间长、审计成本大。目前绝大多数审计采取就地审计。

（四）按审计动机分类

1. 强制审计

又称法定审计，是指审计机构和专职的审计人员根据法律、法规的规定对被审计单位所进行的审计。强制审计在我国的类型有：一是政府机关根据法律赋予的权力，对国务院各部门和地方各级政府的财政财务收支及财政金融机构、企事业单位的财政财务收支实行的强制审计；二是内部审计机构对本单位及下属单位的财务收支及各项活动实行的强制审计；三是接受审计机关委托的社会审计组织对指定的被审计单位或审计事项实行的强制审计。

2. 任意审计

任意审计又称自愿审计，是根据被审计单位自身的需要，委托审计机构对其进行审计，一般是指民间审计。民间审计组织也要根据有关的法规制度，如《中华人民共和国会计法》《企业会计准则》《企业财务通则》《中外合资经营企业法》等进行审查。这种审计的目的在于提高企业在社会上的地位和信誉，维护其自身的经济利益。

（五）按审计是否通知被审计单位分类

1. 预告审计

预告审计是指在审计之前将审计的日期、审计的目的及主要内容，预先通知被审单位而进行的审计。预告审计的优点是事前与被审单位进行沟通与协调，可以节约审计时间，提高审计效率。民间审计通常为预告审计。

2. 突击审计

突击审计是指在审计之前未将审计的日期、目的及内容通知被审单位而进行的审计。突击审计的优点是可以防止对方销毁证据，使审计正常进行，取得原有效果。涉及违法案件的特种审计通常为突击审计。

审计分类归纳如图 1.2 所示。

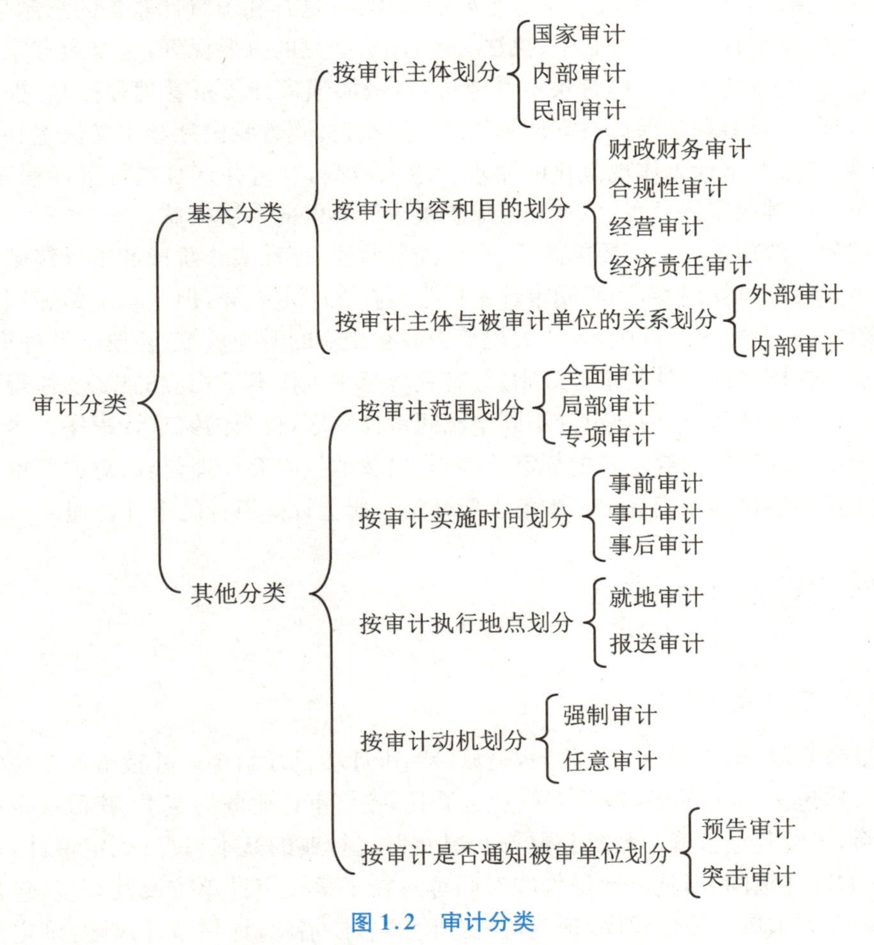

图 1.2 审计分类

任务五　认知审计过程

审计是一个系统化的程序，是在审计目标的指引下通过制定、执行审计计划，有组织地采用科学的程序收集和评价审计证据，完成审计工作，提交审计报告，最终实现审计目标的系统过程。为了使审计工作有组织、有计划、有步骤地进行，保证审计工作的质量和提高审计工作效率，审计人员执行审计业务时，都必须遵循一定的审计过程，选用一定的审计方法来获取审计证据，以支持其对被审计单位的财务状况和经营成果发表审计意见和作出审计结论。

一、审计过程的含义

审计目标实现的过程

审计过程是指审计人员在具体的审计项目中所采取的行动和步骤，是审计人员从接受审计项目开始，到审计工作结束的全过程。

制定并严格遵守审计过程具有十分重要的作用：一是有利于审计监督的法制化、制度化和规范化，是实现审计工作有法必依、执法必严、违法必究的重要保证，也是遵守审计准则的基本要求；二是可以使审计工作有条不紊地进行，是加强审计质量管理和控制，提高审计效率的重要保证；三是有利于保护被审计单位的合法权益，随着我国社会主义民主和法制建设的逐步完善，社会对审计工作规范化的要求会越来越高，制定并认真执行审计程序，不仅有利于审计事业的健康发展，而且也有利于保护被审计单位的合法权益。

审计过程一般包括三个主要的阶段：审计准备阶段、审计实施阶段和审计终结阶段。审计过程三个阶段的具体内容，因不同审计主体类型存在一定差异，但基本上是相同的。国家审计在《审计法》《国家审计准则》等有关规范中都有相应的明确规定；注册会计师审计在《注册会计师法》《中国注册会计师审计准则》等有关规范中也作出了相应的规定，体现了注册会计师审计工作的行业特点；内部审计不同于民间审计程序，也与国家审计程序不尽一致，《审计署关于内部审计工作的规定》《内部审计准则》以及单位内部管理要求，对内部审计过程不同阶段的工作内容作出专门规定。本书主要介绍注册会计师审计的审计过程。

二、注册会计师审计过程

（一）审计准备阶段

审计准备阶段，也称审计计划阶段，是从洽商审计项目开始至进驻被审计单位之前的阶段。主要工作包括：洽商审计项目，接受业务委托，签订审计业务约定书；获取被审计单位相关背景资料，了解其经营管理情况和财务状况及所属行业的基本情况；确定审计目标，明确相关要求（如审计范围、出具审计报告的时间等）；在了解被审计单位及其环境（包括内部控制）的基础上，实施风险评估程序，确定应对风险的总体措施；评估审计风险，确定重要性水平;制定审计总体策略和具体审计计划。

(二)审计实施阶段

审计实施阶段,也称外勤阶段,是审计工作的核心阶段,一般指从审计小组进驻被审计单位起至撤离为止的阶段。核心工作是实施应对风险的进一步审计程序,主要包括控制测试和实质性程序。控制测试包括对内部控制的了解、描述、设计测试与执行测试,以评价内部控制的有效性及其控制风险。实质性程序就是对各业务循环所进行的审计,包括对交易和事项、账户余额及相关披露的实质性分析程序和细节测试,以发现认定层次的重大错报。此外,实质性程序还包括对特殊项目的审计,如期初余额审计、会计政策和会计估计变更及会计差错更正审计、债务重组审计、非货币性交易审计、关联方及其交易披露审计、或有事项与期后事项审计、现金流量表审计等。在审计实施阶段,要运用审计抽样和审计技术方法对相关经济活动和经济资料进行审查,以获取充分、适当的审计证据,并编制审计记录,形成审计工作底稿。

(三)审计报告阶段

审计报告阶段,也称审计终结阶段,即自审计小组撤离被审计单位起,至完成全部审计工作止的阶段。主要工作包括:汇总、整理与评价审计证据;评价审计结果,形成初步审计结论;与被审计单位治理层和管理层沟通;形成审计结论,签发审计报告;整理审计工作底稿,形成审计档案。

本项目小结

本项目阐述的是审计的基本理论与基本知识,内容包括审计的起源与发展、审计的含义与种类、审计的特征与目的、审计的职能与作用。本项目的重点是审计的含义、性质、对象、特点、职能与作用。本项目的难点是审计产生的客观基础、审计与会计的关系、审计的对象、职能与作用及其相互关系。

受托经济责任关系是审计产生的客观基础。我国审计的产生和发展大体可分为以下六个阶段:“西周”初步形成阶段、“秦汉”逐渐发展阶段、“隋唐宋”日臻健全阶段、“元明清”停滞不前阶段、“中华民国”不断演进阶段、“新中国”振兴阶段。

审计是一项具有独立性的经济监督活动。审计的对象是被审计单位的财政财务收支及其有关的经济管理活动和作为提供这些经济活动信息载体的会计报表、其他资料等。审计的三大主要职能是经济监督、经济鉴证和经济评价。

审计按照不同的标准可以分为许多类型,其中最基本的是按照其内容和目的所分成的财政财务审计、合规性审计、经营审计、经济责任审计,以及按照审计主体所分成的国家审计、内部审计和民间审计。

审计过程是指审计人员在具体的审计项目中所采取的行动和步骤,是审计人员从接受审计项目开始,到审计工作结束的全过程。审计过程一般包括三个主要的阶段:审计准备阶段、审计实施阶段和审计终结阶段。

项目一课后习题

项目二　审计组织和审计人员

知识目标

了解西方国家审计组织的设置类型，熟悉我国政府审计的职责和权限。了解西方民间审计设置的类型，掌握我国会计师事务所设置的条件和业务范围。了解内部审计设置的类型，熟悉我国内部审计组织的职责和权限。了解审计人员的任职资格和条件。

能力目标

培养系统意识，结合职业规范和实务现象，培养灵活运用职业规范分析审计案例、参与审计工作的应变能力。

思政目标

增强法治意识和道德观念，激发家国情怀和爱国热情，自觉树立以推进审计事业健康发展为己任的崇高理想，致力成为德才兼备的审计人才。

任务一　认知政府审计组织和政府审计人员

一、政府审计组织

政府审计组织是代表国家依法行使监督权的行政机关，具有国家法律赋予的独立性和权威性。政府审计组织不仅是最早的审计组织形式，也是现代各国审计机构体系中最重要的组成部分。尽管各国审计机关的称呼不一，但都是国家政权的一个重要组成部分。由于世界各国的文化传统和政治体制的不同，一百五十多个国家的最高审计机关的隶属关系和地位也有很大差别。

（一）西方国家审计组织的类型

西方国家审计组织的类型

1. 立法型

立法型国家的最高审计机关隶属立法部门，依照国家法律赋予的权力行使审计监督权。

一般直接对议会负责，并向议会报告工作。其特点是独立于政府之外，行使国家法律赋予的职权，具有很高的独立性和权威性。其主要职责是对政府的财政经济活动，公共机构、公营企业、公共工程项目，政府援助项目的财政财务收支及其经济责任效率性、效果性进行有效的监督。目前世界上大多数国家的最高审计机关都属于立法型审计机构。例如，奥地利审计院直接隶属国民议会，每年向国民议会提交工作报告；加拿大审计长每年向议院报告审计长公署工作中重要的应提请众议院注意的任何事项；美国审计总局（署）隶属国会，不受任何行政当局干涉，独立行使审计监督权。立法型审计机关地位高、独立性强，不受行政当局的控制和干预。

2. 司法型

司法型国家的最高审计机关隶属于司法部门，有很强的司法权。其特点是审计的独立性和权威性较大，但作用的发挥往往受到一定的限制。主要职责是以评审经济责任履行情况和奖惩政府官员为主要内容，侧重于提供审查和追究当事人财务责任的服务。例如，意大利的审计法院对公共财物案件和法律规定的其他案件有裁判权，审计法院直接向两院报告审查的结果；西班牙审计法院拥有自己的司法权；法国审计法院也有一定的审判权。司法型审计机关可以直接行使司法权力，有司法地位，有很高的权威性。

3. 行政型

行政型国家的最高审计机关隶属于政府行政部门，是政府行政部门中的一个职能部门，根据国家赋予的权限，对政府所属各级、各部门、各单位的财政财务收支活动进行审计。它们对政府负责，保证政府财经政策、法令、计划、预算的正常实施。其特点是审计监督具有广泛性和直接性，但其独立性往往受到一定的限制。主要职责是以监督政府所属各级各部门和各单位的财政财务收支活动为主要内容，往往还兼有其他行政监督职能。例如，沙特阿拉伯王国审计总局是对首相负责的独立机构，年度报告应呈递国王陛下；泰国审计长公署应向内阁总理呈报；瑞典审计局认为若有必要报告有关情况，则应首先向负责部门或有关机构报告，如认为无此必要，可直接向政府报告；我国国家审计署由国务院总理领导。行政型审计机关依据政府法规进行审计工作，其独立地位低，基本上不具有法律约束力。

4. 独立型

还有些国家的最高审计机关，介于立法、司法及行政部门之间，难以确定其从属类型。例如，日本会计检查院既不属于议会，对内阁也具有独立的地位。会计检查院认为其检查报告需要向国会申诉时，可由检查官出席国会，或用书面说明；德国联邦审计院是联邦机构，是独立的财政监督机构，只受法律约束。联邦审计院的法定职能是协助联邦议院、联邦参议院和联邦政府作出协议。一般说来，这类审计机关只受法律约束，而不受国家机关的直接干预。

（二）我国审计机关的设置、职责及权限

我国审计机关的设置

1. 我国审计机关的设置

审计机关，一般是指审计权力的承担者，审计监督活动的实施者。因此，审计机关就是能以自己的名义实施审计监督权的组织机构。我国审计机关是国家行政机关的组成部分，是根据宪法、审计法及有关法律的规定建立起来并进行活动的。

根据《中华人民共和国宪法》第 91 条和第 109 条，以及《审计法》第 2 条规定：国家实行审计监督制度，国务院设立审计机关，县级以上的地方各级人民政府设立审计机关。我国审

计机关主要有以下三种：

(1) 最高国家审计机关——中华人民共和国审计署。中华人民共和国审计署成立于1983年9月15日，是国务院所属部委级的国家机关，是我国最高审计机关。它具有双重法律地位：一方面，它是国务院的组成部门，要接受国务院的领导和指示，依照和执行国务院的行政法规、决定和命令；另一方面，它又有自己的职责范围，对自己所管辖的事项，以独立的行政主体从事活动，并承担由此而产生的责任。

审计署根据工作需要派出审计特派员，设立审计派出结构，须经国务院批准。审计特派员工作机构根据审计署的授权，依法独立进行审计工作，审计终结后，出具审计意见书，作出审计决定。在重点城市设立的特派员办事处，负责对该地区的中央企业、事业单位以及省级政府财政进行审计监督。这些特派员办事处直接受审计署领导，对审计署负责并报告工作，处级以上的干部由审计署任免。在各部委派驻部门的审计机构，原则上负责各该部门直属企业、事业单位的审计监督工作和内部审计指导和监督工作，受审计署和驻在部门的双重领导，对审计署和驻在部门负责并报告工作。派驻部门审计机构的编制由审计署负责核定，处级以上干部由审计署任免。

(2) 地方审计机关。是指省、自治区、直辖市、设区的市、自治州、县、自治县、不设区的市、直辖区人民政府设立的审计组织，负责本行政区域内的审计工作。地方审计机关也是根据《宪法》《审计法》有关条文规定设立的，同样也具有法律地位。

省、自治区审计机关称审计厅，其他地方各级审计机关统称为审计局。地方各级审计机关在法律上也具有双重地位：一方面，它是各级政府的一个职能部门，直接对本级政府行政首长负责；另一方面，地方审计机关对自己管辖范围内的审计事项，又以独立的行政主体资格从事活动。省、自治区人民政府设立的地方行政公署的审计机关，在省、自治区人民政府审计机关和行政公署专员授权的范围内，依法实施审计监督。对地区行政公署和省、自治区审计机关负责并报告工作，审计业务以省、自治区审计机关领导为主。我国地方审计机关实行双重领导，对本级人民政府和上一级审计机关负责并报告工作，审计业务以上级审计机关领导为主。

根据《审计法》的有关规定，我国地方审计机关也可以在其审计管辖范围内派出审计特派员，但应由本级政府决定，并报上级审计机关备案。我国审计组织体系的主要特征是：我国国家审计实行行政审计模式；我国对地方审计机关实行双重领导体制；国家审计机关对内部审计进行业务指导和监督，对社会中介机构审计业务质量进行监督检查。

(3) 中央和地方审计委员会。2018年3月，组建中国共产党中央审计委员会，作为党中央决策议事协调机构，由习近平任主任，构建集中统一、全面覆盖、权威高效的审计监督体系。随后，各级地方党委也相应成立审计委员会。

中国共产党中央审计委员会主要职责是研究提出并组织实施在审计领域坚持党的领导、加强党的建设的方针政策，审议审计监督重大政策和改革方案，审议年度中央预算执行和其他财政支出情况审计报告，审议决策审计监督其他重大事项等。中央审计委员会办公室设在审计署。

2. 我国审计机关的职责

我国审计机关的职责

审计机关职责是指国家法律、行政法规规定的审计机关应当完成的任务和承担的责任。我国《宪法》第91条原则性地规定了我国审计机关的基本职责，《审计法》第1章第2条和第3章，分别规定了我国审计机关的基本职责和具体职责。

从总体上讲，我国审计机关的基本职责是对国家财政收支和与国有资产有关的财务收支进行审计监督。审计机关的具体职责表现在以下方面：

（1）财政收支审计职责。对财政收支进行审计监督，这是审计机关的主要职责。审计署可以对国务院财政部门具体组织的中央预算执行和其他财政收支情况进行审计；地方各级审计机关可以对本级人民政府财政部门具体组织的本级预算执行和其他财政收支情况进行审计。

（2）财务收支审计职责。对财务收支审计是审计机关的重要职责，具体包括：审计署对中央银行的财务收支，进行审计监督；审计机关对国有金融机构的资产、负债、损益，进行审计监督；审计机关对国家的事业组织和使用财政资金的其他事业组织的财务收支，进行审计监督；审计机关对国有企业的资产、负债、损益，进行审计监督；对国有资本占控股地位或者主导地位的企业、金融机构的审计监督。

（3）绩效审计职责。审计机关开展对财政资金使用绩效情况审计，有利于提高资金的使用效益。我国审计已有20多年历程，审计工作已转向财政收支的真实、合法审计和绩效审计并重的发展方向；同时，国外大多数审计机关普遍开展了绩效审计，开展绩效审计符合现代国家审计发展要求。

（4）经济责任审计职责。审计机关对行政机关、国家的事业单位、国有及国有资产占控股地位或者主导地位的企业和金融机构主要负责人以及使用财政资金的其他机关和社会团体主要负责人履行经济责任情况，进行审计监督。经济责任审计应依照国家有关规定执行。

（5）其他法律、法规规定的审计职责。主要是指除审计法中作出的专门规定外，在我国其他法律、法规中所作的审计机关、职责的规定，如在《宪法》《预算法》《会计法》中的规定等。

（6）专项审计调查职责。审计机关有权对国家财政收支有关的特定事项，向有关地方、部门、单位进行专项审计调查，并向本级人民政府和上一级审计机关报告审计调查结果。具体包括：① 审计机关对政府投资和以政府投资为主的建设项目的预算执行情况和决算，进行审计监督；② 审计机关对政府部门管理的和其他单位受政府委托管理的社会保障基金、社会捐赠资金以及其他有关基金、资金的财务收支，进行审计监督；③ 审计机关对国际组织和外国政府援助、贷款项目的财务收支，进行审计监督。

（7）风险报告职责。审计机关履行审计监督职责，发现经济社会运行中存在风险隐患的，应当及时向本级人民政府报告或者向有关主管机关、单位通报。

（8）审计管辖范围确定的职责。各级审计机关应当根据被审计单位的财政、财务隶属关系，确定审计管辖范围，不能根据财政、财务隶属关系确定审计管辖范围的，根据国有资产监督管理关系，确定审计管辖范围。上级审计机关可以将其审计管辖范围内的有关审计事项，授权下级审计机关进行审计；上级审计机关对下级审计机关审计管辖范围内的重大审计事项，可以直接进行审计，但应当防止重复审计。

（9）管理审计工作的职责。审计署在国务院总理的领导下，主管全国审计工作；地方各级审计机关在本级政府最高行政首长和上一级审计机构的领导下，负责本行政区域内的审计工作。上述内容确认了审计机关依法管理审计工作的职责。

(10) 对内部审计进行业务指导和监督的职责。审计机关对国务院各部门和地方人民政府各部门、国有资产占控股地位或者主导地位的金融机构和企业事业组织的内部审计，有权进行业务指导和监督。

(11) 对社会中介机构审计业务质量进行监督检查的职责。社会审计机构审计的单位依法属于被审计单位的，审计机关按照国务院的规定，有权对该社会审计机构出具的相关审计报告进行核查。

3. 我国审计机关的权限

我国审计机关的权限

审计机关的权限是指国家通过法律赋予审计机关在审计监督过程中所享有的资格和权能，也就是审计监督权。为了保证审计机关履行审计监督职责，及时制止和纠正违反国家规定的财政收支、财务收支行为。《审计法》赋予审计机关一定的权限，主要有：监督检查权、采取行政强制措施权、通报或公布审计结果权、处理处罚权、建议纠正处理权。

(1) 监督检查权。① 要求提供资料权。会计资料及其他有关资料，是审计的直接对象。审计机关依法进行审计监督，被审计单位应当按照审计机关规定的期限和要求，向审计机关报送有关资料。被审计单位不得拒绝、拖延与谎报。根据《审计法》的规定，提供的资料包括预算或者财务收支计划、预算执行情况、决算、财务会计报告，在金融机构设立账户的情况，社会中介机构出具的审计报告以及与财政收入、财务收支有关的电子数据和必要的计算机技术文档等。审计机关有权要求被审计单位提供的上述会计资料的真实性和完整性作出书面的承诺。

② 检查权。是指审计机关实施审计时，对被审计单位的有关资料和资产进行检查的权力，这是审计机关履行职责最基本的权力。被审计单位应当接受审计机关的检查，不得拒绝。根据《审计法》的规定，检查内容包括会计凭证、会计账簿、财务会计报告以及其他与财政收支、财务收支有关的资料和资产，同时还有权检查被审计单位与财政收支、财务收支有关的电子数据和计算机信息系统。

③ 调查取证权。是指审计机关就审计事项的有关问题向有关单位和个人进行调查，并取得证明材料的权力。审计机关进行调查时，有关单位和个人应当接受调查，并如实反映情况，提供有关的证明材料。根据《审计法》规定，有权查询被审计单位在金融机构开设的账户和被审计单位以个人名义存储的公款。到金融机构查询时，应当持县级以上审计机关负责人签发的查询通知书，并负有保密义务。

(2) 采取临时强制措施权。是指审计机关在进行审计时，为了及时制止正在进行的违反国家规定的财政收支行为，或者为了保证审计工作的正常进行，对被审计单位的账册、资产采取一定的暂时性的强制措施的权力。

审计机关采取临时强制措施权的适用条件和方式，在《审计法》中有如下两种情况的规定：

其一，审计机关对被审计单位正在进行的违反国家规定的财政财务收支行为，可采取如下临时强制措施：有权予以制止，如责令被审计单位立即停止正在进行的违反国家规定的行为；情况紧急时，经县级以上审计机关负责人批准，暂时封存有关账册和资料；当采取上述制止措施无效时，经县级以上审计机关负责人批准，通知财政部门和有关主管部门（包括国有金融机构和被审计单位的上级主管部门）暂停拨付与违反国家规定的财政收支、财务收支行为直接有关的事项；对已经拨付的款项，暂停使用。如经县级以上审计机关负责人批准，直接通知被审计单位的开户银行暂停支付，或者由财政部门、单位主管部门通知被审计单位的开户银行暂停支付；经县级以上审计机关负责人批准，可以对被审计单位已经取得的款项暂时予以封存。被审计单位正在进行的违反国家规定的财政收支、财务收支行为消除后，审计机关应当及时解除或者由财政部门、单位主管部门及时解除所采取的强制措施。

其二，审计机关如发现被审计单位已经转移、隐匿、篡改、毁弃会计凭证、会计账簿、财务会计报告以及其他与财政收支、财务收支有关的资料或者转移、隐匿所持有的违反国家规定取得的资产行为，有权予以制止，责令改正；必要时，经县级以上审计机关负责人批准，或者申请人民法院采取资产保全措施，暂时封存有关账册和资料。

(3) 提请协助权。为防止毁灭审计证据、抽逃资金和责任人出逃等现象发生，保证审计工作顺利进行，应借鉴《行政监察法》《银行业监督管理法》《税收管理法》《海关法》及有关国外审计法规定，审计机关在审计工作中，必要时，可以提请公安、监察、财政、税务、海关、工商行政管理等部门予以协助。

(4) 通报或公布审计结果权。是指审计结束后，审计机关向政府有关部门通报或者向社会公布审计结果的权力。审计机关对严重违反国家规定事项的审计结果，对政府有关部门所属单位的审计结果、需要政府有关部门采取改进措施的审计结果等，应向政府有关部门通报。对于社会公众关注的审计结果，本级人民政府或者上级审计机关要求向社会公布的，以及其他需要向社会公布的，审计机关可以通过新闻媒介向社会公布。

(5) 处理处罚权。其一，对被审计单位拒绝、阻碍审计工作的处理处罚权。被审计单位拒绝、阻碍审计工作主要有两方面表现：一是拒绝或者拖延提供与审计事项有关的资料，提供的与审计事项有关的资料不真实、不完整的，拒绝作出承诺或者作出虚假承诺的，侵犯了审计机关要求报送资料权；二是拒绝、阻碍审计机关审计或者调整的，如拒绝审计机关对资料和资产的检查，或者有意转移、隐匿、篡改、毁弃会计资料和有关资料，或者转移、隐匿所持有的违法取得的资产等。审计机关依法行使审计监督权，被审计单位有义务接受审计监督，不得拒绝、阻碍。否则要根据情节轻重，分别给予责令改正、通报批评、警告、依法追究责任等处理处罚。

其二，对被审计单位违反预算或者其他违反国家规定的财政收支行为的处理权。审计机关对查出的本级各部门(含直属单位)和下级人民政府违反预算的行为或者其他违反国家规定的财政收支行为，应当依照法律、行政法规的规定，区别情况给予处理，责令限期缴纳应当上缴的财政收入，限期退还被侵占的国有资产，限期退还违法所得，责令冲转或调整有关会计账目，或者采取法律、法规规定的其他处理措施。

其三，对被审计单位违反国家规定的财务收支行为的处理处罚权。审计机关对有违反国家规定的财政收支行为的被审计单位，除适用对违反国家规定的财政收支行为的处理规定外，还可依照法律、行政法规的规定，分别给予警告、通报批评、没收非法所得、罚款等处理处罚。罚款金额一般不超过违反国家规定的财务收支行为的款额，情况特别严重的，最高不超过该款项的5倍。对被审计单位违反国家规定的财务收支行为负有直接责任的主管人员和其他直接责任人员，可以给予相当于本人3个月的基本工资以下的罚款。

其四，对不执行审计决定的处理处罚权。被审计单位应当按照规定期限的要求执行审计决定。审计决定需要有关主管部门协助执行的，有关主管部门应当协助执行。被审计单位拒不执行审计决定、不缴纳有关款项的，审计机关有权通知财政部门或者其他有关部门扣缴，或申请法院强制执行。

(6) 建议纠正处理权。审计机关发现被审计单位一些违法行为，有权建议有关主管部门纠正处理。这是因为在审计实践中，一些被审计单位的违法行为是由于执行上级主管部门制定的与法律、行政法规相抵触的规定造成的。在这种情况下，应当建议有关主管部门纠正；如有关主管部门不予纠正，审计机关应当提请有权处理的机关依法处理。

建议纠正处理权，还包括对有关责任人提出给予行政处分、纪律处分的建议权。如审计机关对责任人提出给予行政处分的建议权。① 审计机关发现被审计单位有转移、隐匿、篡改、毁弃会计资料及有关资料的行为，或者发现有转移、隐匿违法取得的资产的行为，认为应当对有关责任人员给予行政处分的，审计机关应向被审计单位或者其上级机关、监察机关提出给予行政处分的建议；② 构成犯罪的，提请司法机关依法追究刑事责任。再如对被审计单位违反国家规定的财政收支、财务收支行为负有直接责任的主管人员和其他直接责任人员，审计机关认为应当给予行政处分的，应向被审计单位或者其上级机关、监察机关提出给予行政处分的建议；③对被审计单位拒不执行审计决定负有直接责任的主管人员和其他直接责任人员，审计机关认为应当给予行政处分、纪律处分的，应当提出给予行政处分、纪律处分的建议，被审计单位或者其上级机关、监察机关应当依法及时作出决定。根据审计法的要求，被审计单位或者其上级机关、监察机关应当依法及时作出行政或纪律处分的决定，并将结果书面通知审计机关。

二、政府审计人员

政府审计人员是指审计机关依法行使审计监督权的人员，即"审计公务员"，包括各级审计机关负责人和一般工作人员。

审计长是审计署的行政首长，由国务院总理提名，全国人民代表大会常务委员会决定，国家主席任命。审计署实行审计长负责制，审计长是国务院组成人员。审计长每届任期五年，可以连任。

地方审计机关中的审计厅(局)长由本级人民代表大会常务委员会决定任免，是本级人民政府组成人员。《审计法》第 17 条规定："审计机关负责人依照法定程序任免。审计机关负责人没有违法失职或者其他不符合任职条件情况的，不得随意撤换。地方各级审计机关负责人的任免，应当事先征求上一级审计机关的意见。"这样，可以保障地方审计机关独立行使审计监督权。

其他审计人员由有关部门依据《国家公务员暂行条例》和其他法律规定的干部管理权限决定任免。政府审计人员属于国家公务员。他们的职称一般分为三种：高级审计师、审计师、助理审计师。

站在联合国审计舞台的中国审计人

卢云龙，曾作为参加联合国审计的中国审计人分别于2009年、2011年和2012年前往战乱的黎巴嫩和苏丹。在他展示给大学生记者的照片上，那些布满密密麻麻弹孔的墙壁、被炸弹炸毁一半但仍有人居住的民居等画面都让人触目惊心，而这种危险环境是参加过联合国审计的很多中国审计人都亲历过的。无处不在的危险、落后的市政条件、肆虐的传染病……每每回想起来，卢云龙都还心有余悸，但是他不会后悔当初报名参加这项工作的选择和为圆满完成任务而付出的努力。正如卢云龙所说，承担联合国审计是中国作为联合国审计委员会委员应当承担的责任，能否完成这一工作以及完成的质量代表着中国的形象。同时，作为一名中国审计人也能通过这个机会拓展国际视野，学习和了解国际通行的审计方法。自从1971年新中国重返联合国，直到2007年中国才取得参与联合国审计的机会。

2008年7月至2014年7月，在由3名委员组成的联合国审计委员会里，第一次出现了中国人的身影。这也是中国履行联合国审计之责的六年。胡胜校等人奔赴东帝汶只是中国审计人去完成的第一个联合国审计项目。此后，胡胜校又参加了在津巴布韦、肯尼亚、瑞士洛桑、纽约联合国总部等地展开的多项联合国审计工作。

资料来源：https://baijiahao.baidu.com/s?id=1639096485550783507&wfr=spider&for=pc

【课程思政】 圆满完成联合国审计任务是中国审计事业自1983年以来的亮点之一，体现了中国审计在国际舞台发挥着日益重要的作用，也代表着中国国力的提升和中国作为一个大国正在国际社会中扮演着越来越重要的角色。年轻的中国审计人正在用自己的专业和敬业精神展示中国大国的精神风貌。

任务二　认知民间审计组织和注册会计师

一、民间审计组织

民间审计组织

（一）民间审计组织的基本形式

民间审计组织的基本形式是会计师事务所（下文简称事务所），是注册会计师依法承办业务的机构。其主要组织形式有四种：独资、普通合伙制、有限责任公司制、有限责任合伙制。

1．独资事务所

独资事务所由具有注册会计师执业资格的个人独立开业，并承担无限责任。由于对执业人员的需求不多，因而容易设立，执业灵活，在代理记账、代理纳税等方面能很好地满足企业对注册会计师业务的需求。但由于其固有的局限性，它无力承担大型业务，缺乏发展后劲。

2．普通合伙制事务所

普通合伙制事务所是由两名及两名以上注册会计师组成的合伙组织。合伙人以各自的财产对事务所的债务承担无限连带责任。其优点是在风险牵制和共同利益的驱动下，促使事务所强化专业发展，扩大规模，提高规避风险的能力。缺点是任何一个合伙人在执业中的错弊行为，都可能给整个事务所和其他合伙人带来灭顶之灾。

3．有限责任公司制事务所

有限责任公司制事务所是由注册会计师出资设立，并以其认购的股份对事务所承担有限责任，事务所以其全部财产对其债务承担有限责任的事务所。其优点是可通过股份制形式集聚一大批注册会计师，组建大型事务所，承办大型业务。缺点是降低了风险责任对执业行为的高度约束，弱化了注册会计师的个人责任。

4．有限责任合伙制事务所

有限责任合伙制事务所是以其全部资产对其债务承担有限责任，各合伙人对本人执业行为承担无限责任，但对其他合伙人执业行为只承担有限责任的组织。其最大特点是既融入了普通合伙制和有限责任公司制事务所的优点，又摒弃了它们的缺点。这种组织形式顺应了社会经济发展对注册会计师行业的要求，于 20 世纪 90 年代初兴起。目前，“四大”国际会计师事务所，即毕马威、安永、德勤、普华永道，均为有限责任合伙制事务所。它们凭借良好的声誉、高质量的服务赢得了审计及会计服务行业的大部分市场份额。

（二）我国事务所基本形式及设立条件

在我国，事务所是经国家批准、依法设立并独立承办注册会计师业务的机构。事务所是注册会计师的工作机构，注册会计师只有加入事务所才能承接业务。当前，我国事务所有三种组织形式：有限责任制、普通合伙制和特殊普通合伙制。设立事务所，应当由全体合伙人或者全体股东提出申请，由拟设立地的省级财政部门批准。事务所应当设立主任会计师。

1．有限责任制事务所

有限责任制事务所是指由注册会计师出资发起设立、承办注册会计师业务并负责有限责任的社会中介机构。事务所以其全部资产对其债务承担责任，出资人承担的责任以其出资额为限。

设立条件：① 有 5 名以上的股东；② 有一定数量的专职从业人员；③ 有不少于人民币 30 万元的注册资本；④ 有股东共同制定的章程；⑤ 有事务所的名称；⑥ 有固定的办公场所。主任会计师由法定代表人担任，法定代表人由股东担任。我国目前不再审批成立新的有限责任制事务所。

2．普通合伙制事务所

普通合伙制事务所是由注册会计师合伙设立、承办注册会计师业务的社会中介机构。合伙人按出资比例或者协议的约定，以各自的财产对事务所的债务承担无限连带责任。

设立条件:① 有2名以上的合伙人;② 有书面合伙协议;③ 有事务所的名称;④ 有固定的办公场所。主任会计师由执行事务所事务的合伙人担任。这是我国目前新设立事务所的主要组织形式。

3. 特殊普通合伙制事务所

特殊普通合伙制事务所是由事务所的合伙人设立,各合伙人根据协议出资、合伙经营、共享收益、共担风险,依照法律的规定和协议的约定对事务所的债务承担责任。无过失的合伙人对于其他合伙人的过失或不当执业行为以自己在事务所的财产为限承担责任。它的最大特点在于既融入了普通合伙事务所和有限责任事务所的优点,又摒弃了它们的不足。

设立条件:① 具备注册会计师执业资格的合伙人不少于25名,具备注册资产评估师、注册税务师、注册造价工程师执业资格的合伙人不得超过合伙人总数的20%;② 合伙人出资总额不低于人民币1000万元;③ 有书面合伙协议;④ 有事务所的名称;⑤ 有固定的办公场所。主任会计师由执行合伙事务的首席合伙人担任。

要成为事务所的合伙人或股东,需具备严格的条件,如持有注册会计师证书、专职执业、具有丰富的独立审计经验和良好的道德记录等。

(三) 民间审计组织的业务范围

根据《中华人民共和国注册会计师法》的规定,注册会计师依法承办审计业务和会计咨询、会计服务业务。此外,注册会计师还根据委托人的委托,从事审阅业务、其他鉴证业务和相关服务业务。

1. 审计业务

(1) 审查企业会计报表,出具审计报告。注册会计师审计作为会计监督体系的重要组成部分,国家对此十分重视。国务院《关于整顿会计工作秩序进一步提高会计工作质量的通知》明确指出,为了有效制止和防范利用会计报表弄虚作假,提高会计报表质量,要依法实行企业年度会计报表审计制度。

目前,国家对上市公司监管所依据的信息主要来自上市公司的财务报表和注册会计师对其出具的审计报告,注册会计师在某种程度上已成为上市公司监管的第一道防线,在证券市场上扮演着越来越重要的角色。注册会计师通过对上市公司年度财务报表的审计,实施了对上市公司的监管,提高了会计信息的质量。因此,注册会计师作为独立审计人,是联系资本市场和广大投资者必不可少的纽带,对投资者承担着重大责任。

不仅上市公司需要注册会计师审计,国有企业及其他企业也需要注册会计师审计。1998年10月,财政部根据国务院机构改革的要求,进一步转变财政职能,发挥注册会计师在企业财务会计监督中的作用,发布了《国有企业年度会计报表注册会计师审计暂行办法》,规定从1998年起,国有企业年度财务报表除个别特殊行业(企业)外,不再实行财政审批制度,其财务报表应于年度终了在规定时间内委托注册会计师实施审计。国务院于2000年公布并于2001年1月1日起施行的《企业财务会计报告条例》,要求国有企业、国有控股的或占主导地位的企业应当至少每年一次向本企业的职工代表大会公布财务会计报告,并重点说明注册会计师审计的情况。

《公司法》要求各类公司依法接受注册会计师的审计。一是第55条规定"监事会、不设监事会的公司的监事发现公司经营情况异常,可以进行调查;必要时,可以聘请会计师事务所等协助其工作，费用由公司承担。”二是第63条规定“一人有限责任公司应当在每一会计年度终了时编制财务会计报告，并经会计师事务所审计。”三是第165条规定“公司应当在每一会计年度终了时编制财务会计报告，并依法经会计师事务所审计。”

(2) 验证企业资本，出具验资报告。根据《公司法》《公司登记管理条例》等法律、法规的规定，公司及其他企业在设立审批时，必须提交注册会计师出具的验资报告。《公司法》第29条规定“股东缴纳出资后，必须经依法设立的验资机构验资并出具证明。”第90条规定“发行股份的股款缴足后，必须经依法设立的验资机构验资并出具证明。”公司及其他企业申请变更注册资本时，也要提交验资报告。因此，验资业务成为注册会计师业务的重要组成部分。同审计报告一样，验资报告具有法定证明力，注册会计师及其所在的会计师事务所对其出具的验资报告承担相应的法律责任。

(3) 办理企业合并、分立、清算事宜中的审计业务，出具有关的报告。企业合并、分立或终止清算时，应当分别编制合并、分立及清算财务报表。为了帮助财务报表使用人确立对这些报表的信赖程度，企业需要委托注册会计师对其编制的财务报表进行审计。在这些财务报表的审计过程中，注册会计师同样应当审查形成财务报表的所有会计资料及其反映的经济业务，并关注合并、分立及清算过程中出现的特定事项。办理企业合并、分立、清算事宜中的审计业务后出具的相应的审计报告同样具有法定证明力，承办注册会计师及其所在的会计师事务所应当承担相应的法律责任。

(4) 法律、行政法规规定的其他审计业务。在实际工作中，注册会计师法还可根据国家法律、行政法规接受委托，对以下特殊目的业务进行审计：①按照企业会计准则和相关会计制度以外的其他基础(简称特殊基础)编制的财务报表；②财务报表的组成部分；③合同的遵守情况；④简要财务报表。这些业务的办理需要注册会计师具备和运用相关的专门知识，注意处理问题的特殊性。对于执行特殊目的审计业务出具的审计报告，也具有法定证明力，承办注册会计师及其所在的会计师事务所对此也应承担相应的法律责任。

2. 审阅业务

由于注册会计师具有良好的职业形象和较强的专业能力，其日益成为政府部门和社会公众信赖的专业人士。许多国家和地区，注册会计师除了承办传统审计业务，还承办其他鉴证业务，以增强信息使用者对所鉴证信息的信赖程度。同时，面对全球化、多元化和竞争激烈的会计市场，注册会计师实现审计业务的持续增长已非易事，必须不断地开拓新的市场和业务。从目前的情况看，无论在国外，还是在我国，注册会计师承办的业务范围已经十分广泛。目前我国注册会计师承办业务类型较多，其中就有审阅业务。

相对审计而言，审阅的成本较低。为了降低成本，小企业可能聘请注册会计师对年度财务报表进行审阅。此外，有些国家的证券监管机构可能要求上市公司聘请注册会计师对中期财务报表进行审阅，以提高季报中披露的信息可信度，或者提高年报中披露的季度信息的可靠性。

3. 其他鉴证业务

目前，在全球范围内，除了审计和审阅业务外，注册会计师还承办其他鉴证业务，如财务信息审核业务、网域认证和系统鉴证等，这些鉴证业务可以增强使用者的信赖程度。

中国注册会计师协会在借鉴国际准则的体系和《国际鉴证业务准则第3000号——除历史财务信息审计或审阅以外的鉴证业务》的基础上，起草了《中国注册会计师其他鉴证业务准则第 3101 号——历史财务信息审计或审阅以外的鉴证业务》,并由财政部发布。

我国注册会计师承办的业务范围较为广泛,既有针对历史财务信息的审计和审阅业务,又有历史财务信息以外的其他鉴证业务,例如内部控制审核、预测性财务信息的审核等。

4. 相关服务

相关服务包括对财务信息执行商定程序、代编财务信息、税务服务、管理咨询以及会计服务等。

(1) 对财务信息执行商定程序。是注册会计师对特定财务数据、单一财务报表或整套财务报表等财务信息执行与特定主体商定的具有审计性质的程序,并就执行的商定程序及其结果出具报告。

(2) 代编财务信息。是注册会计师运用会计而非审计的专业知识和技能,代客户编制一套完整或非完整的财务报表,或代为收集、分类和汇总其他财务信息。

(3) 税务服务。包括税务代理和税务策划。税务代理是注册会计师接受企业或个人委托,为其填制纳税申报表,办理纳税事项。税务策划是由于纳税义务发生范围和时间不同,注册会计师从客户利益出发,代替纳税义务人设计可替代或不同结果的纳税方案。其始于所得税的纳税筹划,现已扩展到财产税、遗产税等诸多税种。

(4) 管理咨询服务。是注册会计师与非注册会计师激烈竞争的一个领域。从 20 世纪 50 年代起,注册会计师的管理咨询服务收入开始增长,并保持了强劲的增长势头。其原因主要是:首先,管理咨询服务是增值服务;其次,企业内部结构重组给注册会计师带来了无限商机。最近几年,大型会计师事务所越来越明显地成为管理咨询服务的主要提供者。管理咨询服务范围很广,主要包括对公司治理结构、信息系统、预算管理、人力资源管理、财务会计、经营效率、效果和效益等提供诊断及专业意见与建议。

(5) 会计服务。注册会计师提供的会计咨询和会计服务业务,除了代编财务信息外,还包括对会计政策的选择和运用提供建议、担任常年会计顾问等。注册会计师执行的会计咨询和会计服务业务属于服务性质,是所有具备条件的中介机构甚至个人都能够从事的非法定业务。

(四) 我国注册会计师行业监管

《注册会计师法》第 5 条规定,国务院财政部门和省、自治区、直辖市人民政府财政部门,依法对注册会计师、事务所和注册会计师协会进行监督、指导。财政部于 2002 年 11 月发布的《关于进一步加强注册会计师行业管理的意见》(财会〔2002〕19 号)规定,财政部门有关职能机构行使注册会计师行业行政管理职能,具体包括:① 监督与指导注册会计师、事务所、注册会计师协会;② 审批事务所的设立;③ 备案注册会计师的注册情况;④ 审批注册会计师执业规则和准则;⑤ 对事务所与注册会计师进行监督检查与行政处罚等。

中国注册会计师协会(the Chinese Institute of Certified Public Accountants, CICPA),于 1988 年 11 月 15 日成立。根据《注册会计师法》,中国注册会计师协会是中国注册会计师行业的全国组织,接受财政部、民政部的监督、指导。省、自治区、直辖市注册会计师协会是注册会计师行业的地方组织。

中国注册会计师协会的宗旨是服务、监督、管理、协调,即以诚信建设为主线,服务本会会员,监督会员执业质量、职业道德,依法实施注册会计师行业管理,协调行业内、外部关系,维护社会公众利益和会员合法权益，促进行业健康发展。

中国注册会计师协会行使行业自律管理职能，具体包括：① 对注册会计师公正执业和遵守职业道德情况进行自律性指导与督促；② 执业标准的建设与业务指导；③ 组织注册会计师资格考试与后续教育；④ 向政府部门反映注册会计师的意见与建议；⑤ 向注册会计师提供专业援助，维护其合法权益；⑥ 与国际同行进行交流与合作。

可见，我国注册会计师行业监管实行的是"以政府监管为主，行业自律为辅"的模式。

二、民间审计人员——注册会计师

审计人员

从事民间审计工作的人员主要是注册会计师。注册会计师是依法取得注册会计师证书，并接受委托从事审计和会计咨询、会计服务业务的执业人员。

注册会计师简称 CPA(Certified Public Account)，是中国的一项执业资格考试，实行全国统一考试制度。注册会计师全国统一考试办法，由国务院财政部门制定，由中国注册会计师协会组织实施。注册会计师考试从 1991 年开始实行，1993 年起每年举行一次，2006 年首次在欧洲地区开设考场。

（一）报考条件

(1) 注册会计师专业阶段报名条件：具有完全民事行为能力且具有高等专科以上学校毕业学历或者具有会计或者相关专业中级以上技术职称。

(2) 注册会计师综合阶段考试报名条件：具有完全民事行为能力且已取得财政部注册会计师考试委员会颁发的注册会计师全国统一考试专业阶段考试合格证并在有效期内。

有下列情形之一的人员，不得报名参加注册会计师全国统一考试：

(1) 因被吊销注册会计师证书，自处罚决定之日起至申请报名之日止不满 5 年。

(2) 以前年度参加注册会计师全国统一考试因违规而受到停考处理期限未满者。

（二）考试阶段、考试科目、考试方式和成绩认定

1. 注册会计师考试划分为两个阶段

第一阶段，即专业阶段，主要测试考生是否具备注册会计师执业所需的专业知识，是否掌握基本技能和职业道德要求。

第二阶段，即综合阶段，主要测试考生是否具备在注册会计师执业环境中运用专业知识，保持职业价值观、职业态度与职业道德，有效解决实务问题的能力。

考生在通过第一阶段的全部考试科目后，才能参加第二阶段的考试。两个阶段的考试，每年各举行 1 次。

2. 考试科目

专业阶段考试科目：会计、审计、财务成本管理、公司战略与风险管理、经济法、税法 6 个科目。综合阶段考试科目：职业能力综合测试(试卷一、试卷二)。

第一阶段的单科合格成绩 5 年有效，对在连续 5 年内取得第一阶段 6 个科目合格成绩的考生，发放专业阶段合格证；第二阶段考试科目应在取得专业阶段合格证后 5 年内完成。对取得第二阶段考试合格成绩的考生，发放全科合格证。

3. 考试方式

考试采用闭卷、计算机化考试(简称机考)方式。即在计算机终端获取试题、作答并提交答案,考试系统支持 8 种输入法:微软拼音输入法、全拼输入法、智能 ABC 输入法、谷歌拼音输入法、搜狗拼音输入法、王码五笔型输入法、极品五笔输入法、万能五笔输入法。

4. 成绩认定

每科考试均实行百分制,60 分为成绩合格分数线。全科成绩合格者,领取全国考试委员会颁发的全科合格证书,并可申请加入中国注册会计师协会会员。全科合格证书只证明考试成绩合格,不作其他用途。单科成绩合格者,其合格成绩合格凭证(单科成绩合格证或成绩通知单)后的连续四次考试中有效。取得全部应考科目有效合格成绩者,可持成绩合格凭证向地方考试委员会办公室申请换发全科合格证书。

(三) 注册登记

根据《中华人民共和国注册会计师法》的规定,参加注册会计师全国统一考试成绩合格,并在中国境内从事审计业务工作 2 年以上者,可以向各省、自治区、直辖市注册会计师协会申请注册。省级注册会计师协会负责注册会计师的审批,受理的注册会计师协会应当批准符合法律规定条件的申请人的注册,并报财政部备案。

任务三　认知内部审计组织和内部审计人员

内部审计组织

一、内部审计组织

(一) 内部审计组织的类型

《审计法》中规定:“国务院各部门和地方人民政府各部门、国有及国有资产占控股地位或主导地位的金融机构和企业事业组织,应当按照国家有关规定建立健全内部审计制度。”内部审计制度是部门、单位健全内部控制,审查财政、财务收支、改善经营管理,提高资金使用效果,提高经济效益或者工作绩效的一项重要的管理控制制度。我国内部审计机构是指在部门、单位内部从事组织和办理审计业务的专门组织,是我国审计主体的重要组成部分。

我国内部审计机构在本单位主要负责人或者权力机构的领导下开展工作。依照国家法律、法规和政策,以及本部门、本单位的规章制度,对本单位及所属单位的财政、财务收支及其经济效益进行内部审计监督,独立行使内部审计监督权。企业内部审计机构的领导体制,国内外基本有三种类型:一是受本单位总会计师或主管财务的副总经理领导;二是受本单位总经理(厂长)或总裁领导;三是受本单位董事会或其下属审计委员会领导。事业单位及行政机关的内审机构则由最高管理者领导或其他副职领导。

（二）我国内部审计组织职责及权限

1．内部审计组织的职责

根据《审计署关于内部审计工作的规定》(2019年)第12条规定，内部审计机构或者履行内部审计职责的内设机构应当按照国家有关规定和本单位的要求，履行下列职责：

(1) 对本单位及所属单位贯彻落实国家重大政策措施情况进行审计。

(2) 对本单位及所属单位发展规划、战略决策、重大措施以及年度业务计划执行情况进行审计。

(3) 对本单位及所属单位财政财务收支进行审计。

(4) 对本单位及所属单位固定资产投资项目进行审计。

(5) 对本单位及所属单位的自然资源资产管理和生态环境保护责任的履行情况进行审计。

(6) 对本单位及所属单位的境外机构、境外资产和境外经济活动进行审计。

(7) 对本单位及所属单位经济管理和效益情况进行审计。

(8) 对本单位及所属单位内部控制及风险管理情况进行审计。

(9) 对本单位内部管理的领导人员履行经济责任情况进行审计。

(10) 协助本单位主要负责人督促落实审计发现问题的整改工作。

(11) 对本单位所属单位的内部审计工作进行指导、监督和管理。

(12) 国家有关规定和本单位要求办理的其他事项。

2．内部审计组织的权限

根据《审计署关于内部审计工作的规定》(2019年)第13条规定，内部审计机构或者履行内部审计职责的内设机构应有下列权限：

(1) 要求被审计单位按时报送发展规划、战略决策、重大措施、内部控制、风险管理、财政财务收支等有关资料(含相关电子数据，下同)，以及必要的计算机技术文档。

(2) 参加单位有关会议，召开与审计事项有关的会议。

(3) 参与研究制定有关的规章制度，提出制定内部审计规章制度的建议。

(4) 检查有关财政财务收支、经济活动、内部控制、风险管理的资料、文件和现场勘察实物。

(5) 检查有关计算机系统及其电子数据和资料。

(6) 就审计事项中的有关问题，向有关单位和个人开展调查和询问，取得相关证明材料。

(7) 对正在进行的严重违法违规、严重损失浪费行为及时向单位主要负责人报告，经同意作出临时制止决定。

(8) 对可能转移、隐匿、篡改、毁弃会计凭证、会计账簿、会计报表以及与经济活动有关的资料，经批准，有权予以暂时封存。

(9) 提出纠正、处理违法违规行为的意见和改进管理、提高绩效的建议。

(10) 对违法违规和造成损失浪费的被审计单位和人员，给予通报批评或者提出追究责任的建议。

(11) 对严格遵守财经法规、经济效益显著、贡献突出的被审计单位和个人，可以向单位党组织、董事会(或者主要负责人)提出表彰建议。

二、内部审计人员

国际内部审计师协会2003年修订的《内部审计实务标准》,在属性标准和实务公告中对内部审计人员的客观性、专业水平和职业审慎性提出了一些具体的要求。

内部审计师应有公正的态度,避免利益冲突,应以熟练性与应有的职业审慎性开展审计业务。

在专业水平方面,国际内部审计师协会在实务标准中提出了以下几个方面的具体要求:

(1) 每个内部审计师都应该掌握一定的知识技能和其他能力。

(2) 内部审计师应该拥有开展有效人际交流的技能,并理解人际关系和业务客户保持良好关系的重要性。

(3) 内部审计师应该拥有出色的口头和书面表达能力,以便清楚有效地表达审计目的、审计评价工作、审计结论和审计建议。

(4) 作为审计执行主管应根据内审各职位的工作范围和责任要求确立其所需人员应当受教育程度和工作经验,以助于合理保证各职位人员均具有合适的资历和专业水平。

(5) 所有内部审计人员作为一个集体应该掌握在机构内部开展内部审计所必须的知识和技能。

国际内部审计师协会在实务标准中还强调:内部审计师应该通过继续教育增加知识、提高技能、加强其他能力。

从2003年7月1日起施行的我国《内部审计人员岗位资格证书实施办法》中规定:内部审计人员岗位资格证书是从事内部审计工作的专兼职人员应具备的任职资格证明。资格证书的取得采取资格认证和考试两种办法。凡符合下列条件之一者,经省级内部审计(师)协会审批,报中国内部审计协会备案后,可发给资格证书:

(1) 具有审计、会计、经济及相关专业中级及中级以上专业技术职称的人员。

(2) 具有国际注册内部审计师证书的人员。

(3) 具有注册会计师、造价工程师、资产评估师等相关执业证书的人员。

(4) 审计、会计及相关专业本科以上学历工作满两年以上,以及大专学历工作满4年以上的人员。

不具备上述条件者,须参加中国内部审计协会统一组织的资格考试,以确认其资格,考试合格者颁发资格证书。

本项目小结

本项目阐述的是审计组织和审计人员。

大多数国家均有国家审计机关、内部审计机构和社会中介审计组织所构成的完整的审计组织体系。

各国政府审计设立模式主要有四种:立法型、司法型、行政型、独立型。我国政府审计的特征是行政型审计模式,地方审计机关实行双重领导体制。我国政府审计机关具有法定的职责和权限。

民间审计组织的基本形式是会计师事务所，是注册会计师依法承办业务的机构。其主要组织形式有四种：独资、普通合伙制、有限责任公司制、有限责任合伙制。我国目前会计师事务所设置形式有三种：有限责任制、普通合伙制和特殊普通合伙制。

我国会计师事务所的业务范围包括：① 审计业务；② 审阅业务；③ 其他鉴证业务；④ 相关服务。

内部审计机构是指在部门、单位内部从事审计工作的机构，对本部门、本单位及所属单位的财务收支及经济活动进行审计。内部审计机构隶属领导层次越高，独立性越强，权威性越高，越有利于发挥其作用。

审计人员是指专职从事审计业务的人员，有国家审计人员、内部审计人员和独立审计人员之分。他们都有各自的任职资格条件。我国对审计人员实行专业技术职称制度和职业考核制度。

项目二课后习题

项目三　审计基本规范

学习目标

了解审计基本规范包括的内容，熟悉审计准则的一般内容结构，掌握国家审计准则的基本构成和注册会计师审计准则的基本结构；了解审计依据的特征，熟悉审计依据的内容；了解审计职业道德的体系构成。

能力目标

培养系统意识，结合职业规范和实务现象，培养灵活运用职业规范分析审计案例、参与审计工作的应变能力。

思政目标

增强法治意识和道德观念，激发家国情怀和爱国热情，自觉树立以推进审计事业健康发展为己任的崇高理想，致力成为德才兼备的审计人才。

任务一　认知审计准则

审计准则的含义和特征

一、审计准则的含义和特征

（一）审计准则的含义

审计准则是指审计人员在执行审计业务时必须遵循的行为规范和指南，同时也是衡量审计工作质量的尺度或标准。审计准则是由审计实践中一般认为公正妥当的惯例经归纳整理而形成的职业行为规范，是审计人员从事审计工作的指南，也是衡量审计工作质量的重要依据和客观标准。

审计准则来源于实践，是从理论上对审计实践的总结，反过来又指导审计实践，服务于审计实践，成为指导审计工作的原则和规范。

（二）审计准则的特征

审计准则具有如下特征：

（1）适应性。审计准则的适应性是指审计准则要适应各种审计，即不仅要适应财务报表审计，而且要适应财政财务审计、财经法纪审计和经济效益审计。这就要求在制定审计准则时要结合我国国情，具有我国特点，适应我国各种审计的需求。

（2）主体性。审计准则的主体性是指审计准则要对审计主体作出规范。因而它不仅是审计人员进行审计工作的规范，还应是建立审计机构的规范；不仅是建立国家审计机关的规范，也是建立内部审计机构、社会审计组织的规范。这就要求在制定我国审计准则时，要对审计人员和审计机构作出明确的具体规定。这样，既便于各地在组建审计机构、配备审计人员时认真遵守，也便于群众对审计人员和审计机关进行监督，把审计工作置于群众监督之中。

（3）全面性。审计准则的全面性是指审计准则对审计人员政治、业务、品德和行为各方面都应有所规定。这就要求制定审计准则时必须全面地对审计人员资格和条件作出具体规定。

（4）权威性。审计准则通常由最具权威性的审计职业团体或国家级政府相关机构制定和颁布，具有权威性和可靠性。

二、我国的审计准则体系

我国的审计准则体系

我国的审计准则按其组织可分为三类：国家审计准则、内部审计准则和注册会计师审计准则。

（一）国家审计准则

国家审计准则是国家审计机关及其工作人员在从事审计业务活动中的行为规范。为了适应建立社会主义市场经济体制的需要，实现审计工作规范化，明确审计责任，保证审计质量，我国最高政府审计机关——审计署自1989年便开始了国家审计准则的制定工作。1996年，审计署发布了38个审计规范；2000年，审计署修订、发布了《中华人民共和国国家审计基本准则》和一系列通用审计准则和专用审计准则；2010年，根据2006年修订颁布的审计法和2010年修订颁布的审计法实施条例，审计署对国家审计准则进行了修订，以适应社会经济形势的变化和审计工作自身发展的要求。

2010年修订的国家审计准则，将原有国家审计基本准则和通用审计准则规范的内容统一纳入一个完整单一的国家审计准则。该准则正文分为7章，即总则、审计机关和审计人员、审计计划、审计实施、审计报告、审计质量控制和责任、附则，共200条。

国家审计准则使用“应当”“不得”词汇的条款为约束性条款，是审计机关和审计人员执行审计业务必须遵守的职业要求。使用“可以”词汇的条款为指导性条款，是对良好审计实务的推介。

（1）总则。对准则的制定依据、适用范围、审计机关和被审计单位的责任区分、审计机关的主要工作目标、审计和专项审计调查的对象等作出了规定。

（2）审计机关和审计人员。对审计机关和审计人员执行审计业务时应当具备的资格条件和职业要求作出了明确规定。其中包括对职业道德的要求、聘请外部人员的相关要求等。

(3) 审计计划。对审计机关选择审计项目、编制年度审计项目计划和审计工作方案等作出了明确规定。

(4) 审计实施。对实施方案、审计证据、审计记录和重大违法行为检查进行了规定。

(5) 审计报告。分别对审计报告的形式和内容、审计报告的编审、专题报告与综合报告、审计结果公布、审计整改检查进行了详细的规定。

(6) 审计质量控制和责任。对我国审计机关应建立的审计质量控制制度进行了详细规定。

(7) 附则。规定了不适用的情况以及有关审计准则实施的相关问题。

另外,国家审计准则还对信息技术环境下的审计作出了一些特别规定。

(二) 内部审计准则

内部审计准则是内部审计机构及其审计人员从事内部审计业务活动的行为规范。在我国,中国内部审计学会曾于 1990 年制定过《内部审计准则(草案)》,从 2003 年开始中国内部审计协会先后发布和实施了《内部审计基本准则》《内部审计人员职业道德规范》以及 29 个内部审计具体准则。2013 年 8 月 20 日,中国内部审计协会以公告形式发布了新修订的《中国内部审计准则》(以下简称新准则),并将于 2014 年 1 月 1 日起施行,随后分别在 2016 年和 2019 年进行了修订。截止 2020 年 3 月,新的内部审计准则体系由内部审计基本准则、内部审计人员职业道德规范、23 个具体准则、5 个实务指南构成。

1. 具体准则分类

此次修订将内部审计具体准则分为作业类、业务类和管理类三大类。作业类准则涵盖了内部审计程序和技术方法方面的准则,具体包括审计计划、审计通知书、审计证据、审计工作底稿、结果沟通、审计报告、后续审计、审计抽样、分析程序等 9 个具体准则;业务类准则包括内部控制审计、绩效审计、信息系统审计、对舞弊行为进行检查与报告、经济责任审计等 5 个具体准则;管理类准则包括内部审计机构的管理、与董事会或者最高管理层的关系、内部审计与外部审计的协调、利用外部专家服务、人际关系、内部审计质量控制、评价外部审计工作质量、审计档案工作、内部审计外包业务管理等 9 个具体准则。

2. 审计准则体系编码

在分类的基础上,对准则体系采用四位数编码进行编号。四位数中,千位数代表准则的层次,百位数代表准则在某一层次中的类别,十位数和个位数代表某具体准则在该类中的排序。新的编号方式借鉴国际内部审计准则的经验,体现准则体系的系统性和准则之间的逻辑关系,为准则未来发展预留了空间。内部审计基本准则和内部审计人员职业道德规范作为准则体系的第一层次,编码为 1000。其中内部审计基本准则为第 1101 号,内部审计人员职业道德规范为第 1201 号。

内部审计准则体系构成如下:

第 1101 号 内部审计基本准则;

第 1201 号 内部审计人员职业道德规范;

第 2101 号 内部审计具体准则——审计计划;

第 2102 号 内部审计具体准则——审计通知书;

第 2103 号 内部审计具体准则——审计证据;

第 2104 号 内部审计具体准则——审计工作底稿;

第 2105 号 内部审计具体准则——结果沟通；
第 2106 号 内部审计具体准则——审计报告；
第 2107 号 内部审计具体准则——后续审计；
第 2108 号 内部审计具体准则——审计抽样；
第 2109 号 内部审计具体准则——分析程序；
第 2201 号 内部审计具体准则——内部控制审计；
第 2202 号 内部审计具体准则——绩效审计；
第 2203 号 内部审计具体准则——信息系统审计；
第 2204 号 内部审计具体准则——对舞弊行为进行检查和报告；
第 2205 号 内部审计具体准则——经济责任审计；
第 2301 号 内部审计具体准则——内部审计机构的管理；
第 2302 号 内部审计具体准则——与董事会或者最高管理层的关系；
第 2303 号 内部审计具体准则——内部审计与外部审计的协调；
第 2304 号 内部审计具体准则——利用外部专家服务；
第 2305 号 内部审计具体准则——人际关系；
第 2306 号 内部审计具体准则——内部审计质量控制；
第 2307 号 内部审计具体准则——评价外部审计工作质量；
第 2308 号 内部审计具体准则——审计档案工作；
第 2309 号 内部审计具体准则——内部审计外包业务管理。

（三）注册会计师审计准则

中国注册会计师协会负责拟定中国注册会计师执业准则，报财政部批准后施行。中国注册会计师协会于 1989 年开始拟定执业规则，至 1993 年共发布了 8 个。自 1995 年起，对执业规则体系进行了调整，发布独立审计准则、职业道德规范、质量控制准则和后续教育准则。自 2005 年起，为了适应注册会计师执业准则国际趋同的要求，在制定新准则的同时对已发布的准则进行了全面复核与修订，以使其在体系、结构、内容上与国际审计与鉴证准则委员会(IAASB)所发布的准则全面趋同，并于 2006 年 2 月发布，自 2007 年 1 月 1 日起生效。为持续保持与 IAASB 所发布准则的趋同，又在 2010 年和 2016 年进行了两次修订。中国注册会计师执业准则体系包括会计师事务所质量控制准则、鉴证业务准则(包括基本准则与审计准则、审阅准则、其他鉴证业务准则)、相关服务准则。其基本关系如图 3.1 所示。

新的审计准则体系包括鉴证业务准则、相关服务准则和会计师事务所质量控制准则三大部分。会计师事务所质量控制准则是注册会计师执行各类业务均应当执行的，而鉴证业务准则和相关服务则是按照注册会计师所从事业务是否具有鉴证职能、是否需要提出鉴证结论加以区分的。其中，鉴证业务准则又分为审计准则、审阅准则和其他鉴证业务准则三类。这里的审计准则用来规范注册会计师执行历史财务信息审计业务，要求注册会计师综合使用审计方法，对财务报表获取合理程度的保证；审阅业务准则用来规范注册会计师执行历史财务信息审阅业务，要求注册会计师主要使用询问和分析程序，对财务报表获取有限程度的保证；其他鉴证业务准则用来规范注册会计师执行除历史财务信息审计和审阅以外的非历史财务信息的鉴证业务。

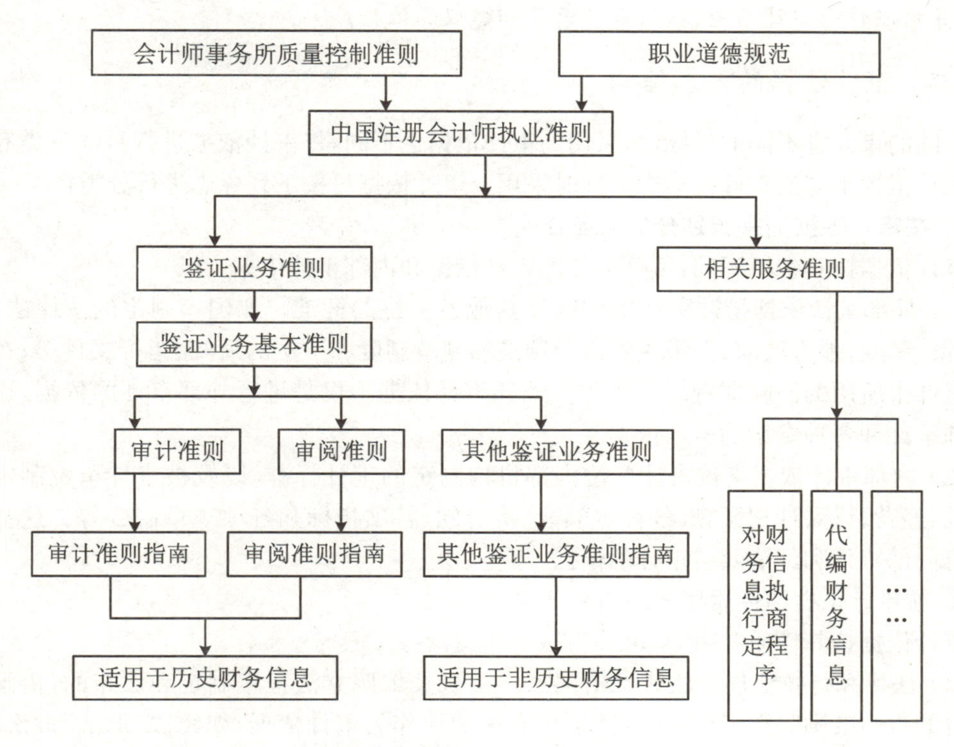

图 3.1　中国注册会计师执业准则体系图

任务二　认知审计依据

一、审计依据的含义及其内容结构

（一）审计依据的含义

审计依据是指审计人员在审计中判断是非优劣的准绳。它既是审计人员对所查明的事实进行评价和判断、提出审计意见和建议、作出审计结论的依据，也是被审计单位进行经济活动必须遵循的规范。

小思考

审计依据与审计准则有什么区别与联系？

答：审计依据与审计准则是两个既有区别又有联系的概念。审计准则解决如何进行审计问题，是审计人员行动的指南和规范；审计依据则解决审计人员依据什么标准提出这样或那样的审计意见，作出这样或那样的审计结论，是审计人员辨别是非、衡量优劣、判断合法或非法，并据以作出审计结论、提出审计意见和建议的依据。

（二）审计依据的内容结构

不同的审计有不同的目标，所采用的审计依据也不同，将审计依据进行科学分类有助于审计人员根据不同的审计目标在审计时采用。审计依据可按下列标志进行分类：

1. 按审计依据的来源划分的内容结构

审计依据按其来源不同，可分为外部审计依据和内部审计依据。

（1）外部审计依据指被审计单位以外其他各单位的标准。如国家制定的法律法规、条例、政策、制度；地方政府、上级主管部门颁发的规章制度和下达的通知、指标文件等；在涉外经济审计中所用的国际惯例的条约等。外部审计依据不仅是进行外部审计的依据，也是进行内部审计和各种专案的审计依据。

（2）内部审计依据指被审计单位内部机构制定的审计标准，以及被审计单位制定的经营方针、经营目标、计划预算、各种定额、经济合同、各项指标和各项规章制度等。这些标准是进行内部审计和经济效益审计的依据。

2. 按审计依据的性质划分的内容结构

审计依据按其性质和内容，可分为以下几类：

（1）法律和行政法规。法律是指国家立法机关依照立法程序制定和颁布的，由国家强制执行的行为准则。在审计中，广泛运用有关法律作为审计依据，如宪法、刑法、诉讼法、证券法、经济合同法、会计法、统计法、中外合资经营企业法、中外合作经营企业法、外资企业法、破产法、反不正当竞争法、税法、银行结算法、票据法、外汇管理法、仲裁法等等。

行政法规是指有关国家机关根据宪法赋予的权利制定的属于法律规范性质的文件。审计也将此类文件作为衡量是非优劣的尺度。如国务院颁布的审计条例、财政部颁布的会计准则、财务通则，审计署颁布的审计条例实施细则等等。

（2）规章制度。规章制度是国有机关、社会团体、企事业单位制定的各种规则、章程、程序和办法的总称，包括工作制度、责任制度、技术规程和技术标准等。例如，对一种产品规定原材料消耗定额、能源消耗定额、工时定额、质量标准等。此外，对会计业务处理的具体要求和办法，也属于规章制度之内。如我国财政部制定的《企业会计制度》等。这些规章制度，都是人们某种行为的规范，均可作为审计依据。

（3）预算、计划和经济合同。预算是经一定程序核准的政府、机关、事业单位在指定期间的收支预计，如国家预算、中央预算、地方预算、单位预算等。它是评价收支是否合理合法的法律依据，因而可以作为审计依据。计划是人们为保证完成预期任务而对具体工作所作的总体安排布置。如国民经济计划、中央计划、地方计划、企业计划等。这些计划一经法定机构审核批准，便是具有指令性的计划，有关部门和单位必须贯彻实施，因而计划也可作为审计依据。经济合同是法人之间达成的书面协议，它一经签订，就具有法律效力，因而也可作为审计依据，来评价协议双方经济责任的履行情况。

二、审计依据的特征及其选择

审计依据既是明显可见的，又不是固定不变的，它随着国家管理的规范和单位管理的加强，旧的标准不断淘汰，新的标准不断建立。因此，无论什么样的审计依据，只能在一定的范围内、一定的区域中和一定的时间内是有效的，同时各类依据所具有的权威性也是有很大差别的。

（一）审计依据的特征

1. 权威性

审计依据是判断被审计单位经济活动合法性、有效性及真实性的准绳，又是作为提出审计意见、作出审计决定的根据或理由。因此，任何审计依据都具有一定的权威性或公认性，否则不足以引用为依据。但是，不同层次的依据，其权威性大小不一样。如国家的法律、法规是衡量经济活动是否合法、合规的依据，具有很高的权威性、全国都公认它，依据它提出审计意见、作出审计决定一般是正确无误的。再如单位内部制定的规章制度、预算、计划、定额、标准、历史数据等，则不具备上述法律、法规的权威性，但依然是用来衡量经济活动优劣的重要依据，对于这类依据主要强调它的公认性和可接受性，一般要由审计人员和被审查单位协商后确定。

2. 层次性

审计依据一般是由审计主体以外的国家机关、管理部门、业务部门、技术部门和企业单位制定的。审计依据因管辖范围和权威性大小不同而有不同的层次。一般来说，制定的单位级别越高，其管辖的范围越广，权威性越大。最高层次的依据是国家立法机关的法律；其次是国务院颁布的各种行政法规及政策、指令、规划等；再次是地方立法机关和行政机构制定的地方性法律、法规；然后是被审计单位主管部门制定的规章制度、下达的计划和提出的技术经济指标等；最低层次的依据是被审计单位内部制定的各种规章制度、计划、预算、定额、标准等。值得提出的是，如果是涉外审计，还要引用国际及有关国家法规、制度为审计依据，国际上的法规应高于各国的法律、法规。

审计依据的层次越高，其管辖的幅度越宽，适用的范围越广，权威性越大。这是因为高层次依据主要是国家制定的法律、法规，适用于全国，而且低层次的法规及规章制度不能违反最高层次的法规，只能在此基础上进行研究和加以具体化。

3. 地域性

从空间上看，很多审计依据还要受到地域性限制。各国的社会经济制度不同和生产力发展水平不同，其审计依据和内容也各不相同，因此一个国家不能照搬另一个国家的审计依据。我国各地区、各部门的实际情况和发展水平也不相同，因此其适用的审计依据也各不相同。审计人员在进行审计判断时，必须注意到地区差别、行业差别和单位差别。

4. 时效性

从时间上看，各种审计依据都有一定的时效性，不是在任何时期、任何条件下都适用。作为衡量经济活动是否真实、合法和有效的审计依据属于上层建筑的范畴，它会因经济基础的发展变化而不断变化，也即是在不断地变更和修订之中，这就要求审计人员在审计工作中，密切注意各种依据的变化，选用在被审计事项发生时有效的判断依据，而不能以审计时现行的法律、法规、规章制度作为判断依据，也不能以过时的法律、法规、规章制度作为判断依据，更不能以旧的审计依据来否定现行的经济活动，或用新的审计依据来否定过去的经济活动。

5. 相关性

审计依据的相关性主要是指所引用的审计依据应与被审计项目和应证实的目标相关。审计人员所作的审计判断、所表示的审计意见以及所作出的审计决定是否正确无误，是否令人信服，与审计人员所使用的审计依据的相关程度及针对性强弱关系很大。审计依据的相关性，首先表现在所选用的依据与被审计事项是相关的，能够判定被审计事项是否真实、合法与有效；其次是能说明审计人员提出的审计意见、作出的审计决定有充足的理由；最后针对某一被证实的事项来说，所选用的各种依据能从不同的角度去证实，并能在一定程度上说明这些依据是相关的。

（二）审计依据选择的原则

不同的被审计事项需要不同的衡量、评价依据，审计人员应根据不同的审计目标、不同的实际需要，选用适当的审计依据进行审计判断，提出审计意见，作出审计决定。由于我国政出多门、法制不完善、管理水平不高，造成了审计依据不统一、不配套，甚至无据可依，如衡量经济效益高低优劣的标准至今也没有统一的看法，各行其是。这就需要审计人员在选用审计依据时遵循一定的原则。

1. 从实际出发

审计人员应从实际出发，具体问题具体分析，根据需要选定适用的依据，选用时一定要根据依据的权威性、层次性、区域性、时效性、相关性的特点及其要求，尽可能选用权威性大的、令人信服的依据；尽可能选用高层次的依据，如选用低层次的依据则一定不能与有关高层次依据相抵触；应选用本地区、本行业、本单位适用的依据，应选用适用于被审计事项发生时有效的依据：应选用与被审计事项有关、有利于作出审计判断、表示审计意见和作出审计决定的审计依据。

有法律、法规依据的，一定要选用法律、法规作为依据。如果选用的行政法规与宪法、法律存在矛盾，应以宪法、法律规定为审计依据；国务院各部门之间的规定相抵触时，应以法律、行政法规授权的主管部门的规定为审计依据；地方人民政府与国务院主管部门的规定相抵触时，除国家另有规定外，应当以国务院主管部门的规定为审计依据；下级人民政府、部门的规定与上级人民政府、部门的规定相抵触时，除国家另有规定外，应以上级人民政府部门规定为审计依据。审计中发现的重大问题没有明确的审计依据时. 应当请示本级人民政府或上级审计机关，或从是否合理、是否正确、是否违背了国家法律、法规，是否损害了国家利益或是否侵犯了被审计单位的合法权益等方面去判断。

2. 把握实质问题

被审计单位的经济活动是错综复杂的，经济情况是瞬息万变的，因为影响经济活动的因素是多方面的、不断变化的。因此，既要历史地看问题，又要辩证地看问题，认真仔细地研究多种问题中哪些是主要问题，哪些是本质问题；多种因素、矛盾中，哪些是主要因素，哪些是主要矛盾，哪些是矛盾的主要方面。只有抓住主要矛盾和矛盾的主要方面，才能把握问题的实质，才能选用适当的审计依据，并据以作出正确的判断，提出合理的意见和作出令人信服的决定。

3. 准确可靠

审计人员所运用的依据必须准确可靠，绝不能把道听途说的主观臆测作为判断是非的依据。无论引用什么资料作为依据，均要查看原件、签发单位和签发时间，并判断其适用性。凡引用数据，一定要亲自复核，决不能照搬照抄；凡列举的定额、标准，必须要有原文资料，并核实其有效期；凡引用的单位管理制度，一定要有文字记载，领导的口头指示和某种会议精神，如没有文字依据，均不得作为审计依据；凡引用法律、法规、规章制度，一定要查到原文原件，做适当的摘录或复印，绝不可断章取义，妄加推论。

总之，准确而合理地运用审计依据，有利于客观公正地作出审计判断，有利于提出合理的审计意见和作出正确的审计决定，有利于审计工作质量的提高。

任务三　认知审计职业道德和法律责任

一、审计职业道德

审计职业道德(1)

(一) 审计职业道德概述

审计人员职业道德是审计人员在长期审计工作过程中逐步形成的应当普遍遵守的行为规范。它是为指导审计人员在从事审计工作中保持独立的地位、公正的态度和约束自己行为而制定的；也是为了树立良好的职业形象，赢得社会的尊重和信赖而制定的。制定审计人员职业道德规范是出于审计职业特殊性的必要、取信社会公众的必要、对审计职业评价的必要和社会竞争日益激烈的必要。审计人员职业道德是审计人员顺利完成审计任务的重要保障、极大地影响了良好的社会道德风尚的形成，同时也是审计人员自身完善的基础和克服官僚主义、提高审计工作水平、充分发挥审计作用的关键。

(二) 政府审计人员的职业道德

对政府审计职业道德的国际要求一般要求具备独立性、客观性，具备应有的职业谨慎、熟练的专业技能和能够保守秘密。在我国，2010 年国家审计署修订颁布的国家审计准则第 15 条，对国家审计人员的职业道德要求作出了规定：审计人员应当恪守严格依法、正直坦诚、客观公正、勤勉尽责、保守秘密的基本审计职业道德。

(三) 内部审计人员的职业道德

内部审计职业道德，是指内部审计人员职业品德、职业纪律、专业胜任能力及职业责任等的总和。内部审计职业道德包括具有内部审计职业特征的道德规范和行为规范两个方面，尽管各国形式多样、内容不一，但实质要求是一致的，均是要求内部审计人员实事求是、客观公正、谨慎评价、诚实廉洁等。许多国家的内部审计组织以及国际内部审计师协会普遍制定了内部审计职业道德。

在我国，中国内部审计协会 2013 年颁布的《中国内部审计准则第 1201 号——内部审计人员职业道德规范》中提出内部审计人员的职业道德：一是要诚信正直，不能歪曲事实，隐瞒发现的问题，应当廉洁、正直；二是要客观，实事求是，不偏见；三是要具备专业胜任能力；四是要保密。

审计职业道德(2)

（四）注册会计师审计职业道德

为了规范中国注册会计师协会会员的职业行为，进一步提高职业道德水平，维护职业形象，中国注册会计师协会制定了《中国注册会计师职业道德守则》和《中国注册会计师协会非执业会员职业道德守则》，并自2010年7月1日起施行。

《中国注册会计师职业道德守则》具体包括：

(1) 中国注册会计师职业道德守则第1号——职业道德基本原则。

(2) 中国注册会计师职业道德守则第2号——职业道德概念框架。

(3) 中国注册会计师职业道德守则第3号——提供专业服务的具体要求。

(4) 中国注册会计师职业道德守则第4号——审计和审阅业务对独立性的要求。

(5) 中国注册会计师职业道德守则第5号——其他鉴证业务对独立性的要求。

基本原则包括：诚信、客观公正、独立性、专业胜任能力和勤勉尽责、保密、良好职业行为。

1. 诚信

注册会计师应当遵循诚信原则，在所有的职业活动中保持正直、诚实守信。

2. 客观公正

注册会计师应当遵循客观公正原则，公正处事，实事求是，不得由于偏见、利益冲突或他人的不当影响而损害自己的职业判断。

3. 独立性

在执行审计和审阅业务以及其他鉴证业务时，注册会计师应当遵循独立性原则，从实质上和形式上保持独立性，不得因任何利害关系影响其客观性。实质上的独立性是一种内心状态，要求注册会计师在提出结论时不受有损于职业判断的因素影响，能够诚实公正地行事，并保持客观和职业怀疑态度；形式上的独立性是一种外表上的独立，是指一个有理性且掌握充分信息的第三方在权衡这些事实和情况后，很可能推定会计师事务所或项目组成员的诚信、客观或职业怀疑态度已经受到损害。

4. 专业胜任能力和勤勉尽责

注册会计师应当遵循专业胜任能力和勤勉尽责原则。注册会计师应当：①获取并保持应有的专业知识和技能，确保为客户提供具有专业水准的服务；②做到勤勉尽责。

5. 保密

注册会计师应当遵循保密原则，对职业活动中获知的涉密信息保密。注册会计师应当遵守下列要求：

(1) 警惕无意中泄密的可能性，包括在社会交往中无意中泄密的可能性，特别要警惕无意中向关系密切的商业伙伴或近亲属泄密的可能性。

(2) 对所在会计师事务所内部的涉密信息保密。

(3) 对拟承接的客户或拟受雇的工作单位向其披露的涉密信息保密。

(4) 在未经客户授权的情况下，不得向会计师事务所以外的第三方披露其所获知的涉密信息，除非法律法规或职业准则规定注册会计师在这种情况下有权利或义务进行披露。

(5) 不得利用因职业关系而获知的涉密信息为自己或第三方谋取利益。

(6) 不得在职业关系结束后利用或披露因该职业关系获知的涉密信息。

(7) 采取适当措施，确保下级员工以及为注册会计师提供建议和帮助的人员履行保密义务。

在终止与客户的关系后，注册会计师应当对以前执业活动中获知的涉密信息保密。

在某些情况下，保密原则是可以豁免的。在下列情况下，注册会计师可能会被要求披露涉密信息，或者披露涉密信息是适当的，不被视为违反保密原则：

(1) 法律法规要求披露，例如为法律诉讼准备文件或提供其他证据，或者向适当的监管机构报告发现的违反法律法规行为。

(2) 法律法规允许披露，并取得客户的授权。

(3) 注册会计师有职业义务或权利进行披露，且法律法规未予禁止，主要包括下列情形：① 接受注册会计师协会或监管机构的执业质量检查；② 答复注册会计师协会或监管机构的询问或调查；③ 在法律诉讼、仲裁中维护自己的合法权益；④ 遵守职业准则的要求，包括职业道德要求；⑤ 法律法规和职业准则规定的其他情形。

6. 良好的职业行为

注册会计师应当遵循良好职业行为原则，爱岗敬业，遵守相关法律法规，避免发生任何可能损害职业声誉的行为。如果一个理性且掌握充分信息的第三方很可能认为某种行为将对良好的职业声誉产生负面影响，则这种行为属于可能损害职业声誉的行为。

注册会计师在向公众传递信息以及推介自己和工作时，应当客观、真实、得体，不得损害职业形象。注册会计师应当诚实、实事求是，不得有下列行为：① 夸大宣传提供的服务、拥有的资质或获得的经验；② 贬低或无根据地比较他人的工作。

二、审计法律责任

审计法律责任

(一) 会计责任与审计责任

会计责任主要包括三个方面：一是建立健全内部控制；二是保护资产的安全与完整；三是保证会计资料的真实、合法、完整。注册会计师的审计责任是指注册会计师应对所出具的审计报告的真实性、合法性负责。审计报告的真实性是指审计报告应如实反映注册会计师的审计范围、审计依据、已实施的审计程序和应表示的审计意见。审计报告的合法性是指审计报告的编制和出具必须符合《注册会计师法》和独立审计准则规定。会计责任和审计责任不能相互替代、减轻或者免除。

小思考

会计责任和审计责任有哪些区别？

提示：被审单位的会计责任和注册会计师的审计责任是完全不同的两项责任，二者不能相互替代、减轻或免除。其区别主要表现在以下几个方面：

1. 承担责任的主体不同。会计责任的承担者是被审单位的管理当局。在审计实务中，会计责任的确认通常是通过注册会计师要求被审单位提出书面声明来实现的。审计责任的承担者是接受审计委托的会计师事务所和承办审计业务的注册会计师。

2. 承担责任的内容不同。会计责任和审计责任的相关内容在前文已进行阐述。

3. 责任的履行不同。会计责任的履行是与被审单位的生产经营行为和管理当局的管理行为相联系的,是企业自身行为的结果。审计责任的承担则是与会计师事务所的活动和注册会计师的执业行为相联系的,是他们自身行为的结果。当事人的行为及其结果决定了其应当承担相应责任的内容。

4. 责任的评判标准不同。判断被审单位及其管理当局是否履行会计责任的依据是企业会计准则和会计制度的规定。判断会计师事务所及其注册会计师是否履行审计责任的依据是独立审计准则。

(二) 注册会计师法律责任的成因与种类

1. 注册会计师法律责任的成因

(1) 违约。所谓违约,是指合同的一方或几方未能达到合同条款的要求。当违约给他人造成损失时,注册会计师应负担违约责任。例如,会计师事务所在商定的时期内,未能提交纳税申报表,或违反了与被审计单位订立的保密协议等。

(2) 过失。所谓过失,是指在一定条件下缺少应具有的合理的谨慎。评价注册会计师的过失,是以其他合格注册会计师在相同条件下可做到的谨慎为标准的。当过失给他人造成损害时,注册会计师应负过失责任。通常将过失按其程度不同分为普通过失和重大过失两种。① 普通过失。也有的称一般过失,通常是指没有保持职业上应有的合理的谨慎。对注册会计师则是指没有完全遵循专业准则的要求。例如,未按特定审计项目取得必要和充分的审计证据就出具审计报告的情况,可视为一般过失;② 重大过失。是指连起码的职业谨慎都不保持,对重要的业务或事务不加考虑,满不在乎,对注册会计师而言,则是指根本没有遵循专业准则或没有按专业准则的基本要求执行审计。

另外,还有一种过失叫"共同过失",即对他人过失,受害方自己未能保持合理的谨慎,因而蒙受损失。例如,被审计单位未能向注册会计师提供编制纳税申报表所必要的信息,反而又控告注册会计师未能妥当地编制纳税申报表,这种情况可能使法院判定被审计单位有共同过失。再如,在审计中未能发现现金等资产短少时,被审计单位可以过失为由控告注册会计师,而注册会计师又可以说现金等问题是由缺乏适当的内部控制造成的,并以此为由反击被审计单位的诉讼。

(3) 欺诈。又称舞弊,是以欺骗或坑害他人为目的的一种故意的错误行为。作案具有不良动机是欺诈的重要特征,也是欺诈与普通过失和重大过失的主要区别之一。对于注册会计师而言,欺诈就是为了达到欺骗他人的目的,明知委托单位的财务报表有重大错报,却加以虚伪的陈述,出具无保留意见的审计报告。

与欺诈相关的另一个概念是"推定欺诈",又称"涉嫌欺诈",是指虽无故意欺诈或坑害他人的动机,但却存在极端或异常的过失。推定欺诈和重大过失这两个概念的界限往往很难界定,在美国许多法院曾经将注册会计师的重大过失解释为推定欺诈,特别是近年来有些法院放宽了"欺诈"一词的范围,使得推定欺诈在法律上成为等效的概念。这样,具有重大过失的注册会计师的法律责任就进一步加大了。

小思考

如何区分普通过失与重大过失？

提示：为了准确区分普通过失和重大过失这两个概念，注册会计师可以结合“重要性”和“内部控制”这两个概念进行分析。

首先，如果会计报表中存在重大错报事项，注册会计师运用标准审计程序通常应能发现，但因工作疏忽而未能将重大错报事项查出来，就很可能在法律诉讼中被解释为重大过失。如果会计报表有多处错报事项，每一处都不算重大，但综合起来对会计报表的影响却较大，也就是说，会计报表作为一个整体可能严重失实，在这种情况下，法院一般认为注册会计师具有普通过失，而非重大过失，因为标准审计程序发现每处较小错误事项的概率也小。

其次，注册会计师对会计报表项目的审计是以内部控制结构的研究与评价为基础的。如果内部控制结构不太健全，注册会计师应当扩大抽样的范围，这样，一般都能揭示出由此产生的错报。否则，就具有重大过失的性质。相反的情况是，内部控制制度本身非常健全，但由于职工串通舞弊，导致设计良好的内部控制失效。由于注册会计师查出这种错报事项的可能性相对较小，一般会认为注册会计师没有过失或只具有普通过失。

2. 注册会计师承担法律责任的种类

注册会计师因违约、过失或欺诈给被审计单位或其他利害关系人造成损失的，按照有关法律和规定，可能被判负行政责任、民事责任或刑事责任。

(1) 行政责任。是指注册会计师由于行政违法而应承担的法律后果。包括警告、暂停营业、吊销注册会计师资格、撤销事务所营业执照、没收非法所得等。

(2) 民事责任。是指对委托人和第三方的赔偿责任。

(3) 刑事责任。是指会计师事务所或注册会计师由于违反国家法律、法规，情节严重，按照有关法律程序判处一定的徒刑。

这三种责任可单处，也可并处。行政处罚对注册会计师个人来说，包括警告、暂停执业、吊销注册会计师证书；对会计师事务所而言，包括警告、没收违法所得、罚款、暂停执业、撤销等。民事责任主要是指赔偿受害人损失。刑事责任主要是指按有关法律程序判处一定的徒刑。一般来说，因违约和过失可能使注册会计师负行政责任和民事责任，因欺诈可能会使注册会计师负民事责任和刑事责任。

(三) 审计法律责任的规避

审计法律责任的规避

注册会计师避免法律诉讼的具体措施，可以概括为以下几点：

1. 严格遵循职业道德和专业标准的要求

正如前文所充分论述的，不能苛求注册会计师对于会计报表中的所有错报事项都要承担法律责任，注册会计师是否承担法律责任，关键在于注册会计师是否有过失或欺诈行为。而判别注册会计师是否具有过失的关键在于注册会计师是否遵照专业标准的要求执行。因此，保持良好的职业道德，严格遵循专业标准的要求执业、出具报告，对于避免法律诉讼或在提起的诉讼中保护注册会计师具有无比的重要性。

2. 建立、健全会计师事务所质量控制制度

会计师事务所不同于一般公司、企业，质量管理是会计师事务所各项管理工作的核心。如果一个会计师事务所质量管理不严，很有可能因为一个人或一个部门的原因导致整个会计师事务所遭受灭顶之灾。北京中诚会计师事务所就是其中一个例子，该所根本没有质量管理措施，各个分所都可以中诚会计师事务所的名义独立承揽业务、出具报告，致使二分所为长城公司出具虚假报告之事曝光之后，中诚会计师事务所尚不知本所曾为长城公司出过报告。因此，会计师事务所必须建立、健全一套严密、科学的内部质量控制制度，并把这套制度推行到每一个人、每一个部门和每一项业务，迫使注册会计师按照专业标准的要求执业，保证整个会计师事务所的质量。

3. 与委托人签订业务约定书

《注册会计师法》第 16 条规定注册会计师承办业务，会计师事务所应与委托人签订委托合同(即业务约定书)。业务约定书有法律效力，是确定注册会计师和委托人的责任的一个重要文件。会计师事务所无论承办何种业务，都要按照业务约定书准则的要求与委托人签订约定书，这样才能在发生法律诉讼时将一切口舌争辩减少到最低限度。

4. 审慎选择被审计单位

一是要选择正直的被审计单位。如果被审计单位对顾客、职工、政府部门或其他方面没有正直的品格，也必然会蒙骗注册会计师，使注册会计师落入它们的圈套。这就要求会计师事务所接受委托之前，一定要采取必要的措施对被审计单位的历史情况有所了解。评价被审计单位的品格，弄清委托的真正目的，尤其是在执行特殊目的审计业务时更应如此；二是对陷入财务和法律困境的被审计单位要尤为注意。中外历史上绝大部分涉及注册会计师的诉讼案，都集中在宣告破产的被审计单位。周转不灵或面临破产的公司，其股东或债权人总想为他们的损失寻找替罪羊，因此对那些陷入财务困境的被审计单位要特别注意。

5. 深入了解被审计单位的业务

在很多案件中，注册会计师之所以未能发现错误，一个重要的原因就是他们不了解被审计单位所在行业的情况即被审计单位的业务。会计是经济活动的综合反映，不熟悉被审计单位的经济业务和生产经营实务，仅局限于有关的会计资料，就可能发现不了某些错误。

6. 提取风险基金或购买责任保险

在西方国家，投保充分的责任保险是会计师事务所一项极为重要的保护措施，尽管保险不能免除可能受到的法律诉讼，但能防止或减少诉讼失败是会计师事务所发生的财务损失。我国《注册会计师法》也规定了会计师事务所应当建立职业风险基金，办理职业保险。

7. 聘请熟悉注册会计师法律责任的律师

会计师事务所有条件的话，尽可能聘请熟悉相关法规及注册会计师法律责任的律师。在执业过程中，如遇到重大法律问题，注册会计师应与本所的律师或外聘律师详细讨论所有潜在的危险情况并仔细考虑律师的建议。一旦发生法律诉讼，也应请有经验的律师参加诉讼。

【课程思政案例】

从安然事件看注册会计师的职业道德问题

安然公司，曾是一家位于美国的得克萨斯州休斯敦市的能源类公司。在2001年宣告破产之前，安然拥有约21000名雇员，是世界上最大的电力、天然气以及电讯公司之一，2000年披露的营业额达1010亿美元之巨。公司连续六年被《财富》杂志评选为“美国最具创新精神公司”，然而真正使安然公司在全世界声名大噪的，却是在2002年这个拥有上千亿资产的公司在几周内破产的财务造假丑闻。

安达信自1985年开始就为安然公司做审计，做了整整16年。除了单纯的审计外，安达信还提供内部审计和咨询服务。20世纪90年代中期，安达信与安然签署了一项补充协议，安达信包揽安然的外部审计工作。安然公司的咨询业务也全部由安达信负责。2001年，安然公司付给它的5200万美元的报酬中一半以上的收入(2700万美元)是用来支付咨询服务的。经过调查，发现安达信会计师事务所存在以下问题：

1. 严重失实的审计报告和内部控制评价报告

安然公司自1985年成立以来，其财务报表一直由安达信审计。2000年，安达信为安然公司出具了两份报告，一份是无保留意见的审计报告，另一份是对安然公司管理当局声称其内部控制能够合理保证其财务报表可靠性予以认可的评价报告。安然公司在2001年11月向美国证券交易委员会提交了报告，对过去5年财务报表进行了重大的重新表述，并明确提醒投资者：1997至2000年经过审计的财务报表不可信赖。换言之，安达信审计的财务报表并不能公允地反映其经营业绩财务状况和现金流量；得到安达信认可的内部控制也不能确保安然公司财务报表的可靠；安达信的报告所描述的财务图像和内部控制的有效性，严重偏离了安然公司的实际情况。

2. 安达信销毁审计工作底稿，妨碍司法调查

在沸沸扬扬的安然事件中，最让业界意想不到的是安达信居然销毁数以千计的审计档案。我们知道，审计最重证据，客观、真实的证据也是他们提出的会计基本假设。安达信销毁审计档案，是对会计职业道德的公然挑衅，也暴露出其在巨额利润的驱动之下的胆大妄为。逐利者很容易丧失理智而铤而走险，丧失职业道德。

3. 安达信未采取必要的纠正措施

安达信在已觉察安然公司会计问题的情况下，未采取必要的纠正措施。美国国会调查组披露的证据显示，安达信在安然黑幕曝光前就已觉察到安然公司存在的会计问题，但未及时向有关部门报告或采取其他措施。

4. 安达信对安然公司的审计缺乏独立性

安达信不仅为安然公司提供审计鉴证服务，而且提供收入不菲的咨询业务。案发前安达信有100多人常驻安然工作，仅2001年安然就付给安达信5200万美元，其中咨询费就占了一大半。安然公司的许多高层管理人员为安达信的前雇员，他们之间的密切关系至少有损安达信形式上的独立性。安然公司的首席财务主管、首席会计主管和公司发展部副总经理等高层管理人员都是安然公司从安达信招聘过来的。至于从安达信辞职，到安然公司担任较低级别管理人员的更是不胜枚举。

资料来源：https://www.renrendoc.com/paper/205387093.html

【课程思政】 “人无德不立，品德是为人之本”，加强注册会计师职业道德教育，把社会主义核心价值观融入对注册会计师职业道德规范中，致力成为德才兼备、坚守底线的审计人才。

本项目小结

审计准则是指审计人员在执行审计业务时必须遵循的行为规范和指南，同时也是衡量审计工作质量的尺度或标准。审计准则具有适应性、主体性、全面性、权威性等特征。审计准则的一般内容结构可分为一般准则、工作准则和报告准则三部分。我国的审计准则体系由国家审计准则、内部审计准则和注册会计师审计准则构成。其中，国家审计准则是国家审计机关及其工作人员在从事审计业务活动中的行为规范；内部审计准则是内部审计机构及其审计人员从事内部审计业务活动的行为规范，由内部审计基本准则、内部审计具体准则、内部审计实务指南三个层次组成；中国注册会计师审计准则是注册会计师执业中的行为规范，包括鉴证业务准则、相关服务准则和会计师事务所质量控制准则。

审计依据是审计人员在审计中判断是非优劣的准绳，具有层次性、相关性、时效性、地域性等特征。审计依据具有不同的内容结构，按其来源不同，可分为外部审计标准和内部审计标准两类；按其性质和内容不同，可分为法律和行政法规，规章制度，预算、计划和经济合同三种。

审计职业道德是指审计人员在长期工作过程中逐步形成的应当普遍遵守的行为规范。审计职业道德是社会道德的一种具体形式，我国注册会计师的职业道德规范主要包括一般原则（恪守独立、客观、公正的原则）、专业胜任能力与技术规范、对客户的责任、对同行的责任、其他责任（广告宣传、佣金等）。

会计责任不同于审计责任。注册会计师法律责任的成因主要包括违约、过失和欺诈。注册会计师法律责任的种类有民事责任、行政责任和刑事责任。注册会计师应该采取一定的措施来规避法律责任。

项目三课后习题

项目四　审 计 计 划

学习目标

通过本项目的学习，了解初步业务活动的内容，明确业务约定书的重要性，掌握总体审计策略和具体审计计划的编制方法，理解审计重要性和审计风险的含义，掌握审计重要性与审计风险在审计初始阶段中的具体运用。

能力目标

培养了解审计工作基本环境，熟悉审计风险来源，具备系统应对思路和总体把握能力、灵活应用能力。

思政目标

自觉树立风险意识，坚定底线思维，抓住“关键少数”，树立勤勉尽责和正确的人生观、价值观。

任务一　开展初步业务活动

本书仅介绍注册会计师在审计计划阶段的工作。注册会计师在计划审计工作前，需要开展初步业务活动。

一、初步业务活动概述

初步业务活动的目的、内容及程序

初步业务活动主要是对审计客户的情况和注册会计师自身的能力进行了解和评估，确定是否接受或保持审计客户，这是控制审计风险的第一道屏障。

初步业务活动主要有三个目的：一是确保注册会计师已具备执行业务所需要的独立性和专业胜任能力；二是确保不存在因管理层诚信问题而影响注册会计师保持该项业务意愿的情况；三是确保与被审计单位不存在对业务约定条款的误解。

【课程思政案例】

客户能不能接?

康得新是一家材料高科技企业,主营业务是以制造和销售光学膜、印刷包装类产品为主,于2010年在深圳证券交易所上市,股票代码为002450。该公司作为高分子膜材料领域的龙头企业之一,曾一度受到资本市场的热烈追捧,但却在2019年度,出现了严重的债务违约事项,公司的名称被挂上"ST"。2019年7月5日,中国证监会向康得新公司下发文件,认定该公司在2015—2018年连续四年的时间里,涉嫌有严重的财务舞弊行为。但是作为审计康得新公司的会计师事务所——瑞华会计师事务所,却在2015年、2016年、2017年的审计报告中都出具了"标准的无保留意见",只有在2018年的审计报告中出具了"无法表示意见",甚至还在2019年7月发布公告称对康得新复核后,没有发现该公司有财务造假。

通过查询康得新2018年的年报,发现该公司存在较为严重的内部控制缺陷,如:公司存在被大股东占用资金的情况,同时在2019年证监会要求公司进行自查后,该公司的三名独立董事对其相关的交易表示质疑等。而康得新的历年年报,其2016年到2018年的营业收入分别为91.5亿元、117.9亿元和92.33亿元,净利润分别是4.61亿元、24.76亿元和19.65亿元,说明该公司在没有被曝出财务舞弊之前,其经营发展还是不错的。而瑞华也称:"关注媒体对公司的报道情况,2015—2017年权威媒体对公司都是正面的报道",也即说明瑞华事务所在对康得新进行审计之前并没有对公司的实际情况进行核实和了解,仅关注媒体对公司的报道情况,这自然就为后续的审计失败埋下了隐患。

根据证监会披露的信息发现,康得新公司自2013年开始,其年度财务报告就由瑞华会计师事务所来审计,而长时间的审计,难免会使事务所产生信赖过度的风险。而在2013—2017年间,瑞华事务所均出具了"标准无保留意见",2018年因康得新已深陷危机,才出具了"无法表示意见"。另外,在康得新出现财务造假的四年里,瑞华事务所总共领取了840万元审计报酬。

资料来源:https://www.fx361.com/page/2021/0606/8406738.shtml

【课程思政】 事务所对被审单位的了解度不足和独立性不足为瑞华会计师事务所审计失败埋下了伏笔。在学习、生活和未来的工作中自觉树立忧患意识、风险意识、责任意识,以坚定的毅力和努力的工作态度成为一名合格的审计人员。

二、初步业务活动的内容

具体来说,注册会计师在本期审计业务开始时应进行以下三项初步业务活动,以确定是否接受委托。

(一) 针对保持客户关系和具体审计业务实施相应的质量控制程序

在连续审计时,注册会计师通常执行针对保持客户关系和具体审计业务的质量控制程序。在首次接受审计委托时,注册会计师需要执行针对建立有关客户关系和承接具体审计业务的质量控制程序。总体来说,无论是连续审计还是首次接受审计委托,注册会计师应当考虑下列主要事项,以确定保持或建立客户关系和具体审计业务的结论是恰当的。

(1) 被审计单位的主要股东、关键管理人员和治理层是否诚信。

(2) 项目组是否具备执行审计业务的专业胜任能力以及必要的时间和资源。

(3) 会计师事务所和项目组能否遵守职业道德规范。

在连续审计的情况下,注册会计师已经积累了一定的审计经验,因此,在决定是否保持与某一客户的关系时,项目负责人通常重点考虑本期或前期审计中发现的重大事项及其对保持该客户关系的影响。

(二) 评价遵守职业道德规范的情况

职业道德规范要求项目组成员恪守独立、客观、公正的原则,保持专业胜任能力和应有的关注,并对审计过程中获知的信息保密。

对于保持独立性,质量控制准则要求会计师事务所制定政策和程序,以及项目负责人实施相应措施。例如,会计师事务所应当每年至少一次向所有受独立性要求约束的人员获取其遵守独立性政策和程序的书面确认函。值得注意的是,由于审计过程中情况会发生变化,注册会计师对上述第一项(针对保持客户关系和具体审计业务实施相应的质量控制程序)及第二项(评价遵守职业道德规范的情况)的考虑应当贯穿审计业务的全过程。例如,在现场审计过程中,如果注册会计师发现财务报表存在舞弊,因而对管理层、治理层的胜任能力或诚信产生了极大疑虑,则注册会计师需要针对这一新情况,考虑在必要时重新实施相应的质量控制程序,以决定是否继续保持该项业务及其客户关系。

虽然保持客户关系及具体审计业务和评价职业道德的工作贯穿审计业务的全过程,但是这两项活动需要安排在其他审计工作之前,以确保注册会计师已具备执行业务所需要的独立性和专业胜任能力,且不存在因管理层诚信问题而影响注册会计师保持该项业务意愿等情况。

(三) 及时签订或修改审计业务约定书

在作出接受或保持客户关系及具体审计业务的决策后,注册会计师应当在审计业务开始前,与被审计单位就审计业务约定条款达成一致意见,签订或修改审计业务约定书。

实务中,通常通过编制初步业务活动程序表(表 4.1)来完成以上工作。

表 4.1 初步业务活动程序表

被审单位：________ 编制：________ 日期：________ 索引号：________

截止日期/期间：________ 复核：________ 日期：________ 页　次：________

初步业务活动程序	索引号	执行人
1. 如果首次接受委托，实施下列程序： (1) 与被审计单位面谈，讨论下列事项： ① 审计的目标； ② 审计报告的用途； ③ 管理层对财务报表的责任； ④ 审计范围； ⑤ 执行审计工作的安排，包括出具审计报告的时间要求； ⑥ 审计报告格式和对审计结果的其他沟通形式； ⑦ 管理层提供必要的工作条件和协助； ⑧ 注册会计师不受限制地接触任何与审计有关的记录、文件和所需要的其他信息； ⑨ 审计收费。 (2) 初步了解被审计单位及其环境，并予以记录。 (3) 征得被审计单位书面同意后，与注册会计师沟通	DH	
2. 如果是连续审计，实施下列程序： (1) 了解审计的目标、审计报告用途、审计范围和时间安排。 (2) 查阅以前年度审计工作底稿，重点关注非标准审计报告涉及的说明事项、管理建议书的具体内容、重大事项概要等。 (3) 初步了解被审计单位及其环境发生的重大变化并予以记录。 (4) 考虑是否需要修改业务约定条款，以及是否需要提醒被审计单位注意现有的业务约定条款		
3. 评价是否具备执行该项审计业务所需要的独立性和专业胜任能力		
4. 完成业务承接评价表或业务保持评价表	AA/AB	
5. 签订审计业务约定书	AC	

审计业务约定书

三、审计业务约定书

（一）审计业务约定书的含义与作用

审计业务约定书是指会计师事务所与被审计单位签订的，用以记录和确认审计业务的委托与受托关系、审计目标和范围、双方的责任以及报告的格式等事项的书面协议。会计师事务所承接任何审计业务，都应与被审计单位签订审计业务约定书。它具有经济合同的性质。审计业务约定书具有十分重要的作用，主要体现在以下几个方面：

(1) 审计业务约定书可作为签约双方检查审计工作完成情况的依据。

(2) 审计业务约定书可增强双方的相互理解，也使被审计单位了解注册会计师的责任及需要提供的合作。

(3) 如果涉及法律诉讼,审计业务约定书是确定双方应负责任的重要依据。

(二) 审计业务约定书的基本内容

审计业务约定书的具体内容和格式,因被审计单位的不同而存在差异。根据《中国注册会计审计准则第 1111 号——就审计业务约定条款达成一致意见》第 10 条的规定,注册会计师应当将达成一致意见的审计业务约定条款记录于审计业务约定书或其他适当形式的书面协议中。审计业务约定书的具体内容和格式,因被审计单位的不同而存在差异,但应当包括下列主要方面:

(1) 财务报表审计的目标。

(2) 管理层对财务报表的责任。在被审计单位治理层的监督下,按照适用的会计准则和相关会计制度的规定编制财务报表是被审计单位管理层的责任。

(3) 管理层编制财务报表采用的会计准则和相关会计制度。

(4) 审计范围,包括指明在执行财务报表审计业务时遵守的审计准则。审计范围是指为实现财务报表审计目标,审计人员根据审计准则和职业判断所实施的恰当的审计程序的总和。

(5) 执行审计工作的安排,包括出具审计报告的时间要求。

(6) 审计报告格式和对审计结果的其他沟通形式。

(7) 由于测试的性质和审计的其他固有限制,以及内部控制的固有局限性,不可避免地存在着某些重大错报可能仍然未被发现的风险。

(8) 管理层为审计人员提供必要的工作条件和协助。

(9) 审计人员不受限制地接触任何与审计有关的记录、文件和所需要的其他信息。

(10) 管理层对其作出的与审计有关的声明予以书面确认。

(11) 审计人员对执业过程中获知的信息保密。

(12) 审计收费,包括收费的计算基础和收费安排。在签订审计业务约定书前,审计人员应当与委托人商定审计收费标准。在确定收费标准时,审计人员应当考虑以下因素:① 审计服务所需的知识和技能;② 完成审计所需专业人员的数量、水平和经验;③ 每一个专业人员提供服务所需的时间;④ 提供审计服务所需承担的责任;⑤ 各地有关审计收费标准的规定。

(13) 违约责任。

(14) 解决争议的方法。

(15) 签约双方法定代表人或其授权代表的签字盖章,以及签约双方加盖的公章。

如果实际情况需要,审计人员还可以在审计业务约定书中列明下列内容:① 对在某些方面利用其他审计人员和专家作出工作安排;② 与审计涉及的内部审计人员和被审计单位的其他员工的协调;③ 预期向被审计单位提交的其他函件或报告;④ 直接与治理层沟通;⑤ 在首次接受审计委托时,对与前任审计人员沟通的安排;⑥ 审计人员与被审计单位之间需要达成进一步协议的事项。

审计业务约定书的一般格式和内容如下。

审计业务约定书

编号：

甲方：________________　　　　　　乙方：＿＿会计师事务所＿＿

兹由甲方委托乙方对20＿＿年度财务报表及＿＿＿＿进行审计，经双方协商，达成以下约定：

一、业务范围与审计目标

1．乙方接受甲方委托，对甲方按照企业会计准则和《＿＿＿＿会计制度》编制的20＿＿年＿＿月＿＿日的资产负债表，20＿＿年度的利润表和现金流量表以及财务报表附注（以下统称财务报表）进行审计。

2．乙方通过执行审计工作，对财务报表的下列方面发表审计意见：

(1) 财务报表是否按照企业会计准则和《＿＿＿＿会计制度》的规定编制；

(2) 财务报表是否在所有重大方面公允反映被审计单位的财务状况、经营成果和现金流量。

二、甲方的责任与义务

（一）甲方的责任

1．根据《中华人民共和国会计法》及《企业财务会计报告条例》，甲方及甲方负责人有责任保证会计资料的真实性和完整性。因此甲方管理层有责任妥善保存和提供会计记录（包括但不限于会计凭证、账簿及其他会计资料），这些记录必须真实、完整地反映甲方的财务状况、经营成果和现金流量。

2．按照企业会计准则和《＿＿＿＿会计制度》的规定编制财务报表是甲方管理层的责任，这种责任包括：(1) 设计、实施和维护与财务报表编制相关的内部控制，以使财务报表不存在由于舞弊或错误而导致的重大错报；(2) 选择和运用恰当的会计政策；(3) 作出合理的会计估计。

（二）甲方的义务

1．及时为乙方的审计工作提供其所要求的全部会计资料和其他有关资料（在20＿＿年＿＿月＿＿日之前提供齐全），并保证所提供资料的真实性和完整性。

2．确保乙方不受限制地接触任何与审计有关的记录、文件和所需的其他信息。

3．甲方管理层对其作出的与审计有关的声明予以书面确认。

4．为乙方派出的有关工作人员提供必要的工作条件和协助。

5．按本约定书的约定及时足额支付审计费用以及按下列第四条第1项约定应由甲方负担的乙方人员在审计期间的交通、食宿等费用。

三、乙方的责任和义务

（一）乙方的责任

1．乙方的责任是在实施审计工作的基础上对甲方财务报表发表审计意见。按照中国注册会计师审计准则（以下简称审计准则）的规定进行审计。

2．审计工作涉及实施审计程序，以获取有关财务报表金额和披露的审计证据。选择的审计程序取决于乙方的判断，包括对由于舞弊或错误导致的财务报表重大错报风险的评估、评价管理层选用会计政策的恰当性和作出会计估计的合理性，以及评价财务报表的总体列报。

3. 乙方需要合理计划和实施审计工作，以使乙方能够获取充分、适当的审计证据。

乙方有责任在审计报告中指明所发现的甲方在重大方面没有遵循企业会计准则和《________会计制度》编制财务报表且未按乙方的建议进行调整的事项。

由于测试的性质和审计的其他固有限制，以及内部控制的固有局限性，不可避免地存在着某些重大错报在审计后可能仍然未被乙方发现的风险。

4. 乙方的审计不能减轻甲方及甲方管理层的责任。

（二）乙方的义务

1. 按照约定时间完成审计工作，出具审计报告。

2. 除下列情况外，乙方应当对执行业务过程中知悉的甲方信息予以保密：(1) 取得甲方的授权；(2) 根据法律法规的规定，为法律诉讼准备文件或提供证据，以及向监管机构报告发现的违反法规行为；(3) 接受行业协会和监管机构依法进行的质量检查；(4) 监管机构对乙方进行行政处罚（包括监管机构处罚前的调查、听证）以及乙方对此提起行政复议。

四、审计收费

1. 本次审计服务的收费是以乙方各级别工作人员在本次工作中所耗费的时间为基础计算的。本次审计服务的费用总额为人民币________元（大写：____万____仟____佰____拾____元整）。本次审计中乙方人员的交通、食宿费用由________方承担。

2. 甲方应于________之日支付________%审计费用________元，剩余款项于审计报告完成时结清。

3. 如果由于无法预见的原因，致使乙方从事本约定书所涉及的审计服务实际时间较本约定书签订时预计的时间有明显的增加或减少时，甲乙双方应通过协商，相应调整本约定书第四条第1项下所述的审计费用。

4. 如果由于无法预见的原因，致使乙方人员抵达甲方的工作现场后，本约定书所涉及的审计服务不再进行，甲方不得要求退还预付的审计费用；如上述情况发生于乙方人员完成现场审计工作，并离开甲方的工作现场之后，甲方应另行向乙方支付人民币________元的补偿费，并于________日内支付。

五、审计报告和审计报告的使用

1. 乙方按照《中国注册会计师审计准则第1501号——对财务报表形成审计意见和出具审计报告》和《中国注册会计师审计准则第1502号——在审计报告中发表非无保留意见》规定的格式和类型出具审计报告。

2. 乙方应于20____年____月____日前向甲方出具审计报告一式____份。

3. 甲方在提交或对外公布审计报告时，不得修改或删减乙方出具的审计报告；不得修改或删除重要的会计数据、重要的报表附注和所作的重要说明。必要时应重新出具审计报告，但甲方应额外支付审计费用。

六、本约定书的有效期间

本约定书自签署之日起生效，并在双方履行完毕本约定书约定的所有义务后终止。

但其中第三(二)、四、五、八、九、十项并不因本约定书终止而失效。

七、约定事项的变更

如果出现不可预见的情况,影响审计工作如期完成,或需要提前出具审计报告时,甲乙双方均可要求变更约定事项,但应及时通知对方,并由双方协商解决。

八、终止条款

1. 如果乙方根据职业道德及其他有关法律、法规的要求,认为已不适宜继续为甲方提供本约定书约定的审计服务时,乙方可以采取向甲方提出合理通知的方式终止履行本约定书。

2. 在终止业务约定时,乙方有权就其于约定书终止之前所做的工作收取合理的审计费用。

九、违约责任

甲、乙双方按照《中华人民共和国合同法》的规定承担违约责任。

十、适用法律和争议解决

本约定书应适用中华人民共和国法律进行解释并受其约束。本约定书履行地为乙方出具审计报告所在地,因本约定书所引起的或与本约定书有关的纠纷或争议,双方选择以下第____种解决方式:

(1) 向有管辖权的人民法院提起诉讼;

(2) 提交________仲裁委员会仲裁。

十一、其他有关事项的约定

本约定书一式两份,甲、乙方各执一份,具有同等法律效力。

甲方(盖章):	乙方(盖章):会计师事务所
法定代表人:	法定代表人:
授权代表:	授权代表:
联系电话:	联系电话:
传真:	传真:
地址:	地址:
20 年 月 日	20 年 月 日

任务二 制定审计计划

注册会计师在制定审计计划时,应考虑影响审计业务的重要因素,以确定项目组工作方向。

一、计划审计工作概述

计划审计工作

（一）审计计划的定义

为了保证审计目标的实现，注册会计师必须在具体执行审计工作前制定审计计划，科学、合理的审计计划可以帮助注册会计师有的放矢地进行审查和取证，形成正确的审计结论；可以使审计成本保持在合理的水平上，提高审计工作的效率。

审计计划通常是由审计项目负责人于现场审计工作开始之前起草，它仅仅是对审计工作的一种预先规划。随着审计工作的开展，客观情况会不断发生变化，会产生预期计划与实际不一致的情况。例如，在审计过程中通过检查，发现被审计单位某些内部控制执行效果不佳，导致原来制定的审计程序和时间预算需要改变时，就应及时对审计计划进行修订和补充。审计计划的修订和补充贯穿整个审计工作的准备和实施阶段，其意见应经会计师事务所的有关业务负责人同意，并记录于审计工作底稿。注册会计师在整个审计过程中，应当按审计计划执行审计业务。

（二）审计计划的作用

1. 审计计划是对所进行的审计工作实行监督和检查的依据

通过审计计划与实际工作结果的对比，可以检查注册会计师在审计过程中究竟完成了哪些工作，所完成的工作是否符合计划要求，是否存在重大遗漏，审计计划是否需要修订和补充等问题。

2. 通过制定审计计划，可以避免与被审计单位之间发生误解

编制审计计划是注册会计师的责任，但在编制审计计划时注册会计师可以同被审计单位的有关人员就总体计划的要点和某些审计程序进行讨论，并协调审计程序与被审计单位有关人员的工作，以避免摩擦事项的产生，保持和被审计单位的良好关系，最大限度地减轻自己的法律责任，增强在同行业间的竞争力。因此，对任何一个审计项目，任何一个会计师事务所而言，不论其业务繁简，也不论其规模大小，审计计划都是至关重要的。

3. 制定审计计划，可以提高审计工作效率，保证审计的质量

通过审计计划，审计项目负责人可以有意识地把注意力集中在某些重要领域，使审计工作具有一定的重点和深度，从而获取充分、适当的审计证据，保证审计工作的质量。同时，在审计计划中，通过对审计人员工作时间耗费的预先控制，可以使审计工作进行得更为合理、经济和有效。

4. 通过审计计划，来指导审计工作，掌握审计的进度

制定审计计划是注册会计师审计的内在要求，在审计计划中，明确审计的目标、类型、范围、时间、人员分工等内容，审计项目负责人就可以从中了解到审计工作的整体安排和各步骤的具体执行时间及范围，因而有利于注册会计师的合理分工；注册会计师自己也做到了心中有数，有利于及时采取审计应对措施。

二、审计计划的编制

审计计划应贯穿于审计的全过程，注册会计师在整个审计过程中都应当严格按照审计计划执行审计业务。为了保证审计计划的严肃性，要求审计项目负责人编制审计计划之前逐步做好以下几项工作：

（一）了解被审计单位的基本情况

注册会计师至少应从以下8个方面了解被审计单位的情况，并据此确定可能影响会计报表的重要事项。

(1) 年度会计报表。

(2) 合同、协议、章程、营业执照。

(3) 重要会议记录。

(4) 相关内部控制制度。

(5) 财务会计机构及工作组织。

(6) 厂房、设备及办公场所。

(7) 宏观经济形势及其对所在行业的影响。

(8) 其他与编制审计计划相关的重要情况。

（二）查阅上一年度的审计档案

查阅上一年度的审计档案时，应分两种情况进行：

其一，如果上年度和本年度审计是由同一审计机构进行的，注册会计师应查阅上一年度的审计档案，并关注对本期审计工作有影响的重要事项，比如：

(1) 上一年度的审计意见类型。

(2) 上一年度的审计计划及审计总结。

(3) 上一年度的重要审计调整事项。

(4) 上一年度的或有损失。

(5) 上一年度的管理建议要点。

(6) 上一年度的其他有关重要事项。

其二，如果是首次接受被审计单位委托的审计机构，注册会计师应先征得被审计单位同意后，再考虑是否向前任注册会计师查询审计工作底稿。

注册会计师要想了解被审计单位的基本情况和收集相关的资料，有很多途径可以选择，例如与被审计单位的高级管理人员或业务人员讨论、交流；阅读行业期刊或本单位的相关资料；召开各阶层职工代表会议、现场观察、向被审计单位以外的其他知情人查询等。当注册会计师获得所需要的信息后，应及时做成书面记录并保存在永久性档案中。

（三）执行分析程序

分析程序是指注册会计师分析被审计单位重要的比率或趋势，包括调查这些比率或趋势的异常变动及其与预期数额和相关信息的差异。通过分析，评价数据之间的差异和各种信息的合理性。

注册会计师在审计的计划阶段运用分析程序的目的是对被审计单位的财务管理和经营状况有深入的了解,确认各种资料间异常的关系和意外的波动,以便更准确地识别潜在风险领域。运用分析程序的精细程度,取决于被审计单位的规模大小、业务的复杂性和相关资料的可靠性,最终由注册会计师判定。分析程序通常采用的方法有比较法、比率分析法、结构百分比法、差额计算法等。

(四) 初步评估重要性水平

具体内容在任务三中介绍。

(五) 初步评估审计风险

具体内容在任务四中介绍。

(六) 编制审计计划

1. 编制审计计划前,注册会计师应当特别关注的几个问题

(1) 委托目的、审计范围及审计责任。

(2) 被审计单位的经营规模及其业务的复杂程度。

(3) 被审计单位以前年度的审计情况。

(4) 被审计单位在审计年度内经营环境、内部管理的变化及其对审计的影响。

(5) 被审计单位的持续经营能力。

(6) 经济形势及行业政策的变化对被审计单位的影响。

(7) 是否存在关联方及其交易。

(8) 国家新近颁布的有关法规对审计工作产生的影响。

(9) 被审计单位的会计政策及其变更。

(10) 对专家、内部审计人员及其他审计人员工作的利用。

(11) 审计小组成员的业务能力、审计经历和对被审计单位情况的了解程度。

2. 编制审计计划的要求

注册会计师可以同被审计单位的有关人员就总体审计计划的要点和某些审计程序进行讨论,协调审计程序与被审计单位有关人员的工作,但是独立编制审计计划仍然是注册会计师的责任。

审计计划应由审计项目负责人编制。审计计划应形成书面文件,并在审计工作底稿中加以记录。审计计划的文件形式多种多样,主要有表格式、问卷式和文字叙述等。

三、审计计划的内容

审计计划分为总体审计策略和具体审计计划两个层次。在审计实务中,一般由项目经理根据对客户的了解,安排项目的总体审计策略,然后高级审计员针对具体的审计工作制定计划以安排审计助理的工作。总体审计策略用以指导具体审计计划的制定,具体审计计划比总体审计策略更加详细。

（一）制定总体审计策略

总体审计策略用以确定审计范围、时间和方向，并指导制定具体审计计划。在制定总体审计策略时，注册会计师应当考虑以下主要事项：被审计单位组成部分的分布、采用的会计准则和相关会计制度、特定行业的报告要求、审计业务的报告目标、审计计划的时间安排、所需沟通的性质、确定适当的重要性水平、初步识别可能存在较高的重大错报风险的领域、初步识别重要的组成部分和账户余额、评价是否需要针对内部控制的有效性获取审计证据等。

总体审计策略应能恰当地反映注册会计师考虑审计范围、时间和方向的结果。注册会计师应当在总体审计策略中清楚地说明下列内容：

（1）向具体审计领域调配的资源，包括向高风险领域分派有适当经验的项目组成员，就复杂的问题利用专家工作等。

（2）向具体审计领域分配资源的数量，包括安排到重要存货存放地观察存货盘点的项目组成员的数量，对其他注册会计师工作的复核范围，对高风险领域安排的审计时间预算等。

（3）何时调配这些资源，包括是在期中审计阶段还是在关键的截止日期调配资源等。

（4）如何管理、指导、监督这些资源的利用，包括预期何时召开项目组预备会和总结会，预期项目负责人和经理如何进行复核，是否需要实施项目质量控制复核等。

总体审计策略的一般格式如表 4.2 所示。

表 4.2　总体审计策略

被审计单位：________　　索引号：B1

项目：________　　财务报表截止日/期间：________

编制：________　　复核：________

日期：________　　日期：________

一、审计范围	
适用的会计准则和相关会计制度	企业会计准则
适用的审计准则	中国注册会计师审计准则
与财务报告相关的行业特别规定	
需审计的集团内组成部分的数量及所在地点	
需要阅读的含有审计财务报表的文件中的其他信息	
制定审计策略需考虑的其他事项	

二、审计业务时间安排

（一）对外报告时间安排：________

（二）执行审计时间安排

执行审计时间安排	时间
了解被审计单位及其环境，并评估重大错报风险的时间	
要求客户准备完成相关材料及填列完相关表格的时间	
存货监盘时间	

续表

执行审计时间安排	时间
应收账款询证函时间	
观察固定资产时间	
完成现场工作时间	
最终复核完成时间	
确定报表及报告意见时间	

（三）沟通的时间安排

所需沟通	时间
与治理层及管理层的会议	
项目组预备会	
项目组总结会	
与专家或有关人士的沟通	
与前任注册会计师的沟通	

三、影响审计业务的重要因素

（一）重要性

确定的重要性水平	索引号

（二）可能存在较高重大错报风险的领域

可能存在较高重大错报风险的领域	索引号
营业收入	
应收账款	

（三）重要的组成部分和账户余额

填写说明：

1. 记录所审计的集团内重要的组成部分。

2. 记录重要的账户余额，包括本身具有重要性的账户余额（如存货），以及评估出存在重大错报风险的账户余额。

重要的组成部分和账户余额	索引号
1. 重要的组成部分	
2. 重要的账户余额	
应收账款	

续表

重要的组成部分和账户余额	索引号
存货	
营业收入	

四、人员安排

项目组主要成员的责任

职位	姓名	主要职责
项目负责人		
项目经理		
组员		
组员		
组员		

注：在分配职责时可以根据被审计单位的不同情况按会计科目划分，或按交易类别划分。

（二）编制具体审计计划

具体审计计划比总体审计策略更加详细，其内容包括为获取充分、适当的审计证据、拟实施的审计程序的性质、时间安排和范围，包括风险评估程序、计划实施的进一步审计程序和其他审计程序。

1. 风险评估程序

为充分识别和评估财务报表重大错报风险，注册会计师计划实施的风险评估程序的性质、时间安排和范围。

2. 计划实施的进一步审计程序

针对评估的认定层次的重大错报风险计划实施的进一步审计程序的性质、时间安排和范围。

随着审计工作的推进，对审计程序的计划会一步步深入，并贯穿整个审计过程。例如计划风险评估程序通常在审计开始阶段进行，计划进一步审计程序则需要依据风险评估程序的结果进行。因此，为达到编制具体审计计划的要求，注册会计师需要完成风险评估程序，识别和评估重大错报风险，并针对评估的认定层次的重大错报风险，计划实施进一步审计程序的性质、时间安排和范围。

通常，进一步审计程序可以分为进一步审计程序的总体方案和拟实施的具体审计程序（包括进一步审计程序的具体性质、时间安排和范围）两个层次。进一步审计程序的总体方案主要是指注册会计师针对各类交易和事项、账户余额以及列报和披露决定采用的总体方案（包括实质性方案或综合性方案）。具体审计程序则是对进一步审计程序的总体方案的延伸和细化，包括控制测试和实质性程序的性质、时间安排和范围。注册会计师通常单独编制一套包括这些具体程序的“进一步审计程序表”，待具体实施审计程序时，进一步记录所实施的审计程序及结果，并最终形成相关的审计工作底稿。

3. 其他审计程序

具体审计计划应当包括根据审计准则的规定对审计业务需要实施的其他审计程序。在审计计划阶段，除了按照《中国注册会计师审计准则第 1211 号——通过了解被审计单位及其环境识别和评估重大错报风险》进行计划工作，注册会计师还需要兼顾其他准则中规定的、针对特定项目在审计计划阶段应执行的程序及记录要求。例如，《中国注册会计师审计准则第 1141 号——财务报表审计中与舞弊相关的责任》《中国注册会计师审计准则第 1142 号——财务报表审计中对法律法规的考虑》《中国注册会计师审计准则第 1323 号——关联方》及《中国注册会计师审计准则第 1323 号——持续经营》等准则针对这些特定项目在审计计划阶段应当执行的程序及其记录作出了规定。当然，由于被审计单位所处行业、环境各不相同，特别项目可能也有所不同。例如，有些企业可能涉及环境事项、电子商务等，则应根据被审计单位的具体情况确定特定项目并执行相应的审计程序。

具体审计计划的生成一般是通过编制审计程序表的方式体现的。典型的审计程序表如表 4.3 所示。具体审计计划的繁简程度应当与被审计单位的业务规模和预定的审计工作复杂程度相适应。

表 4.3　审计程序表

被审计单位：××公司	总页次：	索引号：
资产负债表截止日：	编制人：	日　期：
项目名称：××交易或账户或列报	复核人：	日　期：

审计目标：

1.

2.

3.

……

步骤	审计程序	审计人员	日期	工作底稿索引
1				
2				
3				
……				

四、与管理层和治理层的沟通

与治理层和管理层的沟通有助于注册会计师协调某些计划的审计程序与被审计单位人员工作之间的关系，从而使审计业务更易于执行和管理，提高审计效率与效果。注册会计师可以就计划审计工作的基本情况与被审计单位治理层和管理层进行沟通。对此，注册会计师应当按照《中国注册会计师审计准则第 1151 号——与治理层的沟通》中的有关规定执行。

沟通的内容可以包括审计的时间安排和总体策略、审计工作中受到的限制及治理层和管理层对审计工作的额外要求等。

当就总体审计策略和具体审计计划中的内容与治理层、管理层进行沟通时，注册会计师应当保持职业谨慎，以防止由于具体审计程序易于被管理层或治理层所预见而损害审计工作的有效性。

需要强调的是，虽然注册会计师可以就总体审计策略和具体审计计划的某些内容与治理层和管理层沟通，但是制定总体审计策略和具体审计计划仍然是注册会计师的责任。

五、审计计划的审核

为了保证审计计划内容完整、格式规范，编制完成的审计计划，应当经会计师事务所的有关业务负责人审核和批准。

对在审核中发现的问题，应及时进行相应地修改、补充、完善，并在工作底稿中加以记载和说明。审计工作结束后，审计项目负责人还应就审计计划的执行情况，特别是对审计重点领域所做的审计程序计划的执行情况进行复核，找出并分析差异原因，以便将来制定出更行之有效的审计计划。

任务三　确定重要性水平

一、重要性的概念及其理解

重要性的概念及其理解

重要性是指被审计单位会计报表中错报或漏报的严重程度。在执行审计业务时，注册会计师应当考虑重要性，重要性取决于在具体环境下对错报金额和性质的判断。

如果一项错报单独或连同其他错报可能影响财务报表使用者依据财务报表作出的经济决策，则该项错报是重大的。在理解和应用重要性概念时，要注意以下几个问题：

(1) 判断重要性要从会计报表使用者的角度出发。从理论上讲，如果会计报表中的错报或漏报足以改变或影响报表使用者的判断，这种错报或漏报就是重要的，否则就是不重要的。

(2) 重要性的判断和特定的环境相关。不同的审计对象面临不同的环境，判断重要性的标准也不相同。被审计单位的规模不同，判断重要性的标准就不相同。经营规模大的单位，其重要性水平的绝对值一般比规模小的单位要大，但相对值要比规模小的单位要小。

(3) 判断重要性应当考虑错报漏报的金额和性质。也就是说，“重要”既可以指数额之巨大，也可以指性质之严重。数额的大小毫无疑问是判断重要性的一个重要因素，同样类型的错报或漏报，数额大的显然要比数额小的更严重。在考虑数额大小的时候，还要注意多项小额错报的累计影响，一项错报单独看来并不重要，但如果多次出现，积少成多，就变得重要了。注册会计师在运用重要性原则时,还应当考虑错报或漏报的性质。

从性质方面考虑,重要的是涉及舞弊与违法行为的错报和漏报;可能引起履行合同义务的错报或漏报;影响收益趋势的错报或漏报;不期望出现的错报或漏报。

(4) 判断重要性要考虑错报或漏报对会计报表的影响范围。在判断重要性时,既要考虑错报或漏报金额的绝对值,又要考虑这一误报金额对会计报表的影响范围。具体说来,错报或漏报金额在会计报表中的涉及面越广就越重要,反之则不重要。

(5) 运用重要性需要专业判断。重要性的判断离不开特定的环境。影响重要性的因素很多,不同的审计对象的重要性不同,同一对象在不同时期的重要性也不同。注册会计师不能机械地去套用,而是要充分发挥其主观能动性进行专业判断。

(6) 重要性的运用贯穿整个审计过程。在审计的整个过程中,都需要运用重要性原则。在编制审计计划时,要求对重要性水平作出初步判断,以确定所需审计证据的数量,并据此决定审计程序的性质、时间和范围。在审计实施阶段,如考虑实际查出的错报或漏报数,连同尚未发现的错报或漏报可能超过报表层次的重要性水平,注册会计师应当追加审计程序,或提请被审计单位调整会计报表;在审计完成阶段,如果考虑尚未调整的错报漏报的汇总数可能影响到某个会计报表使用者的决策,但会计报表的反映就整体而言是公允的,注册会计师应发表保留意见;如果尚未调整的错报漏报非常重要,可能影响到大多数甚至全部报表使用者的决策时,应当发表否定意见。

二、初步判断重要性水平

初步判断重要性水平

所谓重要性水平是指会计报表层次或交易、账户或列报层次可以有的最大限度的被认为不重要的错报水平。这种重要性水平也称为“可容忍错报”。

注册会计师在编制审计计划时必须对重要性水平作出初步判断,其目的是确定所需审计证据的数量。重要性是影响审计证据充分性的一个十分重要的因素。因此,注册会计师在编制审计计划时,应当根据所确定的重要性水平,合理确定所需的审计证据,并据此决定审计程序的性质、时间和范围。

(一) 重要性及重要性水平与审计程序、审计证据的关系

越重要的项目,往往其重要性水平越低,所需的审计证据就越多,就越应当设计更多的、更有效的审计程序。比如:为合理保证存货账户的错报或漏报不超过 10000 元所需收集的审计证据,比为了合理保证该账户错报或漏报不超过 20000 元所需收集的审计证据要多。

(二) 初步判断重要性水平时应考虑的因素

其影响因素包括:以往的审计经验;有关法规的要求;被审计单位经营规模的大小及业务性质;内部控制与审计风险的评估结果;会计报表各项目的性质及其相互关系;会计报表各项目的金额及其波动幅度。

(三) 初步判断重要性水平的方法

在编制审计计划时,注册会计师要从两个层次来评价重要性,一是会计报表层次的重要

性水平，二是账户或交易层次的重要性水平。

1. 会计报表层次重要性水平的确定

独立审计的目的是对会计报表的合法性、公允性发表审计意见，因此，注册会计师必须考虑会计报表层次的重要性，只有这样才能得出会计报表是否合法、公允的整体结论。确定会计报表层次的重要性水平的公式：

会计报表层次的重要性水平＝判断基础×判断比率

首先，确定判断基础和计算方法。判断基础通常包括资产总额、净资产、营业收入、净利润等。实务中用来判断重要性水平的一些参考数值：净利润的5%～10%；资产总额的0.5%～1%；净资产的1%；营业收入的0.5%～1%。用乘积最低的作为重要性。这个比率不是固定的，基数小的比率大些，基数大的比率小些。

其次，选取会计报表层次的重要性水平。如果同一期间各会计报表的重要性水平不同，注册会计师应当取其最低者作为会计报表层次的重要性水平。这是因为重要性水平与审计证据成反向关系，重要性水平越低，审计就会越谨慎，所以应选择一个最低者。

【案例4.1】

某审计人员接受委托审计A公司2020年度的会计报表，通过查阅A公司的会计报表，找到如表所示的数据。

项目	金额(万元)
资产总额	100000
净资产	45000
主营业务收入	150000
净利润	14000

而且，根据以往审计经验，确定了在计算重要性水平时各项目对应的百分比：资产总额的0.5%；净资产的1%；主营业务收入的0.5%；净利润的5%。

试计算确定会计报表层次的重要性水平。

分析计算如下表所示。

项目	金额(万元)	百分比	重要性水平(万元)
资产总额	100000	0.5%	500
净资产	45000	1%	450
主营业务收入	150000	0.5%	750
净利润	14000	5%	700

同一期间各会计报表的重要性水平不同，审计人员应当取其最低者作为会计报表层次的重要性水平。所以，会计报表层次的重要性水平定为450万元。

2. 各类交易、账户余额、列报认定层次的重要性水平

各类交易、账户余额、列报认定层次的重要性水平也称为“可容忍错报”。可容忍错报的

确定应以注册会计师对财务报表层次的重要性水平的初步评估为基础。它是在不导致财务报表存在重大错报的情况下，注册会计师对各类交易、账户余额、列报认定层次的重要性水平所确定的可接受的最大错报。

审计人员在编制审计计划时，应对报表层次的重要性水平进行分配。一般而言，审计人员在将会计报表层次的重要性水平分配到各类交易、账户余额、列报时，只需选择主要会计报表中的一张报表作为分配的载体。在审计实务中，审计人员通常以资产负债表为载体，将重要性的初步判断在资产负债表项目中进行分配。在进行分配时，审计人员必须考虑到特定交易或账户或列报的金额、发生错报的可能性和验证成本。

【案例 4.2】

ABC 会计师事务所审计人员李华接受 X 有限责任公司董事会委托，对该公司 2020 年度会计报表进行审计。X 公司 2020 年 12 月 31 日的资产负债表如下表所示。

资产负债表

编制单位：×公司　　2020 年 12 月 31 日　　单位：元

资产	金额	负债及所有者权益	金额
货币资金	41000	应付账款	236000
应收账款	948000	应付票据	1415000
存货	1493000	应付工资	73000
其他流动资产	68000	应付股利	102000
固定资产净值	517000	其他负债	117000
		股本	425000
		盈余公积	699000
合计	3067000	合计	3067000

另外，该公司 2020 年度利润表显示，该年度的利润总额为 411111 元。

根据以上资料，李华认为该公司的资产总额较小，准备以 1.8%的比例确定重要性水平；利润总额也属于较低水平，准备以 9%的比例确定重要性水平。两者相比较选取较小的一个即 37000 元作为报表总体的计划性重要性水平。

李华准备以资产负债表项目为基础分配重要性水平。根据以往的审计经验，李华在进行分配时采取了如下分配原则：

1. 避免将重要性水平全部分配至某一项目中。这是因为不可能要求其他项目不产生任何误差。因此他设定：任何一个项目的可容忍误差不能超过报表总体的重要性水平的 60%。

2. 所有项目可容忍误差之和不能超过报表总体重要性水平的 2 倍。这是基于以下两点考虑：(1)不可能所有被审计项目的实际误差都同时达到所分配的可容忍误差的标准。因此，这样的安排可以使每个项目都留有一定的余地。(2)有的项目的高估与有的项目的低估可能相互抵消，从而整个项目或报表的误差不是太大。

3. 货币资金本身风险较高，但被审计单位会有严格的内部控制，审计成本一般较低，可分配以较少的可容忍误差。

4. 应付票据、应付股利及股本等项目能够进行详细的逐笔审计，或者审计产生误差的概率很小，因此仅分配以很小的可容忍误差。

5. 应收账款、存货发生错报的可能性较大，但其审计需要较为复杂的审计程序，成本又较大，因此仍分配以最大的可容忍误差(不超过总体重要性水平的60%)。

6. 其他流动资产、应付工资一般应用分析程序即可检验其总体合理性，审计成本较低，但仅用分析程序时应允许有较大的可容忍误差。

7. 固定资产与上一年相比，一般情况下不会出现较大的变动，但一旦出现错报，对报表使用人影响较大，因而分配以较少的可容忍误差。

8. 应付账款存在低估的可能性，预期的误差较大，但审计成本较大，可分配以较多的可容忍误差。

9. 盈余公积的误差来自于其他项目产生的误差。对其他项目误差的控制同时也就控制了该项目的误差，因此不需要对该项目进行专项审计，也就不需要为它分配重要性水平。

于是，李华确定了各主要项目的可容忍错报，如下表所示。

资产负债表项目可容忍误差

单位:元

资产	可容忍误差	负债及所有者权益	可容忍误差
货币资金	1000	应付账款	9000
应收账款	22000	应付票据	0
存货	22000	应付工资	5000
其他流动资产	5000	应付股利	0
固定资产	4000	其他负债	6000
		股本	0
		盈余公积	0

可以看出，分配重要性水平应遵循成本效益原则，实际上就是以审计程序能保证会计报表整体公允表达为限制条件，以审计成本最小化为目标，来确定各个报表项目的可容忍误差。我们可以假设，以上实例中，如果李华认为既然应付票据和存货的金额相近，则应当分配以相近的可容忍误差，所以将两个项目各分配1.1万元。这样，他将需要在存货审计中获取更多的证据以确保存货的误差在可容忍范围内，同时，他花在应付票据审计工作上的程序并没有因此而减少。这是因为应付票据发生的业务量较少，李华在对其审计时本来就需要进行逐笔审计，也就是说，他本来就有充分的把握将该项目的误差控制到一个较低的水平。因此，把可容忍误差分配至一些无法节约审计成本的项目上可以说是将审计成本“浪费”在其他项目上了。

对重要性的评估是注册会计师的一种专业判断，应当根据其评估的结果确定审计的时间、范围、人员搭配及实质性测试的方法等。

任务四　评估审计风险

一、审计风险内涵

注册会计师审计风险是指财务报表存在重大错报时注册会计师发表不恰当审计意见的可能性。审计业务是一种保证程度高的鉴证业务，可接受的审计风险应当足够低，以使注册会计师能够合理保证所审计财务报表不含有重大错报。审计风险取决于重大错报风险和检查风险。

二、审计风险的构成要素

审计风险取决于重大错报风险和检查风险，即审计风险＝重大错报风险×检查风险。

（一）重大错报风险

重大错报风险(risk of material misstatement，简称 RMM)是指财务报表在审计前存在重大错报的可能性。在设计审计程序以确定财务报表整体是否存在重大错报时，注册会计师应当从财务报表层次和各类交易、账户余额、披露认定层次方面考虑重大错报风险。

(1) 财务报表层次重大错报风险与财务报表整体存在广泛联系，它可能影响多项认定。此类风险通常与控制环境有关，如管理层缺乏诚信、治理层形同虚设而不能对管理层进行有效监督等；但也可能与其他因素有关，如经济萧条、企业所处行业处于衰退期。此类风险难以被界定于某类交易、账户余额、披露的具体认定，相反，此类风险增大了多项认定发生重大错报的可能性。此类风险对注册会计师考虑由舞弊引起的风险特别相关。

注册会计师评估财务报表层次重大错报风险的措施包括：考虑审计项目组承担重要责任的人员的学识、技术和能力，是否需要专家介入；考虑给予业务助理人员适当程度的监督指导；考虑是否存在导致注册会计师怀疑被审计单位持续经营假设合理性的事项或情况。

(2) 各类交易、账户余额、披露认定层次的重大错报风险，认定层次的重大错报风险又可以进一步细分为固有风险和控制风险。

① 固有风险(inherent risk，简称 IR)是考虑相关的内部控制之前，某类交易、账户余额或披露的某一认定易于发生错报(该错报单独或连同其他错报可能是重大的)的可能性。某些类别的交易、账户余额和披露及其认定，固有风险较高。例如，复杂的计算比简单计算更可能出错；受重大计量不确定性影响的会计估计发生错报的可能性较大。产生经营风险的外部因素也可能影响固有风险，例如技术进步可能导致某项产品陈旧，进而导致存货易于发生高估错报(计价认定)。被审计单位及其环境中的某些因素还可能与多个甚至所有类别的交易、账户余额和披露有关，进而影响多个认定的固有风险。这些因素包括维持经营的流动资金匮乏、被审计单位处于夕阳行业等。

② 控制风险(control risk,简称 CR)是指某类交易、账户余额或披露的某一认定发生错报,该错报单独或连同其他错报是重大的,但没有被内部控制及时防止或发现并纠正的可能性。控制风险取决于与财务报表编制有关的内部控制的设计和运行的有效性。由于控制的固有局限性,某种程度的控制风险始终存在。

由于固有风险和控制风险不可分割地交织在一起,有时无法单独进行评估,通常不再单独提到固有风险和控制风险,而只是将这两者合并称为"重大错报风险"。

(二) 检查风险

检查风险(detection risk,简称 DR)是指如果存在某一错报,该错报单独或连同其他错报可能是重大的,注册会计师为将审计风险降低至可接受低水平而实施程序后没有发现这种错报的风险。

检查风险取决于审计程序设计的合理性和执行的有效性。由于注册会计师通常并不对所有的交易、账户余额和披露进行检查,以及其他原因,检查风险不可能降低为零。

(三) 检查风险与重大错报风险的反向关系

检查风险与重大错报风险的反向关系用数学公式表示如下:

$$检查风险 = 审计风险 \div 重大错报风险$$

从公式中可以看出,审计风险要素之间是相互联系、相互作用的,固有风险的存在,影响内部控制程序,从而影响控制风险;固有风险和控制风险的存在,意味着存在重大错报风险,将影响实质性测试的程序,因而又影响检查风险。当然,审计风险要素也可以独立存在,自成体系,不以前者为必然的前提条件。

三、审计风险与重要性、重要性水平及审计证据的关系

越重要的项目,其重要性水平越低,审计人员面临的审计风险就越高,若高于可予接受的审计风险,则所需收集的审计证据就要越多,反之,则不然。

重要性与可接受的审计风险之间存在正向关系,重要性水平与面临的审计风险之间存在反向关系,面临的审计风险与审计证据存在正向关系,可接受的审计风险与审计证据存在反向关系。

四、对审计风险要素的评估

(一) 总审计风险的评估

总审计风险,又称期望审计风险,是注册会计师事先确定的一个可以接受的审计风险水平,以此作为控制审计风险的目标。在以后的审计操作中,此确定具体的审计策略,尽量将审计风险控制在期望审计风险水平之下。

实践证明,期望审计风险水平低表明注册会计师所要求的会计报表没有重大错报的可信赖程度高;反之,其可信赖程度就低。在实际工作中,评估审计风险,首先解决的问题是确

定期望审计风险值。审计风险为0时表明注册会计师完全确定审计结果的正确(即会计报表肯定没有重大错误);当审计风险为100%时,表明注册会计师完全不确定审计结果的正确(即会计报表肯定有重大错报)。这两种理想化的极端情况,现实中是不会存在的。大多数注册会计师将期望风险确定为5%~10%,这是多年实践经验总结,也是大家可以接受的水平。

为了保护会计报表使用者和注册会计师的合法权益,尽量降低审计风险,在确定期望审计风险水平时,应认真考虑以下几个问题:

1. 会计报表外部使用者的范围及其对会计报表的信赖程度

在外部使用者较大程度地信赖会计报表的情况下,若会计报表中的重大错误没有被发现,就会造成很大的社会损失,损失的程度与报表使用者的范围和对会计报表的信赖程度成正比,这种情况下,应把期望审计风险水平定得低些。

2. 被审计单位的财务状况及其发展趋势

如果审计工作完成并出具了无保留意见审计报告以后,被审计单位遭受损失或被迫宣告破产,那些因信赖审计结果而遭受损失的报表使用者就有可能指控注册会计师的审计工作不当,以此得到经济损失的部分赔偿。假如注册会计师事先把期望审计风险定得低些,虽然会增加审计成本,但是与其面临被指控的风险和要承担的审计责任相比,就显得微不足道了。

3. 不同注册会计师对审计风险的偏好

从理论上讲,审计风险是客观存在的,不同的注册会计师对同一审计项目确定的风险水平是一致的。但是,注册会计师判断期望审计风险是主观的,对待审计风险的态度也是主观的,因此,不同的人在审计成本与期望审计风险之间进行权衡时存在着差异。不过审计职业界还是提倡,在确定期望审计风险水平时还要有一个合理的统一标准。

(二) 固有风险的评估

固有风险是指假定被审计单位没有内部控制系统时,在会计报表中存在重大错报或漏报的可能性。它体现的是被审计单位经济业务对重要性错报或不法行为的敏感性。敏感性越高,固有风险水平越高;反之,越低。

固有风险源于被审计单位的特征、规模及经济活动,是被审计单位在经营管理过程中固有的,注册会计师无法控制的,但是注册会计师在进行审计时,可根据影响固有风险的各种因素,对固有风险作出一个定性和定量的评价。这些因素主要是:

(1) 被审计单位经济业务的性质。

(2) 被审计单位的经营规模。

(3) 被审计单位内部控制制度的健全性和有效性。

(4) 被审计单位管理人员的业务素质和职业道德。

(5) 以前年度的审计结果。

(6) 非常事件发生的频繁程度。

(7) 外部经济环境和法律环境对被审计单位影响的程度等。

(三) 控制风险的评估

控制风险是指内部控制系统未能及时发现、防止或纠正重要性差错和不法行为的可能性。控制风险与被审计单位的控制水平有关，但与注册会计师的工作无关，因此，注册会计师在执行审计业务时只能评估控制风险，评价内部控制设计是否科学、合理、健全，是否可行、有效。凡是内部控制系统健全、有效的，控制风险就低，反之就高。

（四）检查风险的评估

检查风险是指在内部控制系统没有察觉和纠正差错的情况下，注册会计师运用实质性测试程序仍未发现会计报表中重大差错的可能性。

检查风险与注册会计师工作效率、效果有直接关系，是审计风险要素中唯一可以通过注册会计师进行控制和管理的风险要素。在实践中，注册会计师可以通过询问、调查、盘点等方法收集充分的审计证据来降低检查风险，从而把期望审计风险控制在可以接受的水平之下。

在审计风险评估过程中，对固有风险和控制风险的评估最关键，难度也最大。如果对这两个风险的评价高于实际情况，就会导致检查风险水平相应降低，增加了抽取样本的数量，并使审计成本增加；如果对两个风险的评价低于实际水平，会导致检查风险水平相应提高，有可能会出现由于审计抽样测试不足，致使审计失败，从而要承担相应的法律责任。

本项目小结

本项目主要阐述了审计过程实现的第一阶段——审计计划阶段的各项工作及涉及的相关专业术语。审计计划工作是整个审计过程的起点，也是注册会计师做好审计工作的必要前提。审计计划工作十分重要，很多关键决策往往在这个阶段作出，如可接受的审计风险水平和重要性的确定、项目人员的配置等。就注册会计师审计而言，审计计划的主要工作包括了解委托人的基本情况、与被审计单位签订审计业务约定书、确定审计重要性、分析与评估审计风险及编制审计计划。

重要性是指被审计单位财务报表中错报或漏报的严重程度，这一程度在特定环境下可能影响财务报表使用者的判断或决策。所谓重要性水平是指会计报表层次或交易、账户或列报层次可以有的最大限度的被认为不重要的错报水平。这种重要性水平也称为“可容忍错报”。对重要性水平的判断可以分为两个层次进行：一是财务报表层次，二是认定层次。重要性水平不能简单地运用公式计算确定，需要审计人员考虑很多因素，并进行专业判断后加以确定。

项目四课后习题

审计风险是指财务报表存在重大错报时注册会计师发表不恰当审计意见的可能性。审计风险取决于重大错报风险和检查风险。检查风险水平与所需审计证据的数量呈反向关系，而固有风险和控制风险水平与所需审计证据的数量呈正向关系。重要性水平高低与审计风险高低、审计证据数量呈反向关系。

项目五　审计证据与审计工作底稿

知识目标

通过本项目的学习，理解并掌握审计证据的含义、特征及种类；熟悉不同类型审计证据的获取方法及审计证据可靠性的认定；熟悉审计工作底稿的概念、作用。掌握审计工作底稿的类别和归档要求。

能力目标

能够运用各种审计技术方法搜集审计证据，编制审计工作底稿。

思政目标

弘扬社会主义核心价值观，发扬吃苦耐劳、踏实肯干的工作作风，坚定信念，为投身到党和国家伟大的监督事业做好准备。

任务一　获取审计证据

审计目标是对被审计单位受托经济责任履行情况得出结论，以确保和促进其履行。在财务报表审计中，审计目标主要体现为对被审计财务报表的合法性和公允性发表意见，以提高其可信性。审计结论的形成必须建立在注册会计师实施必要的审计程序，收集充分、适当的审计证据的基础上。审计工作底稿是注册会计师用以记录所实施的审计程序和所收集的审计证据的主要手段。

一、审计证据的含义与特征

审计证据的含义与特征

（一）审计证据的含义

根据《中国注册会计师审计准则第1301号——审计证据》第4条，审计证据是指注册会计师为得出审计结论、形成审计意见而使用的所有信息，包括财务报表依据的会计记录中含有的信息和其他信息。

理解审计证据应把握以下几点：

(1) 注册会计师应当获取充分、适当的审计证据，以得出合理的审计结论，作为形成审计意见的基础。

(2) 收集审计证据是审计工作的核心工作，它不但关系着审计意见或审计结论是否正确(审计的效果)，而且还关系着审计成本的高低(审计的效率)。

(3) 审计证据的内容包括财务报表依据的会计记录中含有的信息和其他信息。

财务报表依据的会计记录中含有的信息是指原始凭证、记账凭证和会计账簿等会计记录中所含有的信息，它构成注册会计师执行财务报表审计业务所需获取的审计证据的重要部分。其他信息包括：注册会计师从被审计单位内部或外部获取的会计记录以外的信息；通过询问、观察和检查等审计程序获取的信息；以及自身编制或获取的可以通过合理推断得出结论的信息。

(4) 财务报表依据的会计记录中包含的信息和其他信息缺一不可。两者的有机结合，将为注册会计师发表审计意见提供合理基础。

(二) 审计证据的特征

从对审计证据定义理解中可以看出，审计证据有两个重要特征：充分性和适当性。

1. 审计证据的充分性

(1) 审计证据的充分性的含义。审计证据的充分性是对审计证据数量的衡量，是指审计证据的数量足以支持注册会计师的审计意见。因此，它是注册会计师为形成审计意见所需要审计证据的最低数量要求，主要与注册会计师确定的样本量有关。

(2) 审计证据的充分性的评价。合理的审计结论的作出，正确的审计意见的形成，必须建立在有足够数量的审计证据的基础之上。但这并不是说，审计证据的数量越多越好，因为过多的审计证据会使审计成本提高，审计效率下降。因此，注册会计师需要把足以形成审计结论的审计证据的数量降低到最低限度。审计证据充分性的评价是一个十分重要的问题，评价审计证据的充分性必须考虑错报风险。注册会计师需要获取的审计证据的数量受错报风险的影响。错报风险越大，需要的审计证据可能越多。

2. 审计证据的适当性

审计证据的适当性是对审计证据质量的衡量，即审计证据在支持各类交易、账户余额、列报(包括披露，下同)的相关认定，或发现其中存在错报方面具有相关性和可靠性。

相关性和可靠性是审计证据适当性的核心内容，只有相关且可靠的审计证据才是高质量的。

(1) 审计证据的相关性。审计证据要有证明力，必须与注册会计师的审计目标相关。否则，注册会计师所取得的审计证据就不能证明其所要证明的对象，从而就不能实现注册会计师的审计目标。

对审计证据的相关性评价时应当注意：特定的审计程序可能只为某些认定提供相关的审计证据，而与其他认定无关；针对同一项认定可以从不同来源获取审计证据或获取不同性质的审计证据；只与特定认定相关的审计证据并不能替代与其他认定相关的审计证据。

(2) 审计证据的可靠性。审计证据的可靠性是指证据的可信程度。审计证据的可靠性受其来源和性质的影响，并取决于获取审计证据的具体环境。

① 从外部独立来源获取的审计证据比从其他来源获取的审计证据更可靠。

② 内部控制有效时内部生成的审计证据比内部控制薄弱时内部生成的审计证据更可靠。

③ 直接获取的审计证据比间接获取或推论得出的审计证据更可靠。

④ 以文件、记录形式存在的审计证据比口头形式的审计证据更可靠。

⑤ 从原件获取的审计证据比从传真件或复印件获取的审计证据更可靠。

⑥ 越及时的证据越可靠。

【案例 5.1】

A注册会计师在对某公司2020年度会计报表进行审计时，收集到以下六组审计证据：

(1) 收料单与购货发票。

(2) 销货发票副本与产品出库单。

(3) 领料单与材料成本计算表。

(4) 工资计算单与工资发放单。

(5) 存货盘点表与存货监盘记录。

(6) 银行询证函回函与银行对账单。

请分别说明每组审计证据中哪项审计证据较为可靠，并简要说明理由。

分析：(1) 购货发票较为可靠。购货发票是注册会计师从被审计单位以外的单位获取的审计证据，比被审计单位提供的收料单更可靠。

(2) 销货发票副本较为可靠。销货发票副本属于被审计单位在外部流转的证据，比仅在被审计单位内部流转的产品出库单更可靠。

(3) 领料单较为可靠。材料成本计算表所依据的原始凭证是领料单，因此，领料单较材料成本计算表更可靠。

(4) 工资发放单较为可靠。工资发放单上有受领人的签字，因此，工资发放单较工资计算单更可靠。

(5) 存货监盘记录较为可靠。存货盘点表是被审计单位对存货盘点的记录，而存货监盘记录是注册会计师实施存货监盘程序的记录。因此，存货监盘记录较存货盘点表更可靠。

(6) 银行询证函回函较为可靠。注册会计师直接获取的银行存款函证的回函较被审计单位提供的银行对账单更可靠。

3. 审计证据的充分性和适当性之间的关系

充分性和适当性是审计证据的两个重要特征，两者缺一不可，只有充分且适当的审计证据才是有证明力的。一般而言，注册会计师需要获取的审计证据的数量也受审计证据质量的影响。审计证据质量越高，需要的审计证据数量可能越少。也就是说，审计证据的适当性会影响审计证据的充分性。

4. 评价充分性和适当性时的特殊考虑

(1) 对文件记录可靠性的考虑。审计工作通常不涉及鉴定文件记录的真伪。但如果在审计过程中识别出的情况使其认为文件记录可能是伪造的，注册会计师可以考虑利用专家的工作以评价文件记录的真伪。

(2) 使用被审计单位生成信息时的考虑。如果在实施审计程序时使用被审计单位生成的信息,注册会计师应当就这些信息的准确性和完整性获取审计证据。例如,在审计收入项目时,注册会计师应当考虑价格信息的准确性以及销售量数据的完整性和准确性。

(3) 证据相互矛盾时的考虑。如果针对某项认定从不同来源获取的审计证据或获取的不同性质的审计证据能够相互印证,与该项认定相关的审计证据则具有更强的说服力。

如果从不同来源获取的审计证据或获取的不同性质的审计证据不一致,表明某项审计证据可能不可靠,注册会计师应当追加必要的审计程序。

(4) 获取审计证据时对成本的考虑。注册会计师可以考虑获取审计证据的成本与所获取信息的有用性之间的关系。但为了保证得出的审计结论、形成的审计意见是恰当的,不应以获取审计证据的困难和成本为由减少不可替代的审计程序。例如,在某些情况下,存货监盘是证实存货存在性认定的不可替代的审计程序,注册会计师在审计中不得以检查成本高和难以实施为由而不执行该程序。

二、审计证据的分类

审计证据的分类

对审计证据进行分类,目的是从不同角度认识和了解审计证据的性质及其证明力(表5.1)。这对注册会计师在审计实务中收集恰当的审计证据,以实现其审计目标十分重要。

表 5.1　审计证据分类一览表

分类	证据
按审计证据的外形特征分类	实物证据
	书面证据
	口头证据
	环境证据
按审计证据的相关程度分类	直接证据
	间接证据
按取得审计证据的来源分类	外部证据
	内部证据
	亲历证据
按审计证据的重要性分类	基本证据
	辅助证据

(一) 按审计证据的外形特征分类

1. 实物证据

实物证据是通过实地观察或清查盘点所取得的,主要用以确定某些实物资产是否确实存在的证据。例如,对于库存现金可通过实地的监督盘点来对其数额进行验证,对于各种固定资产和存货也可以通过实地的观察和清点来确定其是否实际存在。

实物证据具有较强证明力,但它不能证明一切。实物证据在证明力上具有两重性:一是在资产的存在性方面证明力强;二是在某些方面证明力却较弱,例如证明不了资产的所有权、不能反映实物的质量、不能反映资产的价值等。因此,为证明资产的所有权、质量,还必须取得其他的审计证据。

2. 书面证据

书面证据是指注册会计师取得的各种以书面文件为形式的一类证据。书面证据是审计证据的主要组成部分,也可称为基本证据。包括:与审计有关的各种原始凭证、会计记录(记账凭证、会计账簿和各种明细表)、各种会议记录和文件、各种合同、通知书、报告书及函件等。书面证据收集数量最广,但容易被篡改,可信度要比实物证据差。

应当注意的是:书面证据是从证据的原始形态方面来说的,尽管后面提及的实物证据、口头证据等都要以书面的形式存在,但从本质上讲它们却不是书面证据。例如存货盘点表以及询问笔录尽管是以书面形式体现出来的,但它们却不是书面证据,分别是实物证据和口头证据。

3. 口头证据

口头证据也称言词证据,是指注册会计师从被审计单位内外有关人员那里取得的口头答复所形成的一类证据。口头证据证明力不强,一般不能据以作出审计结论。但是口头证据也有一定的作用,表现在:① 口头证据有利于发现一些重要线索;② 用于印证注册会计师的判断。

4. 环境证据

环境证据也称情况证据,指对被审计事项产生影响的各种环境事实。

环境证据广义与狭义之分。广义的环境证据包括当地经济发展情况、所处行业经营及其发展情况等。狭义的环境证据主要就是指被审计单位的内部控制,包括:① 被审计单位内部控制情况;② 被审计单位管理人员的素质情况;③ 各种管理条件和管理水平情况。

环境证据不是基本证据,审计人员主要运用环境证据来判断被审计事项总体的合理性,从而便于掌握审计线索和审计重点。

不同类型的审计证据可以实现不同的审计目标,如表 5.2 所示。

表 5.2　审计证据基本分类与具体审计目标之间的关系一览表

种　类	具体审计目标								
	总体合理性	真实性	完整性	所有权	估价	截止	机械准确性	分类	披露
实物证据		√	√		√	√			
书面证据	√	√	√	√	√	√	√	√	√
口头证据	√	√	√	√	√	√		√	√
环境证据	√								

【案例 5.2】

下列属于书面证据的有(AB)。

A. 银行对账单　　　　B. 应收账款函证回函

C. 库存现金盘点表　　D. 审计人员向被审计单位员工询问后形成的记录

分析：从证据的原始形态方面来说，C和D不是书面的。因此，C属于实物证据，D属于口头证据。

（二）按审计证据的相关程度分类

1. 直接证据

是指对被审计事项具有直接证明力，能单独、直接地证明被审计事项真实性的证据。如注册会计师采用积极式函证取得的应收账款函证的回函，能够直接证明某应收账款的存在性。

2. 间接证据

是指对被审计事项只起间接证明作用，需要与其他证据结合起来，经过分析、判断、核实才能证明被审计事项真实性的证据。如对被审计单位进行内部控制测试时，除了观察、检查、穿行测试外还可以通过询问被审计单位相关人员来获得一些间接证据，以便从另外一个角度来证实被审计单位内部控制制度的执行是否有效。

（三）按取得审计证据的来源分类

1. 外部证据

外部证据是由被审计单位以外的组织和人员所编制的书面证据（强调书面资料的原始编制者是外部的）。因其来自被审计单位以外，一般具有较强的证明力。外部证据又分为以下两种：

（1）未经过被审计单位之手的外部证据，如注册会计师收到的应收账款回函。对于未经过被审计单位之手的外部证据应主要关注资料提供者的品行、能力、资格。

（2）经过被审计单位之手的外部证据，如购货发票、银行对账单等。对于经过被审计单位之手的外部证据主要关注资料被涂改的可能性及难易程度。

2. 内部证据

内部证据是由被审计单位内部机构或人员编制和提供的书面证据。包括被审计单位的会计记录（原始凭证、记账凭证、会计账簿、会计报表等）、被审计单位管理层声明书、董事会和股东大会会议记录、重要的计划和合同资料、被审计单位的或有损失、关联方交易及其他由被审计单位编制或提供的有关书面文件。

内部证据包括：

（1）从被审计单位内部获取，是内部证据获取的主要渠道。如会计记录、被审计单位管理当局申明书、其他书面文件。

（2）从被审计单位外部获取，获得其他单位和个人的承认。如被审计单位开给其客户的销售发票、付款支票等。

内部证据的可靠性主要应关注产生证据资料的内部控制情况。一般而言，被审计单位内部控制情况较好时，其内部形成的资料是较为可靠的；反之，可靠性较差。

3. 亲历证据

亲历证据是指注册会计师在审计过程中亲自获得的证据。需要注意的是亲历证据除包括书面证据外，也包括实物证据、环境证据。例如，注册会计师亲自参与监督盘点取得的实物证据；通过现场观察取得的环境证据；通过分析计算得到的证据，如对折旧额的验算、对收益情况的分析性复核等。亲历证据一般具有较强的证明力，是一类非常重要的证据。

（四）按审计证据的重要性分类

1. 基本证据

基本证据是指对被审计事项具有直接证明力的证据，它对审计人员形成审计结论和意见具有直接影响。例如，记账凭证就是用来证明账簿登记正确性的基本证据；账簿记录中的各账户余额就是用来证明资产负债表中各项数字的正确性的基本证据。

2. 辅助证据

辅助证据也称佐证证据，指的是能支持基本证据证明力的证据。基本证据固然重要，但其却未必可靠。比如，记账凭证是用来证明账簿登记正确性的基本证据，但记账凭证在编制时有可能会歪曲原始凭证所反映的经济内容。因此，还要收集用来验证经济业务真实情况的更多辅助证据来支撑基本证据。

三、获取审计证据的审计程序

获取审计证据的审计程序

（一）获取审计证据的总体审计程序

按审计程序的目的可将注册会计师为获取充分、适当的审计证据而实施的总体审计程序分为风险评估程序、控制测试、实质性程序。

1. 风险评估程序

注册会计师应实施风险评估程序，以此作为评估财务报表层次和认定层次重大错报风险的基础。风险评估程序为注册会计师确定重要性水平、识别需要特别考虑的领域、设计和实施进一步审计程序等工作提供重要基础。

需要注意的是，风险评估程序并不能识别出所有的重大错报风险，虽然它可作为评估财务报表层次和认定层次重大错报风险的基础，但并不能为发表审计意见提供充分、适当的审计证据。为了获取充分、适当的审计证据，注册会计师还需要实施进一步程序，包括实施控制测试和实质性程序。

2. 控制测试

注册会计师如果预期被审计单位的内部控制的运行是有效的，或仅实施实质性程序不足以提供有关认定层次的充分、适当的审计证据，注册会计师应当进行控制测试。

实施控制测试的目的是测试内部控制在防止、发现并纠正认定层次重大错报方面的运行有效性，从而支持或修正重大错报风险的评估结果，据以确定实质性程序的性质、时间、范围。

3. 实质性程序

注册会计师应当计划和实施实质性程序，以应对评估的重大错报风险。

实质性程序包括对各类交易、账户余额、列报的细节测试以及实质性分析程序。注册会计师对重大错报风险只是一种判断，可能无法充分识别所有重大错报风险，并且由于内部控制存在的固有局限性，因此无论对重大错报风险评估结果如何，注册会计师都应当针对所有重大的各类交易、账户余额、列报实施实质性程序。

（二）获取审计证据的具体审计程序

根据中国注册会计师审计准则，注册会计师在实施风险评估程序、控制测试或实质性程序时，应根据需要单独或综合运用检查记录或文件、检查有形资产、观察、询问、函证、重新计算、重新执行、分析程序等审计程序，以获取充分、适当的审计证据。

1. 检查记录或文件

检查记录或文件是指注册会计师对被审计单位内部或外部生成的，以纸质、电子或其他介质形式存在的记录或文件进行审查。

检查记录或文件的目的是对财务报表所包含或应包含的信息进行验证。检查记录或文件可提供可靠程度不同的审计证据，审计证据的可靠性取决于记录或文件的来源和性质。

2. 检查有形资产

检查有形资产是指注册会计师对资产实物进行审查。检查有形资产程序主要适用于存货和现金，也适用于有价证券、应收票据和固定资产等。

检查有形资产可为其存在性提供可靠的审计证据，但不一定能够为权利和义务或计价认定提供可靠的审计证据。

3. 观察

观察是指注册会计师察看相关人员正在从事的活动或执行的程序。例如，对客户执行的存货盘点或控制活动进行观察。

观察提供的审计证据仅限于观察发生的时点，并且在相关人员已知被观察时，相关人员从事活动或执行程序可能与日常的做法不同，从而会影响注册会计师对真实情况的了解。因此，注册会计师有必要获取其他类型的佐证证据。

4. 询问

询问是指注册会计师以书面或口头方式，向被审计单位内部或外部的知情人员获取财务信息和非财务信息，并对答复进行评价的过程。

询问本身不足以发现认定层次存在的重大错报，也不足以测试内部控制运行的有效性，注册会计师还应当实施其他审计程序以获取充分、适当的审计证据。

5. 函证

函证是指注册会计师为了获取影响财务报表或相关披露认定的项目的信息，通过直接来自第三方的对有关信息和现存状况的声明，获取和评价审计证据的过程。如对应收账款、应付账款、银行存款以及发行在外的股票的函证等。

函证所获取的证据可靠性较高，因此函证是受到高度重视并经常被使用的一种重要审计程序。

6. 重新计算

重新计算是指注册会计师以人工方式或使用计算机辅助审计技术，对记录或文件中的数据计算的准确性进行核对。

重新计算通常包括计算销售发票和存货的总金额、加总日记账和明细账、检查折旧费用和预付费用的计算、检查应纳税额的计算等。

7. 重新执行

重新执行是指注册会计师以人工方式或使用计算机辅助审计技术，重新独立执行作为被审计单位内部控制组成部分的程序或控制。

8. 分析程序

分析程序是指注册会计师通过研究不同财务数据之间以及财务数据与非财务数据之间的内在关系，对财务信息作出评价。分析程序还包括调查识别出的、与其他相关信息不一致或与预期数据严重偏离的波动和关系。常用的方法有比较分析法、比率分析法、趋势分析法等。

进行分析程序的目的：

(1) 用作风险评估程序，以了解被审计单位及其环境。注册会计师实施风险评估程序的目的在于了解被审计单位及其环境并评估财务报表层次和认定层次的重大错报风险。风险评估程序中必须使用分析程序。注册会计师在进行风险评估程序时应重点关注关键的账户余额、趋势和财务比率关系等，形成一个合理的预期，并与被审计单位记录的金额、依据记录金额计算的比率或趋势相比较。分析程序可以帮助注册会计师发现财务报表中的异常变化，或者预期发生而未发生的变化，识别存在潜在重大错报风险的领域。但需注意的是：注册会计师无须在了解被审计单位及其环境的每一方面都实施分析性程序；分析的指标往往都是汇总性强的指标。

(2) 用作实质性程序，单独或结合其他细节测试，收集充分、适当的审计证据。运用分析程序可以确定审计重点领域、减少细节测试的工作量、节约审计成本、降低审计风险，使审计工作更有效率和效果。适宜用作实质性程序的情形：当使用分析程序比细节测试能更有效地将认定层次的检查风险降至可接受的水平时，注册会计师可以考虑单独或结合细节测试，运用实质性分析程序；重大错报风险较低；数据之间具有稳定的预期关系。因此，分析性程序并不适用于所有的财务报表认定，在对报表项目实施实质性程序时是否使用分析程序具有可选择性；分析性程序是一种趋势、比例性的分析，是一种宏观的分析，它所提供的是一种间接的审计证据，证明力相对较弱。

(3) 在审计结束或临近结束时对财务报表进行总体复核。注册会计师在审计结束或临近结束时，必须运用分析程序，在已收集的审计证据的基础上，对财务报表整体的合理性作最终把握，评价报表仍然存在重大错报风险而未被发现的可能性，考虑是否需要追加审计程序，以便为发表审计意见提供合理基础。

【课程思政案例】

基于审计证据视角的失败案例——雅百特审计

江苏雅百特科技股份有限公司(股票代码 002323，下文简称“雅百特”)为完成上市需求，于 2015 至 2016 年 9 月借助虚构海外工程项目、虚构建材出口贸易、虚构国内建材贸易等方式，累计虚增营业收入 58312.41 万元，虚增利润 25650.11 万元。其中，2015 年虚增收入 48182.17 万元，虚增利润 23226.34 万元，虚增利润金额占当年披露利润总额的 73.08%；2016 年 1 至 9 月虚增收入 10130.242 万元，相应虚增当期利润 2423.77

万元，占 2016 年 1 至 9 月份当期披露利润总额的 19.74%。众华会计师事务所于 2015 年 9 月 25 日接受雅百特业务聘请，对雅百特 2015 年度财务报表进行审计。

雅百特公司虚增销售收入的同时通常配合虚增应收账款，2015 年和 2016 年应收账款增长迅速，2015 年应收账款增加约 1.5 个亿，比 2014 年增长了约 5 倍，如此大的变动，在报表中却未作解释。2016 年在 2015 年的基础上又增长约 5.2 个亿，而公司却仅解释为"公司业务发展工程收入增加，新增应结算款项"，但其现金流状况十分差，可见应收账款的异常变动也恰好验证了其虚增收入的事实。众华会计师事务所却对此视而不见，没有执行分析程序和实施有效函证。

雅百特海外工程项目获得收入超过两亿人民币，众华会计师事务所审计底稿中却只有一份雅百特与首都工程建设有限公司的合同。没有获得到雅百特的中标文件，也没有获得总包方 HRL 公司将工程分包给首都工程建设公司的分包合同。众华会计师事务所却没有采取函证程序来核实木尔坦项目来源的真实性。

雅百特的国内物料销售业务以加盖销售客户公章的交货确认单作为收入确认的依据，但众华会计师事务所获得的交货确认单明显有同一收货人前后签字字迹不一样、加盖的销售客户公章前后不一致的情况。众华会计师事务所在获取销售合同和发货确认单作为审计证据时，没有保持应有的职业审慎，未实施函证来确认该项交易是否属实。

资料来源：https://www.sbvv.cn/chachong/19144.html

【课程思政】 审计人员应该养成终身学习的态度，才能更好地应对上市公司层出不穷的舞弊手段。及时了解被审计单位的情况，在收集充分证据的基础上保证会计信息的正确性，保障资本市场稳定。

四、审计取证模式

审计模式和审计的一般方法

随着审计对象的日益扩展和复杂，审计领域的不断扩大，为了实现审计目标，审计技术也在不断地改进、发展和完善。归纳起来，审计技术的发展先后经历了三种模式，即账项基础审计、制度基础审计和风险导向审计。这三种审计模式代表着审计技术的不同发展阶段，但即使在审计技术十分先进的国家也往往同时采用。而且，无论采用何种审计技术模式，在会计报表审计中最终都要用到许多共同的方法来检查报表项目金额的真实性和公允性。

（一）账项基础审计（古代至 20 世纪 40 年代）

在审计发展的早期，由于企业组织结构简单，业务性质单一，审计主要是为了满足财产所有者对会计核算进行独立检查的要求，促使受托责任人（通常为经理或下属）在授权经营过程中作出诚实、可靠的行为。这时审计工作旨在发现和防止错误与舞弊，审计的重心是围绕记录会计交易的账簿、凭证进行的，审计方法是详细审计。也就是说审计工作是运用检查、核对、加总和重新计算等简单方法对报表、账簿和凭证进行详细检查，而对会计记录以外的事项不感兴趣。这种以审查账表上的会计事项为主线的审计方法就是账项基础审计模式（accounting number-based audit approach），即审计的起点是检查账证表。

因此，账项基础审计是指审计人员围绕被审计单位会计账簿、会计报表的编制过程所进行的一种审计方法和程序。账项基础审计是审计技术发展的第一阶段，它是指顺着或逆着会计报表的生成过程，通过对会计账簿和凭证进行详细审阅，对会计账表之间的勾稽关系进行逐一核实，来检查是否存在会计舞弊行为或技术性措施。在进行财务报表审计，特别是专门的舞弊审计时，采用这种技术有利于作出可靠的审计结论。

账项基础审计的发展过程主要经历了数据稽核、账簿审计、详细审计、资产负债表审计和全部报表审计等阶段。

账项基础审计适用于评价简单的受托经济责任，当人类社会进入 20 世纪以后，这种方法程序的局限性越来越明显：第一，这种审计方式耗费大量的人力和时间，不利于提高审计工作效率和效益；第二，即使采用有限的抽样技术，但由于对会计系统的了解不够，容易造成因抽查原因而遗漏重大问题项目的事件；第三，由于以交易为基础的审计工作主要都是围绕着交易进行的，不容易发现会计工作中的程序性错误，对于会计系统中的缺陷和不合理现象也很难发现，这样即使查出了技术性错误或舞弊的情况，却不能溯源追本，堵塞漏洞，避免重犯。

（二）制度基础审计（20 世纪 40 年代至 20 世纪 80 年代）

步入 20 世纪后，一方面审计的目标已经不再是查错防弊，而是验证财务报表是否真实、公允地反映了企业的财务状况和经营成果，财务报表的外部使用者也将注意力越来越多地转向企业的经营管理方面，这就要求审计对企业的内部控制系统有全面的了解。另一方面由于企业规模日益扩大，经济活动和交易事项的内容不断丰富、复杂，审计工作量迅速增大，而需要的审计技术日益复杂，使得详细审计难以实施。为了进一步提高审计效率，审计的视角转向企业的管理制度，特别是会计信息赖以生成的内部控制，从而将内部控制与抽样审计结合起来。因为注册会计师发现，设计合理并且执行有效的内部控制可以保证财务报表的可靠性，防止重大错误和舞弊的发生，因此审计资源集中在内部控制存在缺陷的环节。同时企业的内部控制系统也日趋完善，使对内部控制的测试成为可能。从 20 世纪 50 年代起，以内部控制测试为基础的抽样审计在西方国家得到广泛应用，这种方法被称作制度基础审计模式（system-based audit approach），即审计的起点是了解与测试内部控制。

制度基础审计的明显不足在于审计资源不恰当分配到低风险和高风险审计领域，造成低风险审计项目的审计过量和高风险审计领域的审计不足，从而使审计为达到一定的效果而使效率较差或审计达不到效果。此外，制度基础审计还有一项更大的致命弱点，那就是基于内部控制制度的审计模式没有与审计风险联系起来，没有为有效降低审计风险提供指南和帮助，而影响审计风险的因素要远远超出内部控制制度的作用范围。

（三）风险导向审计（20 世纪 80 年代末至今）

20 世纪 80 年代进入了审计风险大爆炸的时代。影响审计风险的因素远远超出内部控制系统，审计风险还受到企业固有风险因素的影响，如管理人员的品行和能力、行业所处环境、业务性质、容易产生错报的财务报表项目、容易遭受损失或被挪用的资产等导致的风险。降低审计风险已成为审计职业界的头等大事。由于制度基础审计并不能为降低审计风险提供帮助，特别是没有把风险和样本量的确定联系起来，于是职业界开发出了审计风险模型。

审计风险模型的出现，从理论上解决了以制度为基础进行审计抽样的随意性，把风险量化以决定抽样的样本量；又解决了审计资源的不恰当分配问题，要求将审计资源分配到最容易导致财务报表出现重大错报的领域。这种以审计风险模型为基础进行的审计，称为风险导向审计模式（risk-oriented audit approach），即审计的起点是风险评估。

风险基础审计是审计技术的最新发展阶段。采用这种审计技术时，审计人员一般从对被审单位委托审计的动机、经营环境、财务状况等方面进行全面的风险评估出发，利用审计风险模型，规划审计工作，积极运用分析性复核，力争将审计风险控制在可以接受的水平上。

风险导向审计最显著的特点是它将客户置于一个大的经济环境中，运用立体观察的理论来判断影响因素，从企业所处的商业环境、条件到经营方式和管理机制等构成的内外部各个方面来分析评估审计风险水平。这一方法的另一特点是明确确认在为审计测试选择一个样本。企业开展业务的商业环境、对报表余额的真实性和公正性给予审计评价等都可能存在风险，并把这种意识贯穿到审计的全过程，从而在审计过程中把重点放在审计风险的评估上，并通过审计程序把审计风险降低到审计人员可以接受的水平。

五、审计技术方法

审计方法是指审计人员为了取得审计证据、形成审计结论和意见、实现审计目标而采用的一系列技术和手段。在审计过程中，审计方法的选用是否得当将直接影响审计工作的质量与效率。因此，为了充分发挥审计的作用，必须研究和掌握审计的方法。审计方法体系由两部分组成，即审计的一般方法和审计的技术方法。

（一）审计的一般方法

对于审计的一般方法，理论界与实务界存在着诸多不同的观点。我国著名的会计审计学家娄尔行教授认为，审计的一般方法，或者说审计中通用于各种审计的方法，就是为了达到审计目的而最一般地采用的审核检查审计对象的方法。

在账项基础审计的模式下，审计的一般方法主要有：确定审计顺序的方法、确定审计数量的方法和确定财务报表项目划分标准的方法三类。

1. 顺查法与逆查法

在确定审计顺序时，主要方法有顺查法和逆查法。

（1）顺查法。又称正查法，是指按照同会计业务处理程序相同的方向而依次进行检查的审计查账方法，其基本审查顺序是从审查原始凭证开始到审阅分析会计报表为止，也就是从问题的起因查起，直到查明问题的结果。

顺查法是从问题的起因查起，以资料相互核对为核心，审查全面而仔细，特别容易发现会计处理中的错漏与疏忽之处，同时也能取得全面而准确的审计结果。

顺查法费时费力，成本高，效率低，由于方法机械，不利于启发审计人员思维，往往会导致对重大问题的疏忽，难以把握重点，特别是难以查出凭空捏造的经济活动。一般只适用于管理及会计工作较混乱的单位，对业务量较少的单位及重要和危险的审计项目也适用。

采用顺查法的基本工作程序如图 5.1 所示。

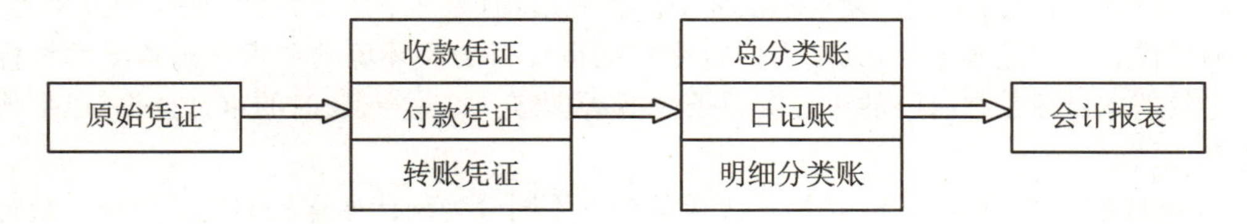

图 5.1　顺查法的基本工作程序

(2) 逆查法。又称倒查法和溯源法，是相对于顺查法来说的。逆查法是指按照与会计业务处理程序相反的方向依次进行检查的审计查账方法。从问题的结果开始检查，直到查到问题发生的起因。一般是首先审阅和分析会计报表，最后审阅与分析原始凭证。

与顺查法一样，要查明财产物资及账面记录的真实性，还必须将账上资料与实物及外单位相关记录进行核对，账实核对之前有必要对实物进行盘点抽查。

逆查法从问题的结果查起，以溯源分析为核心进行重点抽查，因而能把住全局，从大处着手，有利于查明重大问题、提高工作效率、节约审计资源。逆查法不能对被审计单位被查期间的全部资料和活动进行全面细致的检查，因而不利于全面揭露会计上的各种错弊问题，特别是难以查出被隐瞒或遗漏的经济活动，很难取得全面与准确的审计效果。尽管如此，逆查法有着非常广泛的适应范围，除了管理非常混乱、账目资料不全的单位，以及某些特别重要和危险的审计项目不能采用外，其余均能采用。无论是进行财务审计、效益审计或经济责任审计、审计调查，均可使用逆查法。但在审计实践中，顺查法和逆查法不是彼此孤立，而是将它们结合运用，这样可以提高工作效率和工作质量。

采用逆查法的基本工作程序如图 5.2 所示。

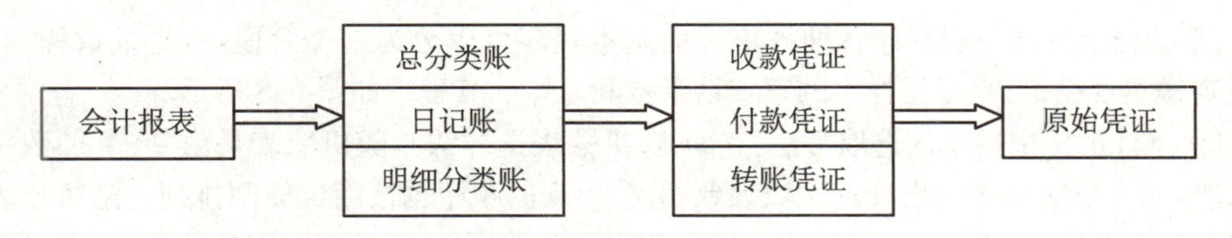

图 5.2　逆查法的基本工作程序

2. 详查法与抽查法

在确定审计数量时，主要方法有详查法与抽查法。

(1) 详查法。又称精查法，是指对被审计单位某一时期或某一特定范围内的所有凭证、账簿和报表或某一项目的全部会计资料进行详细、周密审查的一种方法。

采用详查法，可以针对某一项经济业务进行，按其发展过程，审查一定范围内的事项、资料，也可以选择某一时期的全部资料进行审查。详查法的优点是审计工作周密、详尽，对于会计账目中存在的差错及违纪行为一般都能发现，能够有效地保证审计工作质量。缺点是审计工作量大、成本高，费时、费力。因此，详查法主要适用于业务量小或者是内部控制制度比较薄弱的单位。

(2) 抽查法。又称抽样法，是指从被审计单位审查期的全部会计资料中抽取一部分样本进行审查，并根据样本审查结果推断总体可信赖程度的一种方法。

审计抽样对符合性测试和实质性测试都适用，但它并不是对这些测试中的所有程序都适用。如审计抽样可在逆查、顺查和函证中广泛应用,但通常不用于询问、观察和分析程序。审计抽样作为一种基本方法,其工作内容是根据审计目的及环境的要求作出科学的抽样决策。它的基本目标是在有限的审计资源条件下,收集充分、适当、及时的审计证据,以形成和支持审计结论。

① 审计抽样的种类。(a) 按抽样决策的依据不同分为统计抽样和非统计抽样。统计抽样又称概率抽样,是运用概率论和数理统计的方法,进行随机抽样,据以对总体进行推断的一种方法。统计抽样明显具有统计特征,即样本的选择是无偏的、随机的、有代表性的,抽样结果可以用数学方法推算得出,因此统计抽样的优点是具有较强的科学性和准确性,缺点是操作难度大,且对于资料不全的单位以及揭露各种舞弊的专案审计均不宜采用;非统计抽样是由审计人员凭借自己的职业经验和判断能力,有目的地从特定审计对象总体中抽取样本进行审查,并以样本的审查结果来推断总体的抽样方法。这类方法的优点是灵活、方便、易学、易懂且应用面广,它使审计人员的智慧和经验得以发挥,大大提高了审计工作效率,其缺点是不能科学确定抽样数量,样本单位的抽选有主观随意性,不能计算抽样误差并给出审计结论的可靠程度。究竟选用哪种抽样方法,主要取决于审计人员对成本效果方面的考虑,非统计抽样可能比统计抽样花费的成本要小,但统计抽样的效果则能比非统计抽样要好得多。(b) 按照所了解的总体特征不同分为属性抽样和变量抽样。属性抽样是指在给定抽样误差和可靠程度的保证下,以样本差错率推断总体差错率而采用的一种方法。它是根据符合性测试的目的和特点所采用的审计抽样;变量抽样,是以样本差错额测定总体差错额而采用的一种方法。变量抽样的目的是为了获取关于未知的真实总体货币金额的证据,应用变量抽样法,直接对涉及数额、余额的被审计项目的正确性进行测试,因而被广泛地运用于实质性测试中。

② 抽样审计的一般程序。抽样审计的基本程序可以分为三个阶段:一是抽取样本;二是审查样本规模;三是根据样本的审查结果推断总体。其程序如图 5.3 所示。

③ 审计抽样中样本的选取方法。(a) 随机数表选样法。随机数表是由 0～9 的数字组合而成,每个数字在表上出现的次数大致相同,出现的顺序也按随机原则排列。随机数表的内容如表 5.3 所示。表 5.3 所列数字都是 5 位数字,使用时可以不限于 5 位数字,也可以用 2 位、3 位或 4 位数字。抽样时,先对总体顺序进行编号,如领料单编号、凭证编号、账簿页数编号等,确定使用几位随机数和哪几位随机数。例如,审查 500 张领料单,就应该用 3 位数,可采用 5 位随机数表的前 3 位数字或后 3 位数字。从随机数表中任何一行、一栏开始依次往下数(从左向右向上向下或斜线均可)。凡在总体编号范围内(本例为 500 张)的数,即为抽中数。如从 500 张中抽取 10 张,从第 6 行第 5 栏开始往右看,抽中的数为 030、359、401、464、371 、442、247、378、279、222,与此编号相对应的领料单即为样本项目。

(b) 系统抽样法。又称等距选样法,是指先将总体单位按序排列,然后按照一个或几个随机起点,以相同的间隔等距离地抽选样本的抽样方式。

确定间隔数的公式如下:

$$M = N/n$$

式中:M——抽样间隔数;N——总体数量;n——抽样数量。

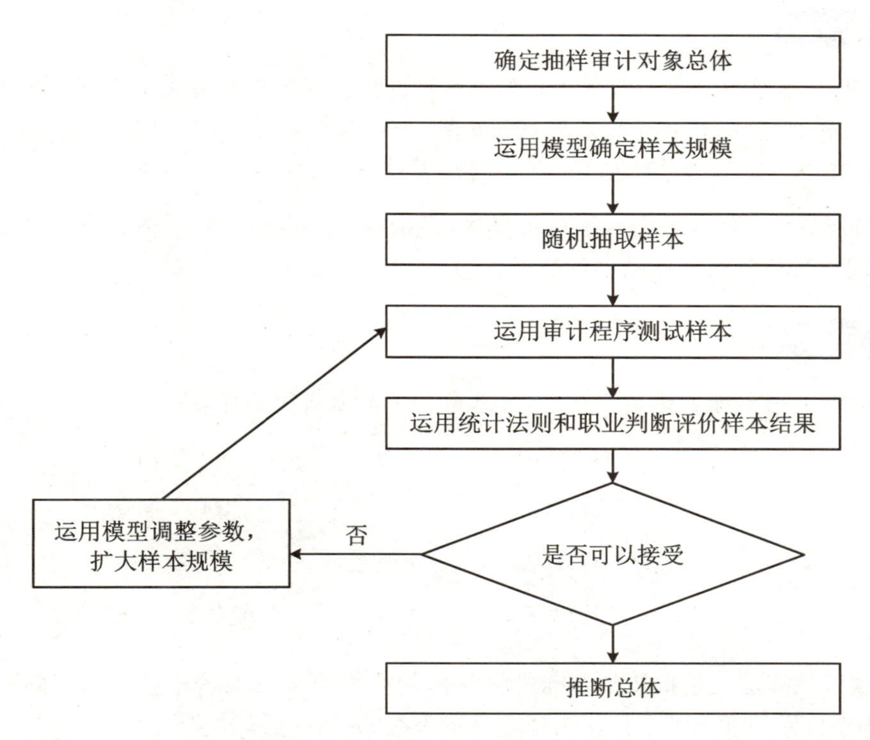

图 5.3　抽样审计的基本程序

表 5.3　随机数表(部分列式)

行＼列	(1)	(2)	(3)	(4)	(5)
1	32044	69037	29655	92114	81034
2	23821	96070	82592	81642	08971
3	82383	94987	66441	28677	95961
4	68310	21792	71635	86089	38157
5	94856	76940	22165	01414	01413
6	95000	61958	83430	98250	70030
7	20764	64638	11359	32556	89822
8	71401	17964	50940	95753	34905
9	38464	75707	16750	61371	01523
10	59442	59247	74955	83835	98378
11	11818	40951	99279	32222	75433

【案例 5.3】

从 1000 张发票中抽取 100 张凭证作为样本，则：抽样间隔数为 $M=1000/100=10$(张)。

假定从前 10 张发票中随机选定一张发票，如从第 5 张开始，每间隔 10 张抽取一张，即第 5 张、第 15 张、第 25 张、第 35 张、第 45 张，直到抽完 100 张发票为止。

(c) 分层选样法。又称分组随机抽样法，是指按照一定标准将总体划分为若干层次，然后对每一层次进行随机抽样的一种选样方法。

【案例 5.4】

对于 300 个材料账户进行测试时，可采取如下的分层和抽样方法。

层次	结余金额	户数	抽样方法
1	10 万元以上	31	100%审查
2	1～10 万元	156	等距抽样
3	1 万元以下	113	随机数表抽样

(d) 整群抽样法。是指按某一标志将总体的全部个体分为若干群，以群体作为抽样单位，然后按随机原则抽出若干群作为样本进行审查的一种选样方法。

抽查法的优点是可以减少审计工作量，节约人力和时间，具有效率高、成本低的特点，可以获得事半功倍的效果；缺点是审计的风险大，如果选择的样本不适当或者缺少代表性，则据此作出的审计结论的正确性及可靠性就差，直接影响到审计工作的质量。因此，抽查法一般适用于内部控制制度比较健全、会计核算基础比较好的企业、事业单位。

详查法与抽查法不同于全面审计与局部审计。全面审计与局部审计是按审计范围大小而划分的一种审计类型，详查法与抽查法是按检查数量多少而划分的一种审计类型；全面审计既可以进行详细检查，也可以进行抽样检查，详查法一般采取按顺序检查的方式，并对应审的资料和事项进行逐笔检查，办理一切应办理的审计手续；局部审计既可以进行抽样审查，也可以进行详细检查，多数为详细检查。

3. 报表项目法与业务循环法

按照对财务报表的项目进行划分的标准不同，通常有报表项目法和业务循环法。

(1) 报表项目法。按财务报表的项目来组织财务报表审计的方法称为报表项目法。报表项目法的优点是采用报表项目法与多数被审计单位的账户设置体系及财务报表格式相吻合，操作方便。报表项目法的缺点是由于内部控制测试通常按照业务循环采用审计抽样的方法进行，该方法使实质性程序与内部控制测试严重脱节。

(2) 业务循环法。是指处理某一类经济业务的工作程序和先后顺序。按业务循环来组织财务报表审计的方法称为业务循环法。即审计工作按照业务循环评估被审计单位的重大错报风险，实施进一步的审计程序，包括内部控制测试与实质性程序，从而对财务报表的合法性、公允性进行审计的一种方法。

由于各被审计单位的业务性质和规模不同，其业务循环的划分应有所不同。一般可将被审计单位全部的交易和账户按照相关的程度划分为若干个业务循环。例如，制造业企业可以划分为以下几个业务循环：① 销售与收款循环；销售与收款循环包括向顾客收受订货单、核准购货方的信用、发运商品、开具销货发票、记录收入和应收账款以及记录现金收入等；② 采购与付款循环；采购与付款循环包括请购存货和其他资产或劳务、编制与发出订货单、验收货物并填制验收单、记录应付账款、核准付款、支付款项和记录现金支出等；③ 筹资与投资循环。筹资与投资循环又称理财循环，包括授权、核准、执行和记录有关资金筹措、资金运用及收益分配等；④ 存货与仓储循环。生产循环包括领取原材料及其他物料用品、投入生产、分摊费用、计算生产成本、核算商品销售成本等；⑤ 薪酬与人力资源循环。薪酬与人力资源循环包括聘用、辞退职工，制定职工薪酬等级标准，记录与核实实际工时，计算应付职工薪酬与代扣款项，发放职工薪酬，记录职工薪酬支出等。后两个业务循环也可合并为一个业务循环。

注册会计师对各业务循环的审计可以相对独立地进行，但各业务循环的审计并不是孤立的。注册会计师在最终判断被审计单位的财务报表是否合法、公允反映时，必须综合考虑审计发现的各业务循环的错报对财务报表产生的影响。因此，即使在单独执行某一业务循环的审计时，注册会计师仍然应经常将该业务循环与其他业务循环的审计情况结合起来加以考虑。

业务循环法的优点是业务循环法将交易与账户的实质性程序与按业务循环进行的内部控制测试直接联系，加深了审计小组成员对被审计单位经济业务的理解，而且便于审计的合理分工，将特定业务循环所涉及的财务报表项目分配给一个或数个审计小组成员，能够提高审计的效率与效果。所以业务循环法逐渐取代了报表项目法。

（二）审计的技术方法

审计的技术方法

审计的技术方法是指用来收集审计证据的方式与手段的总称，或者说是能够取得审计证据的各种纯技术性手段。审计的技术方法按照审计目的的不同可以分为财务审计技术方法、管理审计技术方法和绩效审计技术方法等。财务审计技术方法按各自所起作用的不同，可分为审计查账方法、审计盘存方法、审计调查方法、审计分析方法和审计鉴定方法等5类。其中，审计查账方法包括审阅法、核对法、调节法等；审计调查方法包括函证法、观察法、询问法等；审计分析方法包括分析法、推理法等。

1. 审阅法

审阅法是指审计人员对会计凭证、会计账簿和会计报表以及经营决策、计划预算、往来文件、合同、契约、会计记录等有关资料的仔细审视阅读和研究，查明有关资料及其所反映的经济活动是否合法、合理和有效。审阅法是最基本，也是最重要的常用技术。在审计时，对有关资料及其经济活动的审查，一般都是由表及里，层层深入，逐步查清的。因此，审阅法是任何审计都需要运用的技术。审阅的具体内容如下：

（1）审阅原始凭证。审阅时要注意查看原始凭证的抬头是否正确，日期是否为被查期间，所反映的经济业务是否与本单位的生产经营活动有关，数量、金额是否正确，大小金额是否相符，凭证上有无涂改、刮擦的迹象，凭证的各项手续是否齐备。

（2）审阅记账凭证。审阅时要注意查看记账凭证的摘要内容是否真实，会计科目是否确当，账户的对应关系是否清晰，金额计算是否正确，有关项目填列是否齐全，是否附有合法的原始凭证。

【案例 5.5】

审计人员在审查某企业12月份销售业务时,发现一张记账凭证的记录为:

借:应收账款　　11300

　贷:主营业务收入　　10000

　　应交税费——应交增值税(销项税额)　　1300

按常规,作为记录产品销售收入的记账凭证应附有销售发票等单据,但这张记账凭证却未附任何原始凭证,通过进一步查询得知,被审计单位为了完成当年利润指标,填制了这张虚假的销售凭证,并准备下年初用红字冲回。

(3) 审阅账簿。主要是审阅日记账和明细分类账。查明其内容是否真实、正确,是否按规定的方法更正记账错误,有无乱刮、乱挖的现象,是否按规定记账和结账。

【案例 5.6】

审计人员在审查某企业固定资产明细账时,发现一笔可疑的会计分录:

借:固定资产——职工宿舍工程　　1000000

　贷:银行存款　　1000000

摘要记录为“付职工宿舍工程款”。疑点是该工程未通过在建工程账户过渡,而是直接记入固定资产账户。审查人员查阅了原始凭证,原始凭证是一张银行转账支票存根,除了金额,无任何文字记录。进一步审查该企业的开户银行,记录显示资金转移到该企业在另一家银行开设的账户上,而该账户的有关内容并没有在财务资料中反映,至此,知道该企业通过虚列工程支出,私设小金库。

(4) 审阅会计报表。主要是审阅报表项目是否按规定编制,表内的对应关系和平衡关系是否正确,各报表之间相关数据是否相一致,实际数与计划数之间的差异有无不正常的情况。

(5) 审阅其他书面资料。主要是审阅计划、合同、考勤记录、内部控制制度、在产品动态记录等。审阅计划时注意计划制定是否切合实际,有无相应的措施;审阅合同时注意审阅合同的内容是否齐全,语言是否严谨,合同手续是否齐备。

2. 核对法

核对法是指对被审计单位的凭证、账簿和报表等书面资料,按照其相互的内在关系进行的对照检查,借以查明证证、账证、账表、表表之间是否相符,从而取得有无错弊的书面证据的一种复核查对方法。核对的具体内容如下:

(1) 原始凭证与记账凭证核对。核对时注意两证的日期、摘要、数量、金额是否一致,记账凭证后面所附原始凭证的张数与实际张数是否相符。

(2) 记账凭证与账簿核对。核对账证的日期、金额、数量、内容是否相符,是否按记账凭证上的会计科目登记有关账簿。

(3) 明细分类账与总分类账核对。核对各明细分类账的余额之和是否与总分类账余额相符;核对各明细分类账和各总分类账的期初余额、借、贷本期发生额和期末余额的计算是否正确。

(4) 账簿与会计报表核对。核对会计报表中各项目的数据是否与相关总分类账或明细分类账期末余额相符。

(5) 会计报表之间核对。核对资产负债表、利润表、现金流量表、所有者权益变动表之间相关数据是否相符，核对利润表、主营业务收支明细表之间相关数据是否相符。

(6) 其他书面资料核对。主要包括银行存款日记账余额与银行对账单核对，会计报表与计划报表、统计报表核对，账与卡核对等。

经过核对后的数据，应由核对人员注上核对符号，即"√"；不相符或未曾核对过的数据，注上另外的符号，如"?"，以便进一步核查。进行书面核对时，可由一人单独进行，也可以由两个人进行，一人读唱，另一人核对并作记号。

3. 盘点法

盘点法又称盘存法，是指审计人员对被审计单位的货币资金和各项财产物资等进行实物盘点，以确定其数量、品种等存在状况真实性的一种方法。盘点法按其组织方式，可以分为直接盘点和监督盘点两种。直接盘点是指审计人员亲自到现场盘点实物。监督盘点是指财产保管人员或者是被审计单位有关人员盘点实物，审计人员只在一旁监视。

这里需要说明的是：不管是直接盘点，还是监督盘点，对于容易出现舞弊行为的库存现金都应采取突击的方式；对于大宗的原材料等，都应采用抽查的方法。

【案例 5.7】

审计人员对某企业进行年度审计，审计目标是证实存货的真实性，采用监督盘点，盘点后发现A商品盘盈50件，进一步询问发现：乙企业委托该企业代销A商品100件，不属于该企业所有，因此，企业不但没有盘盈50件，反而盘亏50件。通过盘点，查明了库存商品的真实性问题，取得了实物检查证据。

4. 调节法

调节法是指审计人员通过调整有关数据，借以求得需要证实的数据的一种方法。

在审计过程中，有时会发现账面数据与实际数据表面上不一致的情况，为了证实数据是否真实，可以采用调节法。例如，盘点库存商品时，可以采用调节法将盘点日期的库存量调节为账面结存日期的库存量，从而证实账面是否相符。其计算公式如下：

被查日存量 = 盘点日存量 + 被查日至盘点日发出量 − 被查日至盘点日收入量

【案例 5.8】

审计人员2019年1月5日检查被审计单位第三道工序2018年12月31日在产品1000件的正确性。通过盘点得知：1月5日实存数为2000件，1月1日至1月5日从第二道工序转入数为6000件，转给第四道工序数为5000件，则2018年12月31日在产品结存数量可按上述公式调整：

被查日存量 = 2000 + 5000 − 6000 = 1000(件)

此外，调节法还可用于对未达账项的调节和对错弊账项的调节。

5. 询问法

询问法是指审计人员通过直接找相关人员面谈，以取得必要的资料或对某一问题给以证实的一种审计技术。有人也称之为面询。通过运用审阅、核对、盘点、分析、推理等技术，可能发现许多问题，但这些问题最终都需要找有关人员澄清，这就不得不运用询问技术。

6. 函证法

函证法是指审计人员根据审计的需要，设计出一定格式的函件寄给有关单位和人员，根据对方的回答来获取资料，或对某些问题予以证实的一种审计技术，又称函询技术。在每一审计过程中，许多审计事项的最终查核需要依赖被审计单位以外的其他有关方面。如应收账款及应付账款是否真实，可能在被审计单位的账面上是无懈可击的，但实际上可能根本就不存在，而是被审计单位虚构债权债务借以达到某种目的。但实际情况到底怎样，需要债务单位及债权单位书面证明或由审计人员直接审查他们的账目，或亲自询问对方。因此，函证技术在审计过程被经常采用，对证实某些问题极为有效，它属于证实问题的技术之一。

按要求对方回答方式的不同，函证技术可分为积极函证和消极函证两种。积极函证是指不管在什么情况下，都要求对方对函证内容直接以书面文件的形式向审计人员作出答复；消极函证是指对于函证的内容，只有当对方认为存在异议时，才要求对方直接以书面文件的形式向审计人员作出答复。至于在何种情况下应使用积极函证或消极函证，应视函证业务事项的具体情况而定。

7. 观察法

观察法是指审计人员进驻被审计单位之后，亲临现场实地观看了解经济业务处理情况的一种方法。如审计人员实地观看支付款项时，观看有关报销单的附件是否经过审核，各附件金额是否予以加总计算，支付款项后是否加盖“付讫”印章等。观察法运用广泛，可用于了解内部控制制度的执行情况，了解财产物资收发保管情况等。运用观察法时，应尽量不让被观察对象知晓，这样才能观察到真相。

【案例 5.9】

2020 年 12 月 31 日，清水发电厂扩建工程完工，审计员张平对该厂“交付使用资产表”的真实性进行审计，采用的审计方法为观察法。他先参观了该厂发电现场，认真听取了情况介绍，对发电设备、辅助设备有了感性认识。在对“交付使用资产表”审计中发现：有一台进口的、用于上岗培训的仿真机在参观中并未发现，随即向有关人员询问，得知，因机组已发电，仿真机已基本不用，所以没有带领参观。于是他产生了怀疑：设备刚开始运转，培训任务还应很重，设备不应有闲置，因此他要坚持看仿真机，被审计单位人员见瞒不住了，才说出了该设备在未经允许和办理任何手续下被省电力局擅自调走。这样，通过观察技术就发现了该厂账实不符，转移资产的错误行为。

8. 分析法

分析法是指在审计时通过对被审计项目有关内容的对比与分解，从中找出项目之间的差异以及各项目的构成因素，以揭示其中有无问题，从而为进一步审计提供线索或主攻方向的一种审计技术。审计中的分析技术种类很多，主要有比较分析、平衡分析、账户分析、制度分析、因素分析、相关分析、趋势分析、数学分析、统计分析、技术经济分析等等。

9. 推理法

推理法是指审计人员根据已掌握的事实或线索，结合自身经验，并运用逻辑推断技术，确定审计方案，并推测实施后可能出现的结果的一种审计技术。推理与分析、判断有着密切联系，因而有人称为分析推理或判断推理。要恰当地运用推理技术，有三个关键点应该特别注意：一是要恰当分析，这是推理的前提；二是要合理推理，这是判断的前提；三是正确判断，这一点特别重要，它是推理技术运用获得的结论，若判断有误，审计工作必将以失败告终。恰当分析、合理推理、正确判断三个方面构成了推理技术应用的完整过程。

10. 鉴定法

鉴定法是指对某些审计事项的检查需要聘请专门人员运用专门方法进行检测以获取审计证据的一种审计技术。鉴定法是一种证实问题的方法，不是审计的专门技术，但却是必不可缺少的技术。如审计人员对书面资料真伪的鉴定，对实物性能、质量、估价的鉴定，对经济活动合理性的鉴定等。鉴定法的鉴定结果必须是具体、客观和正确的，并记录审计工作底稿。

（三）审计方法的选用

审计方法的选用应当遵循以下基本原则：

1. 审计方法要适应审计的目的

审计方法是达到审计目的的手段，这就决定了不同的审计目的必须使用不同的审计方法。如要审查财产物资的实有数额是否真实、正确，就应使用盘存法；如要验证会计报表中各项目数据是否与总账及明细账期末余额相符，就应使用核对法。

2. 审计方法要适应审计方式

不同的审计方式，所需审计证据不同，取证的途径也不同，这就需要采用不同的审计方法。如对被审计单位采用就地审计方式，审计人员审查书面资料时，可以选用审阅法、核对法等；审查财产物资时，就可以选用盘点法、观察法等。在采用报送审计方式下，只能使用审查书面资料的方法。

3. 结合被审计单位的实际

不同的审计对象和不同的审计环境，需要使用不同的审计方法。如对内部控制制度健全、管理人员素质高的单位，可以选用抽查法实施审计；对于内部控制制度不健全、管理混乱、会计人员素质低的单位，就必须选用详查法实施审计。

因此，科学、合理地选用审计方法，是提高审计工作质量和效率的关键，可以收到事半功倍的效果。

任务二　编制、复核和归档审计工作底稿

一、审计工作底稿的含义

审计工作底稿的概述

《中国注册会计师审计准则第1131号——审计工作底稿》第5条指出：审计工作底稿是指注册会计师对制定的审计计划、实施的审计程序、获取的相关审计证据，以及得出的审计结论作出的记录。审计工作底稿是审计证据的载体，是注册会计师在审计过程中形成的审计工作记录和获取的资料。它形成于审计过程，反映了整个审计过程。

审计工作底稿的含义包含以下几个方面：

(1) 审计工作底稿形成于审计工作全过程。从注册会计师承接审计业务开始直到最后出具审计报告为止，任何一个环节都会形成审计工作底稿。

(2) 审计工作底稿形成方式有两种：一种是注册会计师直接编制的；另一种是注册会计师获取的，即由被审计单位或其他第三者提供的。

(3) 审计工作底稿的范围包括审计工作记录和审计资料。

(4) 审计工作底稿是审计证据的载体，是注册会计师形成审计结论、发表审计意见的直接依据。

(5) 审计工作底稿反映整个审计工作过程。

编制审计工作底稿的目标是方便审计人员：

(1) 提供充分、适当的记录，作为出具审计报告的基础。

(2) 提供证据，证明注册会计师已按照审计准则和相关法律法规的规定计划和执行了审计工作。

二、审计工作底稿的种类

审计工作底稿通常包括总体审计策略、具体审计计划、分析表、问题备忘录、重大事项概要、询证函回函、管理层声明书、核对表、有关重大事项的往来信件（包括电子邮件），以及对被审计单位文件记录的摘要或复印件等。此外，审计工作底稿通常还包括业务约定书、管理建议书、项目组内部或项目组与被审计单位举行的会议记录、与其他人士（如其他注册会计师、律师、专家等）的沟通文件及错报汇总表等。审计工作底稿通常不包括已被取代的审计工作底稿的草稿或财务报表的草稿、对不全面或初步思考的记录、存在印刷错误或其他错误而作废的文本，以及重复的文件记录等。

按照审计工作底稿的性质和作用不同，可将上述工作底稿分为综合类、业务类、备查类三大类。

（一）综合类工作底稿

综合类工作底稿是审计人员在审计准备和报告阶段，为规划、管理和总结整个审计工作，并发表审计意见所形成的审计工作底稿。它主要包括审计业务约定书、审计计划、审计差异汇总表、试算平衡表、审计总结及审计调整分录汇总表、审计报告书未定稿等综合性的审计工作记录。

（二）业务类工作底稿

业务类工作底稿是审计人员在审计实施阶段所形成的审计工作底稿。它主要包括审计人员在执行预备调查、实施控制测试和实质性测试等审计程序时所形成的工作底稿。

（三）备查类工作底稿

备查类工作底稿是审计人员在审计过程中形成的，对审计工作仅具有备查作用的审计工作底稿。它主要包括与审计约定事项有关的重要法律性文件、会议记录、经济合同与协议、企业营业执照、公司章程等原始资料的副本或复印件。审计人员在审计准备、实施和报告三个阶段均可形成备查类工作底稿。

三、审计工作底稿的格式和内容

注册会计师针对不同的审计程序要获取不同性质的审计证据，由此注册会计师可能会编制不同格式、内容和范围的审计工作底稿。

（一）审计工作底稿的格式

一般而言，审计工作底稿主要有两种格式：一种是通用格式审计工作底稿，另一种是专用格式审计工作底稿。

1. 通用格式审计工作底稿

通用格式审计工作底稿的特点是不事先设计特定的格式。审计人员可根据被审计事项的特点、被审计单位的实际情况，直接将审计证据记录在空白表上，或者在空白表上画成所需的表格后再记录审计证据（表 5.4）。

表 5.4　审计工作底稿

审计工作底稿编号：	
审计人员：	复核人员：

2. 专用格式审计工作底稿

以中国注册会计师协会发布的《财务报表审计工作底稿编制指南》中的几张工作底稿为例(表5.5)。

表5.5　应收账款审定表

被审计单位:＿＿＿＿＿＿　　索引号:ZD1

项目:应收账款审定表　　财务报表截止日/期间:＿＿＿＿＿＿

编制:＿＿＿＿＿＿　　复核:＿＿＿＿＿＿

日期:＿＿＿＿＿＿　　日期:＿＿＿＿＿＿

项目名称	期末未审数	账项调整		重分类调整		期末审定数	上期末审定数	索引号
		借方	贷方	借方	贷方			
一、账面余额合计								
1年以内								
1年至2年								
……								
二、坏账准备合计								
1年以内								
1年至2年								
……								
三、账面价值合计								
1年以内								
1年至2年								
……								

审计结论:

(二) 审计工作底稿的内容(要素)

通常,审计工作底稿包括下列全部或部分内容:

1. 被审计单位名称

被审计单位名称,也即财务报表的编报单位。无论是注册会计师编制的,还是获取的审计工作底稿,都应当注明被审计单位名称。若财务报表编报单位为某一集团的下属公司,则应同时写明下属公司的名称。审计工作底稿中的被审计单位名称可以是全称或者是简称,这不同于审计报告中的收件人,审计报告中的收件人必须是全称。

2. 审计项目名称

即某一财务报表项目名称或某一审计程序及实施对象的名称。

3. 审计项目时点或期间

指被审计单位资产负债表项目的报告时点或利润表项目的报告期间。

4. 审计过程记录

即注册会计师的审计轨迹与专业判断的记录。

5. 审计结论

审计结论是记录注册会计师通过实施进一步的审计程序后所作的专业判断，为支持审计意见提供依据。就对被审计单位的内部控制测试而言，也就是被审计单位内部控制制度执行是否有效以及可信赖程度；就实质性程序而言，也就是对被审计单位某一审计事项的余额或发生额的确认情况。

6. 审计标识及其说明

审计工作底稿中可使用各种审计标识（代表审计含义的符号），但应说明其含义，并保持前后一致。

∧：纵加核对

＜：横加核对

B：与上年结转数核对一致

T：与原始凭证核对一致

G：与总分类账核对一致

S：与明细账核对一致

T/B：与试算平衡表核对一致

C：已发询证函

C\：已收回询证函

7. 索引号及页次

索引号是指注册会计师为了便于审计工作底稿的分类、归类和引用，对某一审计事项的审计工作底稿以固定的标记和编码加以表示所产生的一种特定符号；页次则是指同一索引号下不同的审计工作底稿的顺序编号。该内容的目的在于方便存取使用，便于日后参考。

8. 编制者姓名及编制日期

注册会计师必须在其编制的审计工作底稿上签名和签署日期。其目的在于明确其工作职责，以便检查者、使用者了解谁能提供审计资料，便于追查审计步骤与顺序，同时为以后类似审计工作安排提供参考。签名可以是简签，但应以适当的方式说明。

9. 复核者姓名及复核日期

注册会计师必须在其复核过的审计工作底稿上签名和签署日期。若有多级复核，每级复核者均应签名和签署日期，其目的在于明确复核责任。签名可以是简签，但应以适当的方式加以说明。

10. 其他应说明事项

即注册会计师根据其专业判断，认为应在审计工作底稿中予以记录的其他相关事项。

四、审计工作底稿的编制和复核

（一）审计工作底稿的编制

审计工作底稿的编制

1. 审计工作底稿的编制要求

审计工作底稿作为注册会计师在整个审计过程中形成的审计工作记录和获取的资料，是注册会计师最终发表审计意见、形成审计结论的直接依据，其编制必须符合规范要求。注册会计师编制的审计工作底稿，应当使得未曾接触该项审计工作的有经验的专业人士清楚了解：① 按照审计准则和相关法律法规的规定实施的审计程序的性质、时间安排和范围；② 实施审计程序的结果和获取的审计证据；③ 审计中遇到的重大事项和得出的结论，以及在得出结论时作出的重大职业判断。

(1) 内容上的要求。① 资料翔实。即记录在审计工作底稿上的各类资料来源要真实可靠，内容要完整；② 重点突出。即审计工作底稿应力求反映对审计结论有重大影响的内容；③ 繁简得当。即审计工作底稿应当根据记录内容的不同，对重要内容详细记录，对一般内容简单记录；④ 结论明确。即按审计程序对审计项目实施审计后，注册会计师应对该审计项目明确表达其最终的专业判断意见。

(2) 形式上的要求：① 要素齐全。即构成审计工作底稿的基本内容应全部包括在内；② 格式规范。即审计工作底稿所采用的格式应规范；③ 标识一致。不同的会计师事务所使用的审计标识可能并不完全相同。但一旦选定某种审计标识，其含义应前后保持一致，并明确反映在审计工作底稿上；④ 记录清晰。即审计工作底稿上记录的内容要连贯，文字要端正，计算要正确。

2. 审计工作底稿的编制方法

(1) 审计工作底稿首部的编制。底稿首部主要包括：工作底稿的名称、被审计单位名称、审计项目名称 、索引号及页次、编制人及编制日期、复核人及复核日期、审计项目时点或期间。其中：审计工作底稿的标题，一般应根据审计项目名称编制，如："应收账款审定表""存货审定表"等；会计期间或截止日，应视所审计业务的范围而定。在对被审计单位进行年度会计报表进行审计时，如属于资产负债表项目应填写"×年×月×日"，如属于利润表项目则应填写"×年度"；编制人及日期、复核人及日期应由实际执行人去填写，以明确责任；审计工作底稿索引号，可参照《财务报表审计工作底稿编制指南》中规定的索引号编制，各会计师事务所也可自行编定，但前后必须统一。

(2) 审计工作底稿内容记录的编制。审计工作底稿的内容记录一般包括被审计单位的未审情况和审计过程记录。其中，被审计单位的未审情况应填写被审计单位内部控制情况、有关会计账项的未审计发生额或其期初以及期末余额；审计过程记录应如实填写审计人员实施的审计测试性质及测试的项目、抽取样本及检查的很需要凭证、审计标识及其说明、审计账项调整及重分类调整事项等。

(3) 审计工作底稿审计结论的编制。审计结论部分因不同的审计测试而填写的内容有所不同。针对控制测试而言，应填写被审计单位内部控制情况的研究与评价结果；针对实质性程序而言，应填写有关财务报表项目的审计数额是否可以确认等。注册会计师恰当地记录审计结论非常重要，注册会计师需要根据所实施的审计程序及获取的审计证据得出结论，并以此作为对财务报表形成审计意见的基础。在记录审计结论时需注意，在审计工作底稿中记录的审计程序和审计证据是否足以支持所得出的审计结论。

（二）审计工作底稿的复核

审计工作底稿的复核

1. 审计工作底稿的三级复核制度

为了保障审计工作底稿的复核质量，各会计师事务所应当按照审计质量控制准则的要求建立审计工作底稿的三级复核制度。所谓审计工作底稿的三级复核制度，就是以现场注册会计师、项目负责人（项目合伙人）、项目质量控制复核人对审计工作底稿所进行的逐级复核。

现场注册会计师的复核为第一级复核，是对审计工作底稿的详细复核，在审计外勤工作结束前（即在审计现场）完成，以及时发现和解决问题。确定复核人员的原则是由项目组内经验较多的人员复核经验较少的人员执行的工作。在本级复核中，复核人员应对审计工作底稿进行逐一复核，发现问题时应及时指出，并督促有关人员及时修改与完善。在实施复核时，应当考虑：

（1）审计工作是否已按照法律法规、职业道德规范和审计准则的规定执行。

（2）重大事项是否已提请进一步考虑。

（3）相关事项是否已进行了适当咨询，由此形成的结论是否得到了记录和执行。

（4）是否需要修改已执行审计工作的性质、时间和范围。

（5）已执行的审计工作是否支持形成的结论，并已得到适当记录。

（6）获取的审计证据是否充分、适当。

（7）审计程序的目标是否实现。

项目负责人的复核为第二级复核，通常在出具审计报告前进行，通过复核审计工作底稿和与项目组进行讨论，以确信获取的审计证据已经充分、适当，足以支持形成的结论和拟出具的审计报告。在复核时应重点关注对关键领域所作的职业判断，尤其是执行业务过程中识别出的疑难问题或争议事项、特别风险以及项目负责人认为重要的其他领域。

项目质量控制复核人的复核是第三级复核，即在出具审计报告前，对项目组作出的重大判断和在准备审计报告时得出的结论进行客观评价的过程。这既是对前述两级复核的再监督，也是对整个审计工作的计划、进程和质量的重点把握。

2. 审计工作底稿复核的作用

（1）减少或消除人为的审计误差。

（2）及时发现和解决问题，保证审计计划的顺利执行，并协调审计进度，提高审计效率。

（3）便于上级管理人员对审计项目的质量监控及对审计人员工作业绩进行考评。

3. 审计工作底稿复核的要点

（1）所引用的有关资料是否翔实可靠。

（2）所获取的审计证据是否充分适当。

（3）审计判断是否有理有据。

（4）审计结论是否恰当。

4. 审计工作底稿复核的基本要求

（1）做好复核记录（复核记录是审计工作底稿的要素之一）。

(2) 复核人签署(姓名、复核日期)。

(3) 书面表示复核意见。

(4) 督促工作底稿编制人及时修改、完善审计工作底稿。

【案例 5.10】

在 ABC 公司 2020 年度财务报表进行审计时,L 注册会计师负责审计应收账款。L 注册会计师对截止日为 2020 年 12 月 31 日的应收账款实施了函证程序,并于 2021 年 2 月 15 日编制了以下应收账款函证分析工作底稿。

应收账款函证分析表

被审计单位名称:ABC 公司	索引号	B-3		
资产负债表日:2020 年 12 月 31 日	编制人		日期	
	复核人		日期	
一、函证	笔数	金额(元)		百分比
2020 年 12 月 31 日应收账款	4000	4000000√★		100%
其中:积极式函证	108	520000		13%
消极式函证	280	40000		10%
寄发询证函小计	388	560000		23%
选定函证但客户不同意函证的应收账款	12			
选择函证合计	400			
二、结果				
(一)函证未发现不符				
积极式函证:确认无误部分 W/P B-4	88C	360000		9%
消极式函证:未回函或回函确认无误部分 W/P B-4	240 C	32000		0.8%
函证未发现不符小计	328	392000		9.8%
(二) 函证发现不符				
积极式函证 W/P B-5	4 CX	20000		0.5%
消极式函证 W/P B-5	40CX	8000		0.2%
函证发现不符小计	44	28000		0.7%
(三) 选定函证但客户不同意函证的应收账款	12			

标识说明:

"√" 与应收账款总分类账核对相符

"★" 与应收账款明细账核对相符

"C" 回函相符

"CX" 回函不符

三、总体结论:回函不符金额 28000 元低于可容忍错报,应收账款得以公允反映要求：假定选择函证的应收账款样本是恰当的，应收账款的可容忍错报是 30 000 元，请回答 L 注册会计师编制的上述工作底稿中存在哪些缺陷？

分析：

(1) 工作底稿没有编制人、复核人的签名和编制日期。

(2) 在"一、函证"部分，"消极式函证金额"对应的百分比计算错误，应为 1%；"寄发询证函小计"金额相对应的百分比计算错误，应为 14%。

(3) "选定函证但客户不同意函证的应收账款"没有列示金额和百分比；"选择函证的合计"也没有列示金额和百分比。

(4) 没有统计和列示通过积极式函证而未回函的 16 封询证函。

(5) 没有从样本错报结果推断总体错报，因此，形成应收账款得到公允反映的结论是不适当的。

五、审计工作底稿的归档

审计工作底稿的归档

《会计师事务所质量控制准则第 5101 号——业务质量控制》和《中国注册会计师审计准则第 1131 号——审计工作底稿》对审计工作底稿的归档作出了具体规定，涉及归档工作的性质和期限、审计工作底稿保管期限等方面。

(一) 审计工作底稿归档的性质

在出具审计报告前，注册会计师应完成所有必要的审计程序，取得充分、适当的审计证据并得出适当的审计结论。由此，在审计报告日后将审计工作底稿归整为最终审计档案是一项事务性的工作、不涉及实施新的审计程序或得出新的结论。

如果在归档期间对审计工作底稿作出的变动属于事务性的，注册会计师可以作出变动，主要包括：

(1) 删除或废弃被取代的审计工作底稿。

(2) 对审计工作底稿进行分类、整理和交叉索引。

(3) 对审计档案归整工作的完成核对表签字认可。

(4) 记录在审计报告日前获取的、与审计项目组相关成员进行讨论并取得一致意见的审计证据。

审计工作底稿通常不包括已被取代的审计工作底稿的草稿或财务报表的草稿、对不全面或初步思考的记录、存在印刷错误或其他错误而作废的文本，以及重复的文件记录等。由于这些草稿、错误的文本或重复的文件记录不直接构成审计结论和审计意见的支持性证据，注册会计师通常无须保留这些记录，在审计工作底稿归档时予以清理。

归整审计档案时，按其使用期限的长短和作用大小可将审计档案分为永久性档案和当期档案。

1. 永久性档案

永久性档案是指那些记录内容相对稳定，具有长期使用价值，并对以后审计工作具有重要影响和直接作用的审计档案。永久性档案主要由综合类和备查类底稿组成。比如：被审计单位的组织结构、批准证书、营业执照、章程、重要资产的所有权或使用权的证明文件复印件等。若永久性档案中的某些内容已发生变化，注册会计师应当及时予以更新。为保持资料的完整性以便满足日后查阅历史资料的需要，永久性档案中被替换下的资料一般也需保留，例如被审计单位因增加注册资本而变更了营业执照等法律文件，被替换的旧营业执照等文件。可以汇总在一起，与其他有效的资料分开，作为单独部分归整在永久性档案中。永久性档案，应长期保存。如果事务所中止了对被审计单位的后续审计服务，则保管年限与最近1年当期档案的保管年限相同。

2. 当期档案

当期档案是指那些记录内容经常变化，主要供当期和下期审计使用的审计档案。当期档案一般由业务类工作底稿组成。例如，总体审计策略和具体审计计划、符合性测试和实质性测试所形成的工作底稿。

（二）审计工作底稿归档的期限

注册会计师应当按照会计师事务所质量控制政策和程序的规定，及时将审计工作底稿归整为最终审计档案。审计工作底稿的归档期限为审计报告日后60天内。如果注册会计师未能完成审计业务，审计工作底稿的归档期限为审计业务中止后的60天内。

如果针对客户的同一财务信息执行不同的委托业务，出具两个或多个不同的报告，会计师事务所应当将其视为不同的业务，根据会计师事务所内部制定的政策和程序，在规定的归档期限内分别将审计工作底稿归整为最终审计档案。

（三）审计工作底稿归档后的变动

1. 需要变动审计工作底稿的情形

一般情况下，在审计报告归档之后不需要对审计工作底稿进行修改或增加。注册会计师发现有必要修改现有审计工作底稿或增加新的审计工作底稿的情形主要有以下两种：

（1）注册会计师已实施了必要的审计程序，取得了充分、适当的审计证据并得出了恰当的审计结论，但审计工作底稿的记录不够充分。

（2）审计报告日后，发现例外情况要求注册会计师实施新的或追加审计程序，或导致注册会计师得出新的结论。例外情况主要是指审计报告日后发现与已审计财务信息相关，且在审计报告日已经存在的事实，该事实如果被注册会计师在审计报告日前获知，可能影响审计报告。例如，注册会计师在审计报告日后才获知法院在审计报告日前已对被审计单位的诉讼、索赔事项作出最终判决结果。例外情况可能在审计报告日后发现，也可能在财务报表报出日后发现，注册会计师应当按照《中国注册会计师审计准则第1332号——期后事项》第四章“财务报表报出后发现的事实”的相关规定，对例外事项实施新的或追加的审计程序。

2. 变动审计工作底稿时的记录要求

在完成最终审计档案的归整工作后，如果发现有必要修改现有审计工作底稿或增加新的审计工作底稿，无论修改或增加的性质如何，注册会计师均应当记录下列事项：

（1）修改或增加审计工作底稿的时间和人员，以及复核的时间和人员。

（2）修改或增加审计工作底稿的具体理由。

（3）修改或增加审计工作底稿对审计结论产生的影响。

需要注意的是：

(1) 修改现有审计工作底稿，主要是指在保持原审计工作底稿中所记录的信息，即对原记录信息不予删除(包括涂改、覆盖等方式)的前提下，采用增加新信息的方式予以修改。

(2) 不得在规定的保存期届满前删除或废弃审计工作底稿。

(3) 报告日后发现的例外事项。

(四) 审计工作底稿的保存期限

会计师事务所应当自审计报告日起，对审计工作底稿至少保存10年。如果注册会计师未能完成审计业务，会计师事务所应当自审计业务中止日起，对审计工作底稿至少保存10年。值得注意的是，对于连续审计的情况，当期归整的永久性档案虽然包括以前年度获取的资料(有可能是10年以前)，但由于其作为本期档案的一部分，并作为支持审计结论的基础。因此，注册会计师对于这些对当期有效的档案，应视为当期取得并保存10年。如果这些资料在某个审计期间被替换，被替换资料可以从被替换的年度起至少保存10年。

在完成最终审计档案的归整工作后，注册会计师不得在规定的保存期限届满前删除或废弃审计工作底稿。

(五) 审计档案的保密与调阅

审计档案的所有权属于承接某项业务的会计师事务所。但会计师事务所除下列情况外，不得对外泄露档案中涉及的商业秘密及有关内容：① 法院、检察院及其他部门在办理了有关手续后，可依法查阅；② 注册会计师协会对执业情况进行检查时，可查阅；③ 不同会计师事务所的注册会计师，经委托人同意，办理手续后，可要求查阅。

(1) 被审计单位更换会计师事务所，后任注册会计师可以调阅前任注册会计师的审计档案。

(2) 合并会计报表审计的需要，母公司所聘的注册会计师可以调阅子公司所聘注册会计师的审计档案。

(3) 联合审计。

(4) 会计师事务所认为合理的其他情况。

因查阅者误用而造成的后果，与拥有底稿的会计师事务所无关。

本项目小结

本项目主要阐述了审计证据的含义、特征、分类、搜集审计证据的审计程序以及审计工作底稿的概念、分类、要素及格式、审计工作底稿的归档等。

审计证据是指注册会计师为得出审计结论、形成审计意见而使用的所有信息，包括财务报表依据的会计记录中含有的信息和其他信息。为从不同角度认识审计证据，将审计证据按不同的标准进行分类。不同类型的审计证据，其可靠性、获取的方法也不尽相同，因此在学习中要掌握其要点、学会应用。

审计工作底稿是指注册会计师对制定的审计计划、实施的审计程序、获取的相关审计证据，以及得出的审计结论所作的记录。审计工作底稿是审计证据的载体，是注册会计师在审计过程中形成的审计工作记录和获取的资料。它形成于审计过程，反映了整个审计过程。

按照审计工作底稿的性质和作用不同，可将上述工作底稿分为综合类、业务类、备查类三类。审计工作底稿的编制必须符合规范要求。对审计工作底稿的归档要符合《会计师事务所质量控制准则第5101号——业务质量控制》和《中国注册会计师审计准则第1131号——审计工作底稿》的规定。

项目五课后习题

审计证据是审计工作底稿的内容，审计工作底稿是审计证据的载体。两者的关系犹如货物和船的关系，两者的恰当结合，才能为圆满完成审计旅程奠定必要的基础，从而实现审计目标。

项目六　内部控制及其测试

知识目标

了解内部控制的含义、目标和构成要素，掌握了解和记录内部控制的方法，掌握内部控制测试的方法，熟悉内部控制评价的结果对实质性测试的影响。

能力目标

培养过程思维，通过学习内部控制及测试，掌握内部控制与财务报表审计的关系，培养比较分析和辩证思考的能力。

思政目标

建立健全企业内部控制体系是中央企业管理提升的重要基础，通过了解审计在国家治理体系和治理能力提升中的作用，培养参与内部控制工作的自豪感和使命感。

任务一　认知内部控制

一、内部控制概述

内部控制概述

(一) 内部控制的概念

1992 年 9 月，全美反虚假财务报告委员会下属的发起人委员会(COSO)发布了指导内部控制实践的纲领性文件《内部控制——整体框架》(简称 COSO 报告)。这份报告堪称内部控制发展史上的又一里程碑。COSO 报告指出：内部控制是由企业董事会、经理阶层及其他员工实施的，为确保财务报告的可靠性、提高经营效率和效果、促进相关法律法规的遵循等目标的实现而提供合理保证的过程。

我国《企业内部控制基本规范》提出，内部控制是由企业董事会、监事会、经理层和全体员工共同实施的、旨在实现控制目标的过程。内部控制的目标是合理保证企业经营管理合法合规、资产安全、财务报告及相关信息真实完整、提高经营效率和效果、促进企业实现发展战略。

治理层是指对被审计单位战略方向以及管理层履行经营管理责任负有监督责任的人员或组织。治理层的责任包括对财务报告过程的监督。

管理层是指对被审计单位经营活动的执行负有管理责任的人员或组织。管理层负责编制财务报表,并受到治理层的监督。

(二) 内部控制的目标

COSO报告指出被审计单位管理当局建立健全内部控制主要是为了实现以下管理目标:① 保证财务报告的可靠性;② 提高经营效率和效果;③ 促进相关法律法规的遵循。

我国《企业内部控制基本规范》指出,内部控制目标包括:

(1) 促进遵循国家法律法规。守法和诚信是企业健康发展的基石,逾越法律的短期发展终将付出沉重代价。内部控制要求企业必须将发展置于国家法律法规允许的基本框架之下,在守法的基础上实现自身的发展。

(2) 促进维护资产安全。资产安全是投资者、债权人和其他利益相关者普遍关注的重大问题,是企业可持续发展的物质基础。良好的内部控制,应当为资产安全提供扎实的制度保障。

(3) 促进提高信息报告质量。可靠及时的信息报告能够为企业提供准确而完整的信息、支持企业经营管理决策和对营运活动及业绩的监控;同时,保证对外披露的信息报告的真实、完整,有利于提升企业的诚信度和公信力,维护企业良好的声誉和形象。

(4) 促进提高经营效率和效果。它要求企业结合自身所处的特定的内外部环境,通过建立健全有效的内部控制,不断提高经营活动的盈利能力和管理效率。

(5) 促进实现发展战略。这是内部控制的终极目标,它要求企业将近期利益与长远利益结合起来,在企业经营管理中努力作出符合战略要求、有利于提升可持续发展能力和创造长久价值的策略选择。

(三) 内部控制要素

内部控制包括控制环境、风险评估过程、信息系统与沟通、控制活动、对控制的监督五项要素。对内部控制要素的分类提供了了解内部控制的框架,但无论对内部控制要素如何进行分类,注册会计师都应当重点考虑被审计单位某项控制,是否能够以及如何防止或发现并纠正各类交易、账户余额、列报存在的重大错报。

1. 控制环境

控制环境包括治理职能和管理职能,以及治理层和管理层对内部控制及其重要性的态度、认识和措施。控制环境设定了被审计单位的内部控制基调,影响员工对内部控制的认识和态度。良好的控制环境是实施有效内部控制的基础。防止或发现并纠正舞弊和错误是被审计单位治理层和管理层的责任。在评价控制环境的设计和实施情况时,注册会计师应当考虑构成控制环境的下列要素,以及这些要素如何被纳入被审计单位业务流程。

(1) 对诚信和道德价值观念的沟通与落实。内部控制的有效性直接依赖于负责创建、管理和监控内部控制的人员的诚信和道德价值观念。被审计单位是否存在道德行为规范,以及这些规范如何在被审计单位内部得到沟通和落实,决定了是否能产生诚信和道德的行为。对诚信和道德价值观念的沟通与落实既包括管理层如何处理不诚实、非法或不道德行为,也包括在被审计单位内部,通过行为规范以及高层管理人员的身体力行,对诚信和道德价值观念的营造和保持。

例如,管理层在行为规范中指出,员工不允许从供货商那里获得超过一定金额的礼品,超过部分都须报告和退回。尽管该行为规范本身并不能绝对保证员工都照此执行,但至少意味着管理层已对此进行明示,它连同其他程序,可能构成一个有效的预防机制。

(2) 对胜任能力的重视。胜任能力是指具备完成某一职位的工作所应有的知识和能力。管理层对胜任能力的重视包括对于特定工作所需的胜任能力水平的设定,以及对达到该水平所必需的知识和能力的要求。注册会计师应当考虑主要管理人员和其他相关人员是否能够胜任承担的工作和职责,例如,财会人员是否对编报财务报表所适用的会计准则和相关会计制度有足够的了解并能正确运用。

(3) 治理层的参与程度。被审计单位的控制环境在很大程度上受治理层的影响。治理层的职责应在被审计单位的章程和政策中予以规定。治理层(董事会)通常通过其自身的活动,并在审计委员会或类似机构的支持下,监督被审计单位的财务报告政策和程序。治理层应独立性于管理层,治理层参与并监督管理层的经营管理活动可以降低管理层舞弊。

(4) 管理层的理念和经营风格。在有效的控制环境中,管理层的理念和经营风格可以创造一个积极的氛围,促进业务流程和内部控制的有效运行,同时创造一个减少错报发生可能性的环境。管理层对内部控制的重视,将有助于控制的有效执行,并减少特定控制被忽视或规避的可能性。衡量管理层对内部控制重视程度的重要标准,是管理层收到有关内部控制弱点及违规事件的报告时是否作出适当反应。管理层及时下达纠弊措施,表明他们对内部控制的重视,也有利于加强企业内部的控制意识。管理层的经营风格可以表明管理层所能接受的业务风险的性质。例如,管理层是否经常投资于风险特别高的领域或者在接受风险方面极为保守,不敢越雷池一步。

(5) 组织结构及职权与责任的分配。被审计单位的组织结构为计划、运作、控制及监督经营活动提供了一个整体框架。通过集权或分权决策,可在不同部门间进行适当的职责划分、建立适当层次的报告体系。组织结构将影响权利、责任和工作任务在组织成员中的分配。被审计单位的组织结构将在一定程度上取决于被审计单位的规模和经营活动的性质。注册会计师对组织结构的审查,有助于其确定被审计单位的职责划分应该达到何种程度。注册会计师应当考虑信息系统职能部门的结构安排是否明确了责任分配,授权和批准系统变化的职责分配,以及是否明确程序开发、运行及使用者之间的职责划分。

(6) 人力资源政策与实务。政策与程序(包括内部控制)的有效性,通常取决于执行人。因此,被审计单位员工的能力与诚信是控制环境中不可缺少的因素。人力资源政策与实务涉及招聘、培训、考核、晋升和薪酬等方面。被审计单位是否有能力招聘并保留一定数量既有能力又有责任心的员工在很大程度上取决于其人事政策与实务。例如,如果招聘录用标准要求录用最合适的员工,包括强调员工的学历、经验、诚信和道德,这表明被审计单位希望录用有能力并值得信赖的人员。被审计单位有关培训方面的政策应显示员工应达到的工作表现和业绩水准。通过定期考核的晋升政策表明被审计单位希望具备相应资格的人员承担更多的职责。

控制环境对重大错报风险的评估具有广泛影响，注册会计师应当考虑控制环境的总体优势是否为内部控制的其他要素提供了适当的基础，并且未被控制环境中存在的缺陷所削弱。

控制环境本身并不能防止或发现并纠正各类交易、账户余额、列报认定层次的重大错报，注册会计师在评估重大错报风险时，应当将控制环境连同其他内部控制要素产生的影响一并考虑。例如，将控制环境与对控制的监督和具体控制活动一并考虑。

在确定构成控制环境的要素是否得到执行时，注册会计师应当考虑将询问与其他风险评估程序相结合以获取审计证据。通过询问管理层和员工，注册会计师可能了解管理层如何就业务规程和道德价值观念与员工进行沟通。通过观察和检查，注册会计师可能了解管理层是否建立了正式的行为守则，在日常工作中行为守则是否得到遵守，以及管理层如何处理违反行为守则的情形。

2. 风险评估过程

被审计单位的风险评估过程包括识别与财务报告相关的经营风险，以及针对这些风险所采取的措施。注册会计师应当了解被审计单位的风险评估过程和结果。

在评价被审计单位风险评估过程的设计和执行时，注册会计师应当确定管理层如何识别与财务报告相关的经营风险，如何估计该风险的重要性，如何评估风险发生的可能性，以及如何采取措施管理这些风险。如果被审计单位的风险评估过程符合其具体情况，了解被审计单位的风险评估过程和结果有助于注册会计师识别财务报表重大错报的风险。

注册会计师应当询问管理层识别出的经营风险，并考虑这些风险是否可能导致重大错报。在审计过程中，如果发现与财务报表有关的风险因素，注册会计师可通过向管理层询问和检查有关文件确定被审计单位的风险评估过程是否也发现了该风险。在审计过程中，如果识别出管理层未能识别的重大错报风险，注册会计师应当考虑被审计单位的风险评估过程为何没有识别出这些风险，以及评估过程是否适合于具体环境。例如，在销售循环中，如果发现了销售的截止性错报的风险，注册会计师应当考虑管理层是否也识别了该错报风险，以及管理层如何应对该风险。

3. 信息系统与沟通

与财务报告相关的信息系统，包括用以生成、记录、处理和报告交易、事项和情况，对相关资产、负债和所有者权益履行经营管理责任的程序和记录。

注册会计师应当从下列方面了解与财务报告相关的信息系统：

(1) 在被审计单位经营过程中，对财务报表具有重大影响的各类交易。

(2) 在信息技术和人工系统中，对交易生成、记录、处理和报告的程序。

(3) 与交易生成、记录、处理和报告有关的会计记录、支持性信息和财务报表中的特定项目。

(4) 信息系统如何获取除各类交易之外的对财务报表具有重大影响的事项和情况。

(5) 被审计单位编制财务报告的过程，包括作出的重大会计估计和披露。

4. 控制活动

控制活动是指有助于确保管理层的指令得以执行的政策和程序，包括与授权、业绩评价、信息处理、实物控制和职责分离等相关的活动。

注册会计师应当了解与授权有关的控制活动，包括一般授权和特别授权。一般授权是指管理层制定的要求组织内部遵守的普遍适用于某类交易或活动的政策;特别授权是指管理层针对特定类别的交易或活动逐一设置的授权。

【案例 6.1】

某公司于2019年3月开工建设生产车间,2020年4月完工。公司董事会考虑到项目金额较大,决定授权公司总经理李某全权负责组织工程的可行性研究,并由其对项目作出决策。之后,公司董事会又授权副总经理王某负责审核工程概预算编制,并对工程各项价款的支付进行审批。王某通过私定施工单位捞取了巨额回扣,并利用工程价款支付"一支笔"审批权从中侵占公司巨额财产。分析该公司在工程项目建设过程中存在哪些内部控制缺陷。

提示:(1) 由于项目金额较大,不应该授权李某一个人作出如此重大的决策,而应该董事会共同决策。

(2) 王某既审核工程概预算,又审批工程价款的支付,不符合内部控制相互牵制的原则,这两个工作应相互分离。

(3) 对王某收取巨额回扣的行为缺少相应的监督制度。

【案例 6.2】

经办人员对于授权人员超越授权权限审批的业务,首先应该按规定办理,办完之后向授权人员的上级主管汇报。请问其中是否存在问题?

提示:这个错了,应该拒绝办理。

(1) 与业绩评价有关的控制活动。主要包括被审计单位分析评价实际业绩与预算(或预测、前期业绩)的差异,综合分析财务数据与经营数据的内在关系,将内部数据与外部信息来源相比较,评价职能部门、分支机构或项目活动的业绩,以及对发现的异常差异或关系采取必要的调查与纠正措施。

(2) 与信息处理有关的控制活动。包括信息技术一般控制和应用控制。信息技术一般控制是指与多个应用系统有关的政策和程序,有助于保证信息系统持续恰当地运行(包括信息的完整性和数据的安全性),支持应用控制作用的有效发挥,通常包括数据中心和网络运行控制,系统软件的购置、修改及维护控制,接触或访问权限控制,应用系统的购置、开发及维护控制。信息技术应用控制是指主要在业务流程层次运行的人工或自动化程序,与用于生成、记录、处理、报告交易或其他财务数据的程序相关,通常包括检查数据计算准确性,审核账户和试算平衡表,设置对输入数据和数字序号的自动检查,以及对例外报告进行人工干预。

(3) 实物控制。主要包括了解对资产和记录采取适当的安全保护措施,对访问计算机程序和数据文件设置授权,以及定期盘点并将盘点记录与会计记录相核对。实物控制的效果影响资产的安全,从而对财务报表的可靠性及审计产生影响。

(4) 职责分离。主要包括了解被审计单位如何将交易授权、交易记录以及资产保管等职责分配给不同员工,以防范同一员工在履行多项职责时可能发生的舞弊或错误。

【案例 6.3】

某国有制药厂为了促进销售、扩展市场，在药品销售方面制定如下制度：销售人员自己联系销售渠道，自找购药客户，谁销售药品谁负责收款，工资与销售金额挂钩。这项制度的实施，调动了销售人员的积极性，促进了销售额的增长。请问该公司内部控制设计上有没有问题？

提示：有问题。该厂的促销制度在设计上存在一定的缺陷，销售和收款集中于销售人员一人办理，违背了内部控制制度中不相容职务分离的原则，增大了发生重大错弊的可能性。

【案例 6.4】

某公司应付账款的部门负责人按照到期的时间要求、根据合同的约定到期签发付款审批手续，由出纳员小丁支付款项，并在月末编制银行存款余额调节表。请问该公司内部控制设计上有没有问题？

提示：有问题。根据财政部的内部会计控制规范出纳不能编制银行存款余额调节表。

在了解控制活动时，注册会计师应当重点考虑一项控制活动单独或连同其他控制活动，是否能够以及如何防止或发现并纠正各类交易、账户余额、列报存在的重大错报。如果多项控制活动能够实现同一目标，注册会计师不必了解与该目标相关的每项控制活动。

5. 对控制的监督

对控制的监督是指被审计单位评价内部控制在一段时间内运行有效性的过程，该过程包括及时评价控制的设计和运行，以及根据情况的变化采取必要的纠正措施。持续的监督活动通常贯穿于被审计单位的日常经营活动与常规管理工作中。

【案例 6.5】

企业A为一大型饮食企业，因人员流动性强，公司每周核发上周的员工工资。员工工资按计时工资制，并通过工时卡登记工作时间。计时员小王每周末将员工的工时卡和工资卡收集起来，送交财务中心计算机录入员小刘。因采用了先进的计算机处理系统，小刘录入的数据无法更改，小刘录入完成后，由财务中心会计员老张依据所输入数据核算应付工资，填制工资支票，同时由会计员小李按照同一标准编制人工成本分配表和登记工资日记账。财务主管老周核对工资支票与工资日记账并确定无误后，签发工资支票和人工费用分配表，并直接交由小刘输入计算机一级到银行提取现金办理员工工资结算手续，办理完毕后，将支票存根和人工成本分配表返还老周，同时将员工的工时卡和工资卡一并返还计时员小王，最后由小王将工资分发给每位员工。

案情分析：财务部门的录入人员小刘身兼录入、银行结算（出纳）、工资发放三职，严重违反了不相容职务分离的原则。

理论上讲，小刘不仅与员工之间通过小王"单线联系"，而且与财务部门之间也"单线联系"，这就使得小刘具备了"欺上瞒下"而不被察觉的客观条件。

具体来说，如小刘在工时录入时，虚增工时，必然导致老张及小李所核算的应付工资、填制的工资支票、编制人工成本分配表及登记工资日记账出现等额的高估错误，即便是财务主管老周的核对，也无法察觉小刘虚增工时的问题（因老周核对支票与工资日记账，未触及工时卡）。同样的，由于无人监督及核对，小刘可以在办理银行结算手续时，将与虚增工时相应的工资截留贪污，而这并不影响员工工时与其工资卡的一致性。而这一舞弊也不能通过财务部门与银行的对账加以揭示。

建议：银行存款的结算业务由小刘、小王以外的其他人员承担，最好由小李承担，而由老张根据应付每个职员的工资，以工资单的形式通知员工以便核对，由小王返还员工工时卡，员工工资由员工个人直接到银行支取。

二、内部控制的局限性

内部控制从来就不是完全有效的，只能提供合理保证。注册会计师在确定内部控制的可信赖程度时，应当保持足够的职业谨慎，充分关注内部控制的固有局限性。

(1) 内部控制是否有效，受制于执行人员的专业胜任能力和可信赖度。即使是设计完善的内部控制，也可能由于执行人员判断失误、对指令误解、粗心大意或者精力分散而失效。例如，良好的存货盘点程序要求两位员工独立盘点，但是在执行时，若两个人都不明白盘点指令的含义，或者在工作时心不在焉，盘点结果与事实不符是很可能的。

(2) 内部控制的成本不能超过预计的收益。管理当局在设计内部控制时，需要权衡强化内部控制的利弊得失，顾及内部控制的执行成本，因为增加控制环节不仅会增加企业内部的不信任感，造成不和谐的气氛，还会降低办事效率。

(3) 内部控制一般仅仅针对常规业务活动而设计，对于特殊的、非常规的业务活动可能不适用。

(4) 内部控制可能因为有关人员相互勾结、内外串通而失效。例如，在存货盘点时，员工可能为了掩盖存货被窃而虚增数量。

(5) 内部控制可能因执行人员滥用职权或屈从于外界压力而失效。例如，管理当局为了虚增会计收益，可能强迫盘点人员根据其意愿篡改盘点记录。又如，政企不分、行政干预可能导致股份有限公司的董事会、监事会形同虚设，丧失对企业管理当局的监控职能。

(6) 内部控制可能因经营环境、业务性质的改变而削弱。内部控制是针对特定的经营环境、业务性质而设计的，内部控制的改变通常滞后于经营环境和业务性质的变迁。当经营环境和业务性质发生重大变化后，旧的内部控制可能不再适用，从而被削弱或失效。企业应适时对内部控制作出相应的调整。

由于上述固有局限性的存在，无论内部控制设计多么优良，控制风险总是存在的，永远不会等于0。注册会计师对各个重要的会计账户进行审计，除了审查相应的内部控制外，还应取得额外的审计证据，即实施实质性测试。

老“巨人”的衰弱——内部控制的紊乱

巨人集团曾经是我国民营企业的佼佼者，一度在市场上叱咤风云，该企业以闪电般的速度崛起后，又以流星般的速度迅速在市场上沉落了。1989 年史玉柱用先打广告后付款的方式，将其研制的 M-6401 桌面排版印刷系统软件推向市场，赚进了经商生涯中的第一桶金，奠定了巨人集团创业的基石。1991年4月，珠海巨人新技术公司成立；1993年7月，巨人集团下属全资子公司38个，成为中国第二大民营高科技企业；1994年年初，号称中国第一高楼的巨人大厦一期工程动土，同年史玉柱当选为“中国改革风云人物”；但1997年年初，巨人大厦在只完成了相当于三层楼高的首层大堂后停工，各方债主纷纷上门，老“巨人”的资金链断裂，负债2.5亿的史玉柱黯然离开，巨人集团破产。

（一）内部环境

巨人集团有董事会，但形同虚设。史玉柱手下的几位副总都没有股份，在集团讨论重决策时，他们很少坚持自己的意见，也无权干预史玉柱的错误决策。因此，在巨人集团的高层没有一种权力制约，巨人集团实行的是“一个人说了算的机制”。另一方面，权力都集中在史玉柱一人手中，因此，监事会实质上也无法起到任何监督和制衡的作用。

（二）风险评估

由于缺乏必要的财务危机意识和预警机制，老“巨人”的债务结构始终处在一种不合理的状态。在巨人营销最辉煌的时期，每月市场回款可达3000万～5000万元。以如此高额的营业额和流动额，完全可以陆续申请流动资金贷款，并逐渐转化为在建项目的分段抵押贷款。但史玉柱一向以零负债为荣，以不求银行为傲，一味指望用保健品的利润积累来盖大厦，这成了巨人突发财务危机的致命伤。到1996年下半年，资金紧张时，由于缺乏与银行的信贷联系，加上正赶上国家宏观调控政策的影响，巨人陷入了全面的金融危机。

（三）控制活动

巨人集团采用是控股型组织结构形式，在使各厂属单位（子公司）保持较大独立性的同时，却又缺乏相应的财务控制制度，从而使公司违规、违纪、挪用贪污事件层出不穷，在一定程度上加速巨人集团陷入财务困境的步伐。巨人集团没有充分估计自己的资金实力，在设计建造巨人大厦过程中不断加成，不断增加资金预算，使巨人集团的资金严重不足。

（四）信息与沟通

在巨人的保健品中，有一种儿童开胃的“巨人吃饭香”，与当时畅销的“娃哈哈儿童营养液”类似。在一份广为散发的宣传册子中，巨人称“据说娃哈哈有激素，造成儿童早熟，产生许多现代儿童病。”娃哈哈就此向杭州市中级人民法院起诉。1996年10月，巨人答应庭外调解，向娃哈哈赔偿经济损失200万元。1997年1月，在娃哈哈的一再坚持下，巨人不得不在杭州召开联合新闻发布会，公开向娃哈哈道歉。正是史玉柱缺乏沟通的个性和危机处理能力，在关键时刻最终葬送了巨人。在这一事件中，巨人始终没有跟媒体、社会进行过认真、知心的对话，仅仅委派律师与债权人和记者周旋。于是种种流言迅速在媒体上被放大曝光，巨人在公众和媒体心目中的形象轰然倒塌。

（五）监督

巨人集团的每一次重大决策，都是史玉柱苦思冥想出来的。尽管点子多、思路好，但个人的主观性不可避免地造成史玉柱决策失误多、执行难度大、风险大。巨人集团曾试图通过不断重造组织结构、构建内部控制，来改变史玉柱一人决策的局面；但是，当现实无法符合设想时，史玉柱又被动地改变设想，最终也没能成功地构建健全的内部控制，从而使得其自身的内部控制监督也没得到有效的设计和实施。

资料来源：https://wenku.baidu.com/view/acfc6ccc4593daef5ef7ba0d4a7302768e996fc4.html

【课程思政】 审计人员就像保健医生，更像啄木鸟，通过审计和管理咨询服务，定期给企业体检，用专业的方法去检查财务和内控管理中的风险隐患，洞悉市场，把握规律，为企业的发展提供合理化的意见和建议，促进国民经济良性健康地运行。

任务二　测试和评价内部控制

对被审计单位内部控制设计与执行情况的了解与测试，目的有二：一是确定被审计单位内部控制设计的合理性以及执行的有效性，进而帮助被审计单位健全和完善内部控制；二是在评估被审计单位重大错报风险的基础上，确定进一步审计程序的性质、时间安排和范围，以合理分配审计资源，提高审计效率。对内部控制的了解与测试一般分为三个阶段：对内部控制的了解与描述、评价内部控制设计的合理性以及是否得到执行、测试内部控制执行的有效性并评价控制风险。内部控制测试包括设计测试和执行测试，前者在于测试内部控制设计的合理性，后者在于测试内部控制执行的有效性。

一、对内部控制的了解与描述

内部控制的了解、测试和评价

注册会计师应当在对被审计单位相关内部控制制度进行调查、了解和评价的基础上，确定审计程序和方法。

（一）对内部控制的了解

注册会计师了解被审计单位内部控制的途径主要有以下几个方面：

1. 查阅相关内部控制文件，了解内部控制

在调查和了解内部控制制度时，首先调阅被审计单位有关管理制度的文件、工作手册、工作总结、经验介绍等资料，查明有关管理和控制的要求；其次根据制度、文件的要求，查证是否采取了相应的控制措施；最后根据内部控制文件和有关的操作规程，详细了解被审计单位的内部控制是否符合其实际情况。在审阅被审计单位内部控制文件时，必须明确这些制度文件是否符合国家统一政策和法规的要求。

2. 利用以往的审计经验，了解内部控制

注册会计师在了解内部控制时，应当合理利用以往的审计经验，进行专业判断。需注意的是，内部控制所依存的环境在不断发展和变化，过去有效的内部控制现在可能不再适用。

所以,对于内部控制的了解,除利用以往的审计经验外,通常还可以实施其他的审计程序。

3. 通过观察和询问,了解内部控制

通过实地观察被审计单位的业务活动和内部控制的运行情况,使注册会计师对被审计单位的业务活动有一个感性认识,帮助注册会计师对不寻常的经营活动有所"警觉",初步判断内部控制运行是否有效。例如,企业是否有闲置的设备,机械设备是否缺乏保养,所有文档资料是否归档和加锁保存,工作人员对待工作的态度等。

通过询问被审计单位的管理层和员工,注册会计师能获得新的情况或企业经营的变化情况,了解其对内部控制的看法,并与内部控制文件相核对,以检查有关人员对内部控制制度的理解是否准确。

4. 通过穿行测试,了解内部控制

所谓穿行测试是指注册会计师在每一类交易循环中选择一笔或若干笔业务进行追踪审核,以验证内部控制的实际运行是否与文件上所述的内部控制相一致。通过穿行测试,一方面注册会计师可以观察到各环节的控制是否达到规定标准的要求,并可以发现那些低效或控制较弱的环节;另一方面还可以检查注册会计师对内部控制的理解程度和记载所获信息的准确性。在一般情况下,穿行测试只需选择若干重要环节进行验证即可。但对于特别重要的业务系统,则必须进行全面的检查验证,以免造成不必要的失误。

需指出的是,上述方法不是彼此孤立的,而是相辅相成的,因此在了解内部控制的过程中要注意综合运用。并且,在了解内部控制的过程中要注意将调查方法贯穿于对内部控制五大要素的了解。

(二)对内部控制的描述

注册会计师在了解内部控制的情况后,应当用适当的方法对内部控制加以描述,以供修改审计计划和程序之用,或供日后查考之用。用于内部控制描述的方法主要有文字表述法、问卷调查法和流程图法。

1. 文字表述法

文字表述法是指注册会计师将所了解到的被审计单位业务的授权、批准、执行、记录、保管等程序及其实际执行情况用叙述性文字记录下来,以形成对内部控制的描述的一种方法。文字表述法一般按业务循环进行,逐项描述各个业务循环所完成的工作及其派生的各种文件记录。

文字表述法的优点是简便易行,比较灵活,可对被审计单位内部控制的各个环节作出比较深入和具体的描述,不受任何限制。但其也有缺点,即对内部控制的描述,有时很难用简明易懂的语言来详细说明各个细节,从而可能使文字叙述显得比较冗长,也有可能遗漏内部控制设计中的重要环节,而且缺乏形象感和层次感,不便于资料整理和对比分析。

它通常用于记录控制环境、一般控制和实物控制等方面的情况,几乎适用于任何类型、任何规模的单位,特别适用于内部控制不很健全或业务简单的中小企业。

下面举例说明某批发企业购进业务内部控制,如表 6.1 所示。

表 6.1　A 企业购进商品业务的内部控制

该企业商品购进业务的内部控制制度是： ① 由业务部根据销售情况和企业库存情况，提出采购计划，经业务经理批准后通知财务科筹集资金，由业务部门组织采购。 ② 采购商品时，由业务部门派人与供货单位签订购销合同，确定进货的品种、规格、质量、数量、单价、商品交接方式、交接时间、货款结算方式等。 ③ 商品到达时，业务部门开收货单，记业务商品账。由仓库保管员按规定验收商品，填制实收量，登记库存商品保管账。财会部门根据结算凭证和收货单办理付款手续，并根据收货单和购货发票等编制记账凭证，分别登记商品总账和明细账，并定期和不定期与业务商品账、仓库保管商品账进行核对，使账账相符

2. 调查表法

调查表就是将那些与保证会计记录的正确性和可靠性以及与保证资产的完整性有密切关系的事项列为调查对象，由审计人员自行设计成标准化的调查表，交由企业有关人员填写或由审计人员根据调查的结果自行填写。调查表大多采用问答式，一般要按抽查对象分别设计，不宜在一张表上反映整个内部控制制度。调查表的优点在于能对所调查的对象提供一个简要的说明，有利于审计人员做分析评价；此外，编制调查表省时省力，可在审计项目初期就较快地编制完成。但是，这种方法也有其缺陷，表现在由于对被审计单位的内部控制只能按项目分别考察，因此往往不能提供一个完整的看法；此外，对于不同行业的企业或小规模企业，标准问题的调查表常常显得不太适用。实际运用中将调查表与文字描述和流程图法结合，以便发挥更好的作用。调查表的基本格式如表 6.2 所示。

表 6.2　存货内部控制调查表

被审计单位名称：________　　　　索引号________页次________

编制人________日期________

报表截止日/期间：________　　　　编制人________日期________

问题	回答			取得方式	备注
	是	否	不适用		
一、仓储部门收到材料、产成品、商品时，是否对数量进行验收，并同收货报告单或产成品验收单核对？					
二、所有入库的材料、产成品、商品是否都填制入库通知单？					
三、材料、产成品、商品是否进行分类保管？					
四、仓储部门是否只有经授权批准的人才能进入？					
五、材料或者商品是否凭经审核批准的生产通知单、领料单或者发货通知单发货？					
六、仓储部门是否对库内实物进行巡视检查？					
七、保管人员在巡视检查中发现的实物损坏变质、长期不流动情况是否及时填制专门的报告单？					
八、生产中未耗用材料或废料是否返还仓库？					

续表

问题	回答			取得方式	备注
	是	否	不适用		
九、在外加工的材料发出前是否有经审核批准的文件?					
十、存货实物记录与账户记录的职员是否分开?					
十一、存货总账账户与明细账户余额是否定期核对?					
十二、永续盘存制下,仓储部门实物账与会计部门明细账是否定期核对?					
问题与评价:					

3. 流程图法

是用符号和图形来表示被审计单位经济业务和文件凭证在组织机构内部有序流动的文件。流程图能很清晰地反映出被审计单位内部控制的概况,是审计人员评价内部控制的有用工具。一份好的流程图,可使人直观地看到内部控制是如何运行的,从而有助于发现内部控制中的不足之处。与文字表述相比较,流程图最大的优点在于便于表达内部控制的特征,同时便于修改。它的缺点是编制流程图需具备较娴熟的技术和花费较多的时间;另外,对内部控制的某些弱点有时很难在图上明确地表达出来。

审计人员要根据所审计企业的业务经营特点,进行详细的调查,熟悉每一步骤的内容,绘制好后应反复核实,以保证正确。流程图的基本格式如图 6.1 所示。

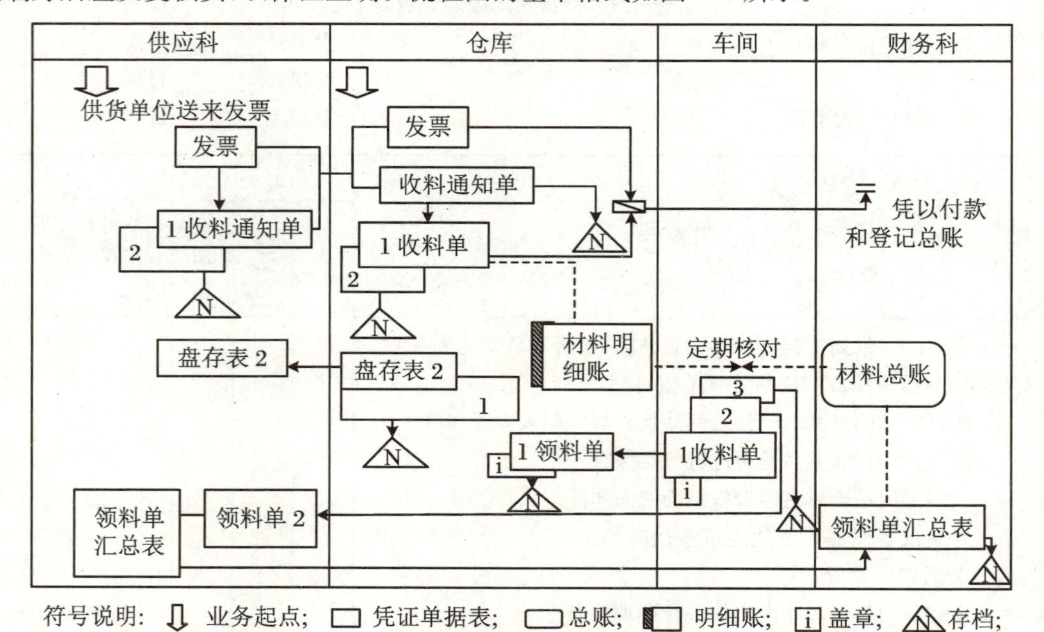

图 6.1 ×企业材料收发业务流程图

二、对内部控制执行测试

控制执行测试是为了获取内部控制是否得到有效执行，能否有效防止或发现并纠正认定层次重大错报的审计证据而实施的测试。

1. 控制测试的目标

在测试控制执行的有效性时，注册会计师应当从下列方面获取内部控制是否有效执行的相关审计证据：① 控制在所审计期间的不同时点是如何运行的；② 控制是否得到一贯执行；③ 控制由谁执行；④ 控制以何种方式运行（如人工控制或自动化控制）。

从这四个方面来看，控制执行有效性需强调控制能够在各个不同时点按照既定设计被一贯执行。在了解控制是否得到执行时，注册会计师只需抽取少量的交易进行检查或观察某几个时点，但在测试控制执行的有效性时，注册会计师需要抽取足够数量的交易进行检查或对多个不同时点进行观察。

2. 控制测试的要求

并非在任何时候都要对内部控制运行的有效性进行测试。当存在下列情形之一时，注册会计师应当实施控制执行测试：① 在评估认定层次重大错报风险时，预期控制的运行是有效的；② 仅实施实质性程序不足以提供认定层次充分、适当的审计证据。

注册会计师通过实施内部控制了解程序，可能发现某项控制的设计是存在的，也是合理的，同时得到了执行。在这种情况下，出于对成本效益的考虑，注册会计师可以预期，如果相关控制被有效执行，与该项控制有关的重大错报风险就不会很大，也就不需要实施很多的实质性程序。为此，注册会计师就需要实施控制执行测试。实施控制执行测试的前提是注册会计师通过了解后认为某项内部控制存在着被信赖和利用的可能。

有时，对有些重大错报风险仅通过实质性程序无法予以应对，此时，注册会计师必须实施控制执行测试，且这种执行测试是必须获取的一类审计证据。

3. 控制测试的程序

在测试内部控制执行的有效性时，注册会计师通常实施以下程序：

(1) 询问。注册会计师可以通过询问被审计单位的适当员工来获取内部控制运行情况的相关信息。例如，询问信息系统管理人员有无未经授权接触计算机硬件和软件；向负责复核银行存款余额调节表的人员询问如何进行复核，复核的要点是什么，发现不符事项如何处理等。然而，询问本身并不足以测试控制运行的有效性，还应当将询问与其他审计程序结合使用，以获取有关控制执行的有效性的充分、适当的审计证据。

(2) 观察。观察是测试不留下书面记录的控制（如职责分离）之运行情况的有效方法。例如，观察存货盘点控制的执行情况；观察空白支票是否被妥善保管；观察仓库房门是否锁好等。通常，注册会计师通过观察直接获取的证据比间接获取的证据可靠。但是，观察提供的证据仅限于观察发生的时点，本身也不足以测试控制执行的有效性。

(3) 检查。对运行情况留有书面证据的控制，检查非常适用。书面说明、复核时留下的记号，都可以被当作控制执行情况的证据。例如，检查销售发票是否有复核人员签字，检查其是否附有客户订购单和出库单等。

(4) 重新执行。通常只有当询问、观察和检查程序结合在一起仍无法获得充分的证据时，注册会计师才考虑通过重新执行来证实控制是否被有效地执行。重新执行是指注册会计师按照相关内部控制的规定，将相关业务重新执行一遍。如重新将某月的银行对账单与银行存款日记账进行核对，编制银行存款余额调节表，并与被审计单位会计人员编制的银行存款余额调节表进行核对，以验证银行存款相关内部控制执行的有效性。

4. 控制测试的范围

从理论上讲，控制测试的范围越大，所能提供的有关控制政策或程序执行有效性的证据就越充分。例如，询问很多人比询问某一个人能提供更多的证据。再例如，观察所有信用部门人员批准赊销的情况比只观察一名信用部门人员批准赊销的情况可以提供更多的能证明必要控制程序已执行的证据。运用审查文件程序和重新执行程序的情况也是如此。运用观察所得的证据往往有两个局限性：① 在观察时和没有被观察时，有关人员可能执行不同的控制；② 证据只能证实观察当时的情况。对于第二个局限，审计人员可通过在不同的时间进行多次观察来克服。

在审计实务中，审计人员执行控制测试的范围并不是越大越好，而是要求从最经济有效地实现审计目标的总体需要出发，合理地确定测试的范围。控制测试的范围直接受审计人员计划控制风险估计水平的影响。计划控制风险估计水平低时比计划控制风险估计水平为中等时需要更多的符合性测试证据。如审计人员在以前年度审计中已进行了控制测试，那么他在确定本年度审计中需执行的追加测试的范围时，还应考虑所使用的以前年度审计获得的有关控制有效性的证据的恰当性，审计人员在评价这些证据对本年度审计的恰当性时，应考虑以下问题：这些证据所涉及的认定的重要性；以前年度审计中所评价的特定内部控制；所评价的政策和程序被适当设计和有效执行的程度；用作这些评价的控制测试的结果。

审计人员在考虑使用以前年度的证据时，还必须考虑：执行控制测试的时间间隔的长短。一般来说，时间间隔期越长，所能提供的保证就越小。此时，本年度审计测试的范围就要增大，在以前年度审计之后，控制政策和程序的设计或执行有无任何重大的变化。一般来说，这种变化越大，以前审计的证据对本年度审计所能提供的保证就越小。此时，本年度审计测试数目就应增大。

三、内部控制评价

注册会计师完成控制测试后，应对内部控制进行再评价。进而确定将要执行的实质性测试程序的性质、时间和范围。

评价控制风险是评价内部控制在防止或者发现和更正会计报表里的重要错报或漏报的有效程度的过程。

1. 控制风险评价的过程

控制风险可评价为高水平，也可评价为低水平。将控制风险评价为高水平，意味着内部控制不能及时防止或者发现和纠正某项认定中的重要错报或漏报的可能性很大。如果很多认定或者所有认定的控制风险都被评价为高水平，那么审计人员就要研究是否应进一步对被审计单位会计报表进行审计。控制风险为高水平就少依赖或不依赖其内部控制，控制风险为低水平就可多依赖其内部控制。

注册会计师只有在确认以下事项的情况下，才能将控制风险评价为高水平：① 控制政策和程序与认定不相关；② 控制政策和程序无效；③ 取得证据来评价控制政策和程序显得不经济。

注册会计师只有在确认以下事项的情况下，才能将控制风险评价为低水平：① 控制政策和程序认定相关；② 通过控制测试已获得证据证明控制有效。

2. 评价结果对实质性测试的影响

内部控制风险低，意味着可信程度高，可信程度高，实质性测试就可减少。反之，风险高，可信程度低，实质性测试就得多做。

小规模企业的内部控制通常比较薄弱，一般不做、少做控制性测试，多做实质性测试。

本项目小结

本项目主要介绍内部控制及其了解、测试和评价。

内部控制是被审计单位为了合理保证财务报告的可靠性、经营的效率和效果以及对法律法规的遵守，由治理层、管理层和其他人员设计和执行的政策和程序。

内部控制的目标包括：① 促进遵循国家法律法规；② 促进维护资产安全；③ 促进提高信息报告质量；④ 促进提高经营效率和效果；⑤ 促进实现发展战略。

内部控制包括控制环境、风险评估过程、信息系统与沟通、控制活动、对控制的监督五项要素。

内部控制记录的方法通常有三种，即调查表法（问卷）、文字表述法、流程图法。控制测试是为了确定内部控制的设计是否合理和执行是否有效而实施的审计程序。注册会计师完成控制测试后，应对内部控制进行再评价，进而确定将要执行的实质性测试程序的性质、时间和范围。

项目六课后习题

项目七 审计报告

知识目标

掌握审计报告的概念、作用和种类。理解注册会计师审计报告的含义和基本要素;掌握注册会计师审计不同意见类型下审计报告的编写内容与方法。

能力目标

培养根据审计证据出具审计报告的综合分析能力、专业判断能力。

思政目标

秉持专业操守,坚持道德底线,善于沟通,能谋善断,独立客观地评价证据并出具审计报告,形成敬畏法制、注重品行的职业习惯和价值观念。

任务一 认知审计报告

审计报告是审计结果的载体。阅读审计报告,是投资者、债权人、政府监管部门等相关方面了解和利用审计结果的主要途径。为便于使用者更好地理解审计报告,同时也为了规范审计报告,无论是民间审计,还是政府审计、内部审计,均有审计报告准则,为审计报告的格式和内容提供了标准。

审计报告概述

一、审计报告的含义

审计报告是审计人员根据审计准则的要求,在实施了必要的审计程序后出具的,用于对被审计单位财政财务情况作出审计结论、发表审计意见的书面文件。审计报告是审计工作的最终结果。

审计人员应当将已审计的财务报表附于审计报告之后,以便于财务报表使用者正确理解和使用审计报告,并防止被审计单位替换、更改已审计的财务报表。

二、审计报告的作用

（一）鉴证作用

审计人员尤其是注册会计师签发的审计报告，不同于政府审计和内部审计的审计报告，是以超然独立的第三者身份，对被审计单位财务报表的合法性、公允性发表意见。这种意见具有鉴证作用，得到了政府及其各部门和社会各界的普遍认可。

（二）保护作用

审计人员通过审计，可以对被审计单位财务报表出具不同类型审计意见的审计报告，以提高或降低财务报表信息使用者对财务报表的信赖程度，能够在一定程度上对被审计单位的财产、债权人和股东的权益及企业利害关系人的利益起到保护作用。例如，投资者为了减少投资风险，在对企业进行投资前，必须要查阅被投资企业的会计报表和注册会计师的审计报告，以便了解被投资企业的财务状况、经营成果和现金流量。投资者根据注册会计师的审计报告作出投资决策，可以减小其投资风险。

（三）证明作用

审计报告可以对审计工作质量和审计人员的审计责任起证明作用。通过审计报告，可以证明审计人员在审计过程中是否实施了必要的审计程序，是否以审计工作底稿为依据发表审计意见，发表的审计意见是否与被审计单位的实际情况相一致，审计工作的质量是否符合要求。通过审计报告，可以证明注册会计师审计责任的履行情况。

三、审计报告的种类

按不同标准，审计报告可以分为多种类型。

（一）按照审计报告的性质划分

按照审计报告的性质不同可分为标准审计报告和非标准审计报告。

标准审计报告是指格式和措辞基本统一的审计报告。审计职业界认为：为了避免混乱，有必要统一报告的格式和措辞。如果各个审计报告的格式和措辞不一致，使用者势必难以理解其准确含义。标准审计报告一般适用于对外公布。

非标准审计报告是指格式和措辞不统一，可以根据具体审计项目的问题来决定的审计报告。非标准审计报告一般适用于非对外公布。

（二）按照审计报告使用的目的划分

按照审计报告使用的目的不同可分为公布目的的审计报告和非公布目的的审计报告。

公布目的的审计报告一般是用于对企业股东、投资者、债权人等非特定利益关系者公布的附送会计报表的审计报告。

非公布目的的审计报告一般是用于经营管理、合并或业务转让、融通资金等特定目的而实施审计的审计报告。这类审计报告是分发给特定使用者的，如经营者、合并或业务转让的关系人，提供信用的金融机构等。

（三）按照审计报告的详略程度划分

按照审计报告的详略程度不同可分为简式审计报告和详式审计报告。

简式审计报告又称短式审计报告，是指审计人员用简练的语言扼要地说明审计过程、审计结果，并简略地表达审计意见的审计报告。简式审计报告反映的内容是非特定多数的利害关系人共同认为的必要审计事项。它具有记载事项为法令或审计准则所规定的特征，具有标准格式。因而，简式审计报告一般适用于公布目的，具有标准审计报告的特点。在我国，简式审计报告的内容、适用条件和专业术语等均由中国注册会计师协会《中国注册会计师审计准则第 1501 号——对财务报表形成审计意见和出具审计报告》等作出明确的规定。

详式审计报告又称长式审计报告，是指对审计对象所有重要的经济业务和情况都要作详细说明和分析的审计报告。详式审计报告主要用于指出企业经营管理存在的问题和帮助企业改善经营管理，故其内容要较简式审计报告丰富得多、详细得多。详式审计报告一般适用于非公布目的，具有非标准审计报告的特点。在我国，国家审计机关和内部审计机构在实施审计后，通常都要撰写详式审计报告。

（四）按出具审计报告的主体划分

按出具审计报告的主体不同可分为政府审计报告、内部审计报告、民间审计报告。

政府审计报告是指由政府审计机关所签发的审计报告。政府审计的对象主要是管理和使用国有资源的单位，其审计报告的主要使用者为国家权力机关和政府相关部门。由于社会公众才是国有资源的真正所有者，社会公众也应当是政府审计报告的使用者，政府审计报告也就越来越多地以政府审计结果公告的方式向社会公众公开。我国目前实行了政府审计结果公告制度，审计机关在其官网公告审计结果。

内部审计报告是由内部审计机构出具的审计报告。内部审计的服务对象是单位内部，不对外公开。

民间审计报告是由民间审计组织，即注册会计师出具的审计报告。注册会计师在受托进行年度财务报表审计时，其首要的服务对象是审计委托者，因而审计报告提交给审计委托者。注册会计师对上市公司年度财务报表进行审计，其服务对象为上市公司的所有利益相关者，特别是股东和潜在的投资者，审计报告是他们作出投资决策的重要依据之一，因而法律规定上市公司年度财务报告和相应的审计报告必须对外公开。但注册会计师受托进行特定目的的审计业务，如经济责任审计、工程竣工决算审计等，其审计报告只提供给特定使用者使用，因而不对外公开。

四、审计报告的基本结构

（一）政府审计报告的基本结构

我国国家审计的审计报告是审计机关实施审计后，对被审计单位的财政收支、财务收支的真实、合法、效益发表审计意见的书面文件。

根据《审计法》的规定，我国国家审计的审计报告包括审计组的审计报告和审计机关的审计报告两种。审计组的审计报告是审计组对审计事项实施审计后，就审计实施情况和审计结果向派出的审计机关提出的书面报告。审计机关的审计报告是审计结果的最终载体和全面反映，是审计机关对被审计单位的财政收支或者财务收支的真实、合法、效益发表审计意见的审计结论性法律文书。

根据《中华人民共和国国家审计准则》(2010 年修订)的规定，审计机关的审计报告(审计组的审计报告)包括下列七个基本要素：

(1) 标题。标题统一表述为“审计报告”。

(2) 文号。文号一般表述为“××××年第××号”。但审计组的审计报告不含此项。

(3) 被审计单位名称。

(4) 审计项目名称。审计项目名称一般表述为“×××年度×××××审计”。

(5) 基本内容。内容主要包括：① 审计依据，即实施审计所依据的法律法规；② 实施审计的基本情况，一般包括审计范围、内容、方式和实施的起止时间；③ 被审计单位的基本情况；④ 审计评价意见，即根据不同的审计目标，以适当、充分的审计证据为基础发表的评价意见，通常包括真实性、合法性和效益性方面的评价；⑤ 以往审计决定执行情况和审计建议采纳情况；⑥ 审计发现的被审计单位违反国家规定的财政收支、财务收支行为和其他重要问题的事实、定性、处理处罚意见以及所依据的法律法规和标准；⑦ 审计发现的移送处理事项的事实和移送处理意见，但是涉嫌犯罪等不宜让被审计单位知悉的事项除外；⑧ 针对审计发现的问题，根据需要提出的改进建议。

审计期间被审计单位对审计发现的问题已经整改的，审计报告还应当包括有关整改情况；经济责任审计报告还应当包括被审计人员履行经济责任的基本情况，以及被审计人员对审计发现的问题承担的责任；核查社会审计机构相关审计报告发现的问题，应当在审计报告中一并反映。

(6) 审计机关名称。审计组的审计报告则为审计组名称及审计组组长签名。

(7) 签发日期。审计组的审计报告签发日期通常为审计组向审计机关提交报告的日期。

（二）内部审计报告的基本结构

内部审计报告是指内部审计人员根据审计计划对被审计单位实施必要的审计程序后，就被审计事项作出审计结论，提出审计意见和审计建议的书面文件。

内部审计人员可以在审计过程中提交期中报告，以便及时采取有效的纠正措施改善业务活动、内部控制和风险管理。内部审计机构应当将审计报告提交被审计单位和组织适当管理层,并要求被审计单位在规定的期限内落实纠正措施。

根据我国《第 2106 号内部审计具体准则——审计报告》的规定,内部审计报告应当包括的基本要素有:① 标题;② 收件人;③ 正文;④ 附件;⑤ 签章;⑥ 报告日期;⑦ 其他。

内部审计报告的正文应包括的主要内容有:

(1) 审计概况。说明审计目标、审计范围、审计内容及重点、审计方法、审计程序及审计时间等内容。

(2) 审计依据。应声明实施审计所依据的相关法律法规、内部审计准则等规定。

(3) 审计发现。对被审计单位的业务活动、内部控制和风险管理实施审计过程中所发现的主要问题的事实。

(4) 审计结论。根据已查明的事实,对被审计单位业务活动、内部控制和风险管理所作的评价。

(5) 审计意见。针对审计发现的主要问题提出的处理意见。

(6) 审计建议。针对审计发现的主要问题提出的改善业务活动、内部控制和风险管理的建议。

此外,审计报告的附件应包括对审计过程与审计中发现问题的具体说明、被审计单位的反馈意见等内容。可见,其基本结构与内容与政府审计报告正文相似。

(三) 注册会计师审计报告的基本结构

具体内容详见任务二编制注册会计师审计报告。

任务二　编制注册会计师审计报告

一、注册会计师审计报告的基本结构和内容

(一) 注册会计师审计报告的基本结构

注册会计师审计报告应当包括以下要素:① 标题;② 收件人;③ 审计意见;④ 形成审计意见的基础;⑤ 管理层对财务报表的责任;⑥ 注册会计师对财务报表审计的责任;⑦ 按照相关法律法规的要求报告的事项(如适用);⑧ 事务所名称、地址、盖章与注册会计师的签章;⑨ 报告日期。

(二) 注册会计师审计报告的基本内容

1. 标题

审计报告的标题统一规范为“审计报告”。

2. 收件人

审计报告的收件人一般是指审计业务的委托人。审计报告应当按照审计业务的约定载

明收件人的全称。针对整套通用目的财务报表出具的审计报告，审计报告的致送对象通常为被审计单位的股东或治理层。如ABC股份有限公司全体股东。

3. 审计意见

审计意见部分由两部分构成。第一部分指出已审计财务报表；第二部分说明注册会计师发表的审计意见。审计意见部分还应当包括下列方面：

(1) 指出被审计单位的名称。

(2) 说明财务报表已经审计。

(3) 指出构成整套财务报表的每一财务报表的名称。

(4) 提及财务报表附注，包括重大会计政策和会计估计。

(5) 指明构成整套财务报表的每一财务报表的日期或涵盖的期间。

4. 形成审计意见的基础

本部分提供关于审计意见的重要背景，应当紧接在审计意见部分之后。该部分应当紧接在审计意见部分之后，并包括下列方面：

(1) 说明注册会计师按照审计准则的规定执行了审计工作。

(2) 提及审计报告中用于描述审计准则规定的注册会计师责任的部分。

(3) 声明注册会计师按照与审计相关的职业道德要求独立于被审计单位，并履行了职业道德方面的其他责任。声明中应当指明适用的职业道德要求，如中国注册会计师职业道德守则。

(4) 说明注册会计师是否相信获取的审计证据是充分、适当的，为发表审计意见提供了基础。

5. 管理层对财务报表的责任

管理层对财务报表的责任部分应当说明管理层负责下列方面：

(1) 按照适用的财务报告编制基础的规定编制财务报表，使其实现公允反映，并设计、执行和维护必要的内部控制，以使财务报表不存在由于舞弊或错误导致的重大错报。

(2) 评估被审计单位的持续经营能力和使用持续经营假设是否适当，并披露与持续经营相关的事项(如适用)。对管理层评估责任的说明应当包括描述在何种情况下使用持续经营假设是适当的。

6. 注册会计师对财务报表审计的责任

注册会计师对财务报表审计的责任部分应当包括下列内容：

(1) 说明注册会计师的目标是对财务报表整体是否不存在由于舞弊或错误导致的重大错报获取合理保证，并出具包含审计意见的审计报告。

(2) 说明合理保证是高水平的保证，但并不能保证按照审计准则执行的审计在某一重大错报存在时总能发现。

(3) 说明错报可能由于舞弊或错误导致。在说明错报可能由于舞弊或错误导致时，注册会计师应当从下列两种做法中选取一种：① 描述如果合理预期错报单独或汇总起来可能影响财务报表使用者依据财务报表作出的经济决策，则通常认为错报是重大的；② 根据适用的财务报告编制基础，提供关于重要性的定义或描述。

注册会计师对财务报表审计的责任部分还应当包括下列内容：

(1) 说明在按照审计准则执行审计工作的过程中，注册会计师运用职业判断，并保持职业怀疑。

(2) 通过说明注册会计师的责任，对审计工作进行描述。这些责任包括：① 识别和评估由于舞弊或错误导致的财务报表重大错报风险，设计和实施审计程序以应对这些风险，并获取充分、适当的审计证据，作为发表审计意见的基础。由于舞弊可能涉及串通、伪造、故意遗漏、虚假陈述或凌驾于内部控制之上，未能发现由于舞弊导致的重大错报的风险高于未能发现由于错误导致的重大错报的风险；② 了解与审计相关的内部控制，以设计恰当的审计程序，但目的并非对内部控制的有效性发表意见。当注册会计师有责任在财务报表审计的同时对内部控制的有效性发表意见时，应当略去上述“目的并非对内部控制的有效性发表意见”的表述；③ 评价管理层选用会计政策的恰当性和作出会计估计及相关披露的合理性；④ 对管理层使用持续经营假设的恰当性得出结论。同时，根据获取的审计证据，就可能导致对被审计单位持续经营能力产生重大疑虑的事项或情况是否存在重大不确定性得出结论。如果注册会计师得出结论认为存在重大不确定性，审计准则要求注册会计师在审计报告中提请报表使用者关注财务报表中的相关披露。如果披露不充分，注册会计师应当发表非无保留意见。注册会计师的结论基于截至审计报告日可获得的信息。然而，未来的事项或情况可能导致被审计单位不能持续经营；⑤ 评价财务报表的总体列报、结构和内容（包括披露），并评价财务报表是否公允反映相关交易和事项。

注册会计师对财务报表审计的责任部分还应当说明注册会计师与治理层就计划的审计范围、时间安排和重大审计发现等事项进行沟通，包括沟通注册会计师在审计中识别的值得关注的内部控制缺陷。

7. 按照相关法律法规的要求报告的事项(如适用)

除审计准则规定的注册会计师对财务报表出具审计报告的责任外，相关法律法规可能对注册会计师设定了其他报告责任，可能要求或允许注册会计师将对这些其他责任的报告作为对财务报表出具的审计报告的一部分。

这些责任是注册会计师按照审计准则对财务报表出具审计报告的责任的补充。

8. 事务所名称、地址、盖章与注册会计师的签章

审计报告应当载明会计师事务所的名称和地址，并加盖会计师事务所公章。审计报告应当由项目合伙人和另一名负责该项目的注册会计师签名并盖章。

9. 报告日期

注册会计师在确定审计报告日期时，应当确信已获取下列审计证据：

(1) 构成整套财务报表的所有报表（包括相关附注）已编制完成（管理层签署财务报表）。

(2) 被审计单位的董事会、管理层或类似机构已经认可其对财务报表负责（管理层签署书面声明）。

审计报告日期不应早于管理层签署财务报表的日期，也不应早于管理层签署书面声明的日期。签署审计报告的日期通常与管理层签署财务报表的日期为同一天，或晚于管理层签署已审财务报表的日期。

审计报告的参考格式：对按照企业会计准则编制的财务报表出具的标准审计报告。

审计报告

ABC股份有限公司全体股东：

一、对财务报表出具的审计报告

（一）审计意见

我们审计了ABC股份有限公司（以下简称ABC公司）财务报表，包括20×1年12月31日的资产负债表，20×1年度的利润表、现金流量表、股东权益变动表以及相关财务报表附注。

我们认为，后附的财务报表在所有重大方面按照企业会计准则的规定编制，公允反映了ABC公司20×1年12月31日的财务状况以及20×1年度的经营成果和现金流量。

（二）形成审计意见的基础

我们按照中国注册会计师审计准则的规定执行了审计工作。审计报告中的“注册会计师对财务报表审计的责任”部分进一步阐述了我们在这些准则下的责任。按照中国注册会计师职业道德守则，我们独立于ABC公司，并履行了职业道德方面的其他责任。我们相信，我们获取的审计证据是充分、适当的，为发表审计意见提供了基础。

（三）关键审计事项

关键审计事项是我们根据职业判断，认为对本期财务报表审计最为重要的事项。这些事项应对以财务报表整体进行审计并形成审计意见为背景，我们不对这些事项单独发表意见。

[按照《中国注册会计师审计准则第1504号——在审计报告中沟通关键审计事项》的规定描述每一关键审计事项。]

（四）其他信息

ABC公司管理层（以下简称管理层）对其他信息负责。其他信息包括[X报告中涵盖的信息，但不包括财务报表和我们的审计报告]。

我们对财务报表发表的审计意见并不涵盖其他信息，我们也不对其他信息发表任何形式的鉴证结论。

结合我们对财务报表的审计，我们的责任是阅读其他信息，在此过程中，考虑其他信息是否与财务报表或我们在审计过程中了解到的情况存在重大不一致或者似乎存在重大错报。

基于我们已经执行的工作，如果我们确定其他信息存在重大错报，我们应该报告该事实。在这方面，我们无任何事项需要报告。

（五）管理层和治理层对财务报表的责任

ABC公司管理层（以下简称管理层）负责按照企业会计准则的规定编制财务报表，使其实现公允反映，并设计、执行和维护必要的内部控制，以使财务报表不存在由于舞弊或错误导致的重大错报。

在编制财务报表时，管理层负责评估ABC公司的持续经营能力，披露与持续经营相关的事项（如适用），并运用持续经营假设，除非管理层计划清算ABC公司、终止运营或别无其他现实的选择。

治理层负责监督ABC公司的财务报告过程。

（六）注册会计师对财务报表审计的责任

我们的目标是对财务报表整体是否不存在由于舞弊或错误导致的重大错报获取合理保证，并出具包含审计意见的审计报告。合理保证是高水平的保证，但并不能保证按照审计准则执行的审计在某一重大错报存在时总能发现。错报可能由于舞弊或错误导致时，如果合理预期错报单独或汇总起来可能影响财务报表使用者依据财务报表作出的经济决策，则通常认为错报是重大的。

在按照审计准则执行审计工作的过程中，我们运用了职业判断，并保持职业怀疑。同时，我们也执行了以下工作：

(1) 识别和评估由舞弊或错误导致的财务报表重大错报风险，设计和实施审计程序以应对这些风险，并获取充分、适当的审计证据，作为发表审计意见的基础。由于舞弊可能涉及串通、伪造、故意遗漏、虚假陈述或凌驾于内部控制之上，未能发现由于舞弊导致的重大错报的风险高于未能发现由于错误导致的重大错报风险。

(2) 了解与审计相关的内部控制，以设计恰当的审计程序，但目的并非对内部控制的有效性发表审计意见(如果注册会计师结合财务报表审计对内部控制有效性发表意见，应当删除"但目的并非对内部控制的有效性发表审计意见"的措辞。)

(3) 评价管理层选用会计政策的恰当性和作出会计估计及相关披露的合理性。

(4) 对管理层使用持续经营假设的恰当性得出结论。同时，根据获取的审计证据，就可能导致对ABC公司持续经营能力产生重大疑虑的事项或情况是否存在重大不确定性得出结论。如我们得出结论认为存在重大不确定性，审计准则要求我们在审计报告中提请报表使用者注意财务报表中的相关披露；如果披露不充分，我们应当发表非无保留意见。我们的结论基于截至审计报告日可获得的信息。然而，未来的事项或情况可能导致ABC公司不能持续经营。

(5) 评价财务报表的总体列报、结构和内容(包括披露)，并评价财务报表是否公允反映相关交易和事项。

我们与治理层就计划的审计范围、时间安排和重大审计发现等事项进行沟通，包括沟通我们在审计中识别出的值得关注的内部控制缺陷。

我们还就已遵守与独立性相关的职业道德要求向治理层提供声明，并与治理层沟通可能被合理认为影响我们独立性的所有关系和其他事项，以及相关的防范措施(如适用)。

从与治理层沟通过的事项中，我们确定哪些事项对本期财务报表审计最为重要，因而构成关键审计事项。我们在审计报告中描述这些事项，除非法律法规禁止公开披露这些事项，或在极少数情形下，如果合理预期在审计报告中沟通某事项造成的负面后果超过在公众利益方面产生的益处，我们确定不应在审计报告中沟通该事项。

二、按照相关法律法规的要求报告的事项

[本部分的格式和内容，取决于法律法规对其他报告责任性质的规定。]

××会计师事务所(特殊普通合伙)　　中国注册会计师：×××(项目合伙人)

(盖章)　　(签名并盖章)

中国注册会计师：×××

(签名并盖章)

中国××市　　二○×二年×月×日

二、审计意见的形成和审计报告的类型

（一）审计意见形成

注册会计师在经过整理和分析的审计工作底稿的基础上，应当就财务报表是否在所有重大方面按照适用的财务报告编制基础编制并实现公允反映形成审计意见。在得出结论时，注册会计师应当考虑下列方面：

(1) 按照《中国注册会计师审计准则第1231号——针对评估的重大错报风险采取的应对措施》的规定，是否已获取充分、适当的审计证据。

(2) 按照《中国注册会计师审计准则第1251号——评价审计过程中识别出的错报》的规定，未更正错报单独或汇总起来是否构成重大错报。

(3) 评价财务报表是否在所有重大方面按照适用的财务报告编制基础编制注册会计师应当依据适用的财务报告编制基础特别评价下列内容：① 财务报表是否充分披露了选择和运用的重要会计政策；② 选择和运用的会计政策是否符合适用的财务报告编制基础，并适合被审计单位的具体情况；③ 管理层作出的会计估计是否合理；④ 财务报表列报的信息是否具有相关性、可靠性、可比性和可理解性；⑤ 财务报表是否作出充分披露，使财务报表预期使用者能够理解重大交易和事项对财务报表所传递的信息的影响；⑥ 财务报表使用的术语(包括每一财务报表的标题)是否适当。

(4) 评价财务报表是否实现公允反映。在评价财务报表是否实现公允反映时，注册会计师应当考虑下列内容：① 财务报表的整体列报、结构和内容是否合理；② 财务报表(包括相关附注)是否公允地反映了相关交易和事项。

(5) 评价财务报表是否恰当提及或说明适用的财务报告编制基础。

（二）审计报告的类型

注册会计师根据审计结果和被审计单位对有关问题的处理情况，形成不同的审计意见，出具不同类型的审计报告。审计报告的基本类型包括标准审计报告和非标准审计报告。标准审计报告是指不含有说明段、强调事项段、其他事项段或其他任何修饰性用语的无保留意见的审计报告。非标准审计报告是指带强调事项段或其他事项段的无保留意见的审计报告和非无保留意见的审计报告。非无保留意见的审计报告包括保留意见的审计报告、否定意见的审计报告和无法表示意见的审计报告。这几种分类之间的关系如图7.1所示。

三、标准无保留意见审计报告

（一）标准无保留意见审计报告的签发条件

标准无保留意见审计报告，是注册会计师对被审计单位财务报表发表不带强调事项段的无保留意见审计报告。注册会计师经过审计后，认为被审计单位财务报表符合下列所有条件，就应当出具标准无保留意见的审计报告：

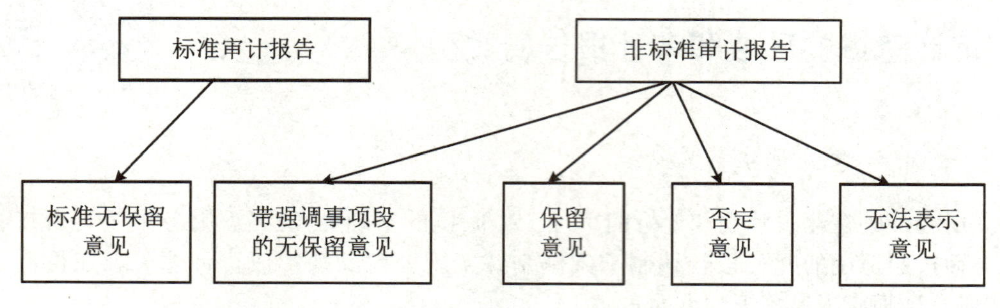

图 7.1　审计意见的类型

(1) 财务报表在所有重大方面已经按照适用的财务报告编制基础的规定编制，公允反映了被审计单位的财务状况、经营成果和现金流量。

(2) 注册会计师已经按照审计准则的规定计划和执行审计工作，在审计过程中未受到限制。

(3) 没有必要在审计报告中增加强调事项段或任何修饰性用语。

综合起来，注册会计师出具标准无保留意见审计报告的条件：一是财务报表的编制合法，反映公允；二是审计范围没有受到重大限制；三是不需要增加强调事项段或其他事项段。

(二) 标准无保留意见审计报告的专业术语

以"我们认为"作为意见段的开头，并使用"在所有重大方面""公允反映了"等专业术语。

标准无保留意见审计报告范例如前。

四、非标准审计报告

(一) 非无保留意见的审计报告的签发条件

非无保留意见是指保留意见、否定意见或无法表示意见。

当存在下列情形之一时，注册会计师应当在审计报告中发表非无保留意见：① 根据获取的审计证据，得出财务报表整体存在重大错报的结论；② 无法获取充分、适当的审计证据，不能得出财务报表整体不存在重大错报的结论。

财务报表整体存在重大错报，重大错报可能源于：① 选择会计政策的恰当性；② 对所选会计政策的运用；③ 财务报表披露的恰当性或充分性。

无法获取证据说明财务报表整体不存在重大错报(审计范围限制)。当无法实施特定审计程序但可通过实施替代程序获取证据，并不构成审计范围受到限制。审计范围受到限制可能源于：① 超出被审计单位控制(客观环境影响等)；② 注册会计师工作的性质和时间安排；③管理层施加的限制。

注册会计师确定恰当的非无保留意见类型，取决于下列事项：① 导致非无保留意见的事项的性质，是财务报表存在重大错报，还是在无法获取充分、适当的审计证据的情况下，财务报表可能存在重大错报；② 注册会计师就导致非无保留意见的事项对财务报表产生或可能产生影响的广泛性作出的判断。

广泛性是描述错报影响的术语，用以说明错报对财务报表的影响，或者由于无法获取充分、适当的审计证据而未发现的错报(如存在)对财务报表可能产生的影响。

根据注册会计师的判断，对财务报表的影响具有广泛性的情形包括下列方面：① 不限于对财务报表的特定要素、账户或项目产生影响；② 虽然仅对财务报表的特定要素、账户或项目产生影响，但这些要素、账户或项目是或可能是财务报表的主要组成部分；③ 当与披露相关时，产生的影响对财务报表使用者理解财务报表至关重要。审计意见决策如表 7.1 所示。

表 7.1　审计意见决策表

导致非无保留意见的事项	重大但不具有广泛性	重大且具有广泛性
财务报表存在重大错报	保留意见	否定意见
无法获取充分、适当的审计证据	保留意见	无法表示意见

1. 发表保留意见

当存在下列情形之一时，注册会计师应当发表保留意见：① 在获取充分、适当的审计证据后，注册会计师认为错报单独或汇总起来对财务报表影响重大，但不具有广泛性；② 注册会计师无法获取充分、适当的审计证据以作为形成审计意见的基础，但认为未发现的错报(如存在)对财务报表可能产生的影响重大，但不具有广泛性。

2. 发表否定意见

在获取充分、适当的审计证据后，如果认为错报单独或汇总起来对财务报表的影响重大且具有广泛性，注册会计师应当发表否定意见。

3. 发表无法表示意见

如果无法获取充分、适当的审计证据以作为形成审计意见的基础，但认为未发现的错报(如存在)对财务报表可能产生的影响重大且具有广泛性，注册会计师应当发表无法表示意见。

(二) 非无保留意见审计报告的格式和内容

在发表非无保留意见时，注册会计师应当对审计意见部分使用恰当的标题，如“保留意见”“否定意见”或“无法表示意见”。

导致非无保留意见的事项：如果对财务报表发表非无保留意见，除在审计报告中包含前述规定的审计报告要素外，注册会计师还应当将“形成审计意见的基础”这一标题修改为恰当的标题，如“形成保留意见的基础”“形成否定意见的基础”或“形成无法表示意见的基础”；并在该部分对导致发表非无保留意见的事项进行描述。

如果财务报表中存在与具体金额(包括财务报表附注中的定量披露)相关的重大错报，注册会计师应当在形成审计意见的基础部分说明并量化该错报的财务影响。如果无法量化财务影响，注册会计师应当在该部分说明这一情况。

如果财务报表中存在与叙述性披露相关的重大错报，注册会计师应当在形成审计意见的基础部分解释该错报错在何处。

如果财务报表中存在与应披露而未披露信息相关的重大错报，注册会计师应当与治理层讨论未披露信息的情况；在形成审计意见的基础部分描述未披露信息的性质；如果可行并且已针对未披露信息获取了充分、适当的审计证据，在形成审计意见的基础部分包含对未披露信息的披露，除非法律法规禁止。

如果因无法获取充分、适当的审计证据而导致发表非无保留意见，注册会计师应当在形成审计意见的基础部分说明无法获取审计证据的原因。

即使发表了否定意见或无法表示意见，注册会计师也应当在形成审计意见的基础部分说明注意到的、将导致发表非无保留意见的所有其他事项及其影响。

1. 保留意见的审计报告

当由于财务报表存在重大错报而发表保留意见时，注册会计师应当在审计意见部分说明：注册会计师认为，除形成保留意见的基础部分所述事项产生的影响外，后附的财务报表在所有重大方面按照适用的财务报告编制基础的规定编制，公允反映了[……]。

当由于无法获取充分、适当的审计证据而导致发表保留意见时，注册会计师应当在审计意见部分使用“除……可能产生的影响外”等措辞。

保留意见的审计报告(财务报表存在重大错报)示例如下：

审 计 报 告

ABC股份有限公司全体股东：

一、对财务报表出具的审计报告

(一) 保留意见

我们审计了ABC股份有限公司(以下简称“ABC公司”)财务报表，包括20×1年12月31日的资产负债表，20×1年度的利润表、现金流量表、股东权益变动表以及相关财务报表附注。

我们认为，除“形成保留意见的基础”部分所述事项产生的影响外，后附的财务报表在所有重大方面按照企业会计准则的规定编制，公允反映了ABC公司20×1年12月31日的财务状况以及20×1年度的经营成果和现金流量。

(二) 形成保留意见的基础

ABC公司20×1年12月31日资产负债表中存货的列示金额为×元。管理层根据成本对存货进行计量，而没有根据成本与可变现净值孰低的原则进行计量，这不符合企业会计准则的规定。ABC公司的会计记录显示，如果管理层以成本与可变现净值孰低来计量存货，存货列示金额将减少×元。相应地，资产减值损失将增加×元，所得税、净利润和股东权益将分别减少×元、×元和×元。

我们按照中国注册会计师审计准则的规定执行了审计工作。审计报告的“注册会计师对财务报表审计的责任”部分进一步阐述了我们在这些准则下的责任。按照中国注册会计师职业道德守则，我们独立于ABC公司，并履行了职业道德方面的其他责任。我们相信，我们获取的审计证据是充分、适当的，为发表保留意见提供了基础。

(三) 关键审计事项(略)

(四) 管理层和治理层对财务报表的责任(略)

(五) 注册会计师对财务报表审计的责任(略)

二、按照相关法律法规的要求报告的事项(略)

××会计师事务所　　　　中国注册会计师：×××(项目合伙人)
(盖章)　　　　　　　　(签名并盖章)
　　　　　　　　　　　　中国注册会计师：×××

（签名并盖章）

中国××市　　　　　　　　　　　　二〇×二年三月十五日

2. 否定意见的审计报告

当发表否定意见时，注册会计师应当在审计意见部分说明：注册会计师认为，由于形成否定意见的基础部分所述事项的重要性，后附的财务报表没有在所有重大方面按照适用的财务报告编制基础的规定编制，未能公允反映[……]。

否定意见的审计报告（由于财务报表存在重大错报）示例如下：

审计报告

ABC股份有限公司全体股东：

一、对财务报表出具的审计报告

（一）否定意见

我们审计了ABC股份有限公司（以下简称“ABC公司”）财务报表，包括20×1年12月31日的资产负债表，20×1年度的利润表、现金流量表、股东权益变动表以及相关财务报表附注。

我们认为，由于“形成否定意见的基础”部分所述事项的重要性，后附的财务报表没有在所有重大方面按照企业会计准则的规定编制，未能公允反映ABC公司20×1年12月31日的财务状况以及20×1年度的经营成果和现金流量。

（二）形成否定意见的基础

如财务报表附注×所述，20×1年ABC公司通过非同一控制下的企业合并获得对XYZ公司的控制权，因未能取得购买日XYZ公司某些重要资产和负债的公允价值，故未将XYZ公司纳入合并财务报表的范围，而是按成本法核算对XYZ公司的股权投资。ABC公司的这项会计处理不符合企业会计准则的规定。如果将XYZ公司纳入合并财务报表的范围，ABC公司合并财务报表的多个报表项目将受到重大影响。但我们无法确定未将XYZ公司纳入合并范围对财务报表产生的影响。

我们按照中国注册会计师审计准则的规定执行了审计工作。审计报告的“注册会计师对财务报表审计的责任”部分进一步阐述了我们在这些准则下的责任。按照中国注册会计师职业道德守则，我们独立于ABC公司，并履行了职业道德方面的其他责任。我们相信，我们获取的审计证据是充分、适当的，为发表否定意见提供了基础。

（三）关键审计事项（略）

（四）管理层和治理层对财务报表的责任（略）

（五）注册会计师对财务报表审计的责任（略）

二、按照相关法律法规的要求报告的事项（略）

××会计师事务所　　　　　　　　中国注册会计师：×××（项目合伙人）
（盖章）　　　　　　　　　　　　（签名并盖章）
　　　　　　　　　　　　　　　　中国注册会计师：×××
　　　　　　　　　　　　　　　　（签名并盖章）

中国××市　　　　　　　　　　　　二〇×二年三月十五日

3. 无法表示意见的审计报告

在意见段中说明:注册会计师接受委托审计财务报表;注册会计师不对后附的财务报表发表审计意见;由于形成无法表示意见的基础部分所述事项的重要性,注册会计师无法获取充分、适当的审计证据以作为对财务报表发表审计意见的基础。

在形成无法表示意见的基础部分,不应提及审计报告中用于描述注册会计师责任的部分,也不应说明注册会计师是否已获取充分、适当的审计证据以作为形成审计意见的基础。

注册会计师对财务报表审计的责任部分,使之仅包含下列内容:① 注册会计师的责任是按照中国注册会计师审计准则的规定,对被审计单位财务报表执行审计工作,以出具审计报告;② 但由于形成无法表示意见的基础部分所述的事项,注册会计师无法获取充分、适当的审计证据以作为发表审计意见的基础;③ 声明注册会计师在独立性和职业道德方面的其他责任。

无法表示意见的审计报告(由于无法获取充分、适当的审计证据)示例如下:

审 计 报 告

ABC股份有限公司全体股东:

一、对财务报表出具的审计报告

(一) 无法表示意见

我们接受委托,审计ABC股份有限公司(以下简称"ABC公司")财务报表,包括20×1年12月31日的资产负债表,20×1年度的利润表、现金流量表、股东权益变动表以及相关财务报表附注。

我们不对后附的ABC公司财务报表发表审计意见。由于"形成无法表示意见的基础"部分所述事项的重要性,我们无法获取充分、适当的审计证据以作为财务报表发表审计意见的基础。

(二) 形成无法表示意见的基础

我们于20×2年1月接受ABC公司的审计委托,因而未能对ABC公司20×1年初金额为×元的存货和年末金额为×元的存货实施监盘程序。此外,我们也无法实施替代审计程序获取充分、适当的审计证据。并且,ABC公司于20×1年9月采用新的应收账款电算化系统,由于存在系统缺陷导致应收账款出现大量错误。截至报告日,管理层仍在纠正系统缺陷并更正错误,我们也无法实施替代审计程序,对截至20×1年12月31日的应收账款总额×元获取充分、适当的审计证据。因此,我们无法确定是否有必要对存货、应收账款以及财务报表其他项目作出调整,也无法确定应调整的金额。

(三) 管理层和治理层对财务报表的责任(略)

(四) 注册会计师对财务报表审计的责任

我们的责任是按照中国注册会计师审计准则的规定,对ABC公司的财务报表执行审计工作,以出具审计报告。但由于"形成无法表示意见的基础"部分所述的事项,我们无法获取充分、适当的审计证据以作为发表审计意见的基础。

按照中国注册会计师职业道德守则,我们独立于ABC公司,并履行了职业道德方面的其他责任。

二、按照相关法律法规的要求报告的事项(略)

××会计师事务所　　　　　　中国注册会计师：×××（项目合伙人）
（盖章）　　　　　　　　　　（签名并盖章）
中国注册会计师：×××
（签名并盖章）
中国××市　　　　　　　　　　　　　二〇×二年三月十五日

（三）在审计报告中增加强调事项段

1. 强调事项段的含义

审计报告的强调事项段是指审计报告中含有的一个段落，该段落提及已在财务报表中恰当列报或披露的事项，根据注册会计师的职业判断，该事项对财务报表使用者理解财务报表至关重要。

在报告中的位置：当强调事项段与适用的财务报告编制基础相关时，包括当注册会计师确定法律法规规定的财务报告编制基础不可接受时，注册会计师可能认为有必要将强调事项段紧接在“形成审计意见的基础”部分之后，以为审计意见提供合适的背景。按其与关键审计事项相比的重要程度，决定置于“关键审计事项”部分之前或之后。

2. 增加强调事项段的条件

如果认为有必要提醒财务报表使用者关注的事项已在财务报表中列报或披露；根据职业判断认为对财务报表使用者理解财务报表至关重要的事项；该事项不会导致注册会计师发表非无保留意见；该事项未被确定为在审计报告中沟通的关键审计事项。

3. 增加强调事项段的情形

其一，某些审计准则对特定情况要求增加强调事项段的情形：① 法律法规规定的财务报告编制基础不可接受，但其是由法律或法规作出的规定；② 提醒财务报表使用者注意财务报表按照特殊目的编制基础编制；③ 注册会计师在审计报告日后知悉了某些事实（期后事项），且出具了新的审计报告或修改了审计报告。

其二，注册会计师根据职业判断可能认为需要增加强调事项段的情形：① 提前应用（在允许的情况下）对财务报表有广泛影响的新会计准则；② 异常诉讼或监管行动的未来结果存在不确定性；③ 存在已经或持续对被审计单位财务状况产生重大影响的特大灾难。

4. 在审计报告中增加强调事项段的表述

单独作为一部分并使用“强调事项”的标题；明确提及被强调事项以及相关披露的位置；指出审计意见没有因该强调事项而改变。

强调事项段（未决诉讼的不确定性）审计报告示例如下：

审 计 报 告

ABC股份有限公司全体股东：

一、对财务报表出具的审计报告

（一）审计意见

我们审计了ABC股份有限公司（以下简称ABC公司）财务报表，包括20×1年12月31日的资产负债表，20×1年度的利润表、现金流量表、股东权益变动表以及相关财务报表附注。

我们认为，后附的财务报表在所有重大方面按照企业会计准则的规定编制，公允反映了ABC公司20×1年12月31日的财务状况以及20×1年度的经营成果和现金流量。

（二）形成审计意见的基础

我们按照中国注册会计师审计准则的规定执行了审计工作。审计报告中的“注册会计师对财务报表审计的责任”部分进一步阐述了我们在这些准则下的责任。按照中国注册会计师职业道德守则，我们独立于ABC公司，并履行了职业道德方面的其他责任。我们相信，我们获取的审计证据是充分、适当的，为发表审计意见提供了基础。

（三）强调事项

我们提醒财务报表使用人关注，如财务报表附注X所述，截至财务报表批准日，XYZ公司提及的诉讼尚在审理中，其结果具有不确定性。本段内容并不影响已发表的审计意见。

（略）

【课程思政案例】

2021年上市公司审计情况分析报告

自2011年以来，中注协根据《上市公司年报审计监管工作规程》要求，在年报审计期间密切跟踪上市公司年报审计情况和审计机构变更情况，编发分析报告。2021年，中注协修订了《上市公司年报审计监管工作规程》，要求深入分析上市公司年报审计情况和非标准无保留意见审计报告情况，全面反映年报审计工作的情况与问题，并针对发现的共性问题和不当执业倾向，向行业发布有针对性的专业指导和风险提示意见。

截至2022年4月30日，上海、深圳、北京等三家证券交易所共有上市公司4816家，较去年同期净增514家，增幅为11.95%。其中，4805家上市公司于2022年4月30日前披露了经审计的2021年年报，有8家上市公司于2022年7月2日前披露了经审计的2021年年报，另有3家上市公司未披露经审计的2021年年报。4813份财务报表审计报告中，标准无保留意见4556份，带强调事项段的无保留意见68份，带持续经营事项段的无保留意见49份(其中有9份是既包括持续经营事项段又包括强调事项段)；保留意见101份，无法表示意见审计47份，否定意见1份。

2021年度非无保留意见的上市板块分布

审计意见类型	主板	创业板	科创板	北交所	合计
保留意见	85	13	2	1	101
无法表示意见	32	14	0	47	
否定意见	1	0	0	0	1
非无保留意见小计	118	27	3	149	
上市公司家数	3162	1141	420	90	4813
非无保留意见占比	3.73%	2.37%	0.71%	1.11%	3.10%

注册会计师对上市公司进行独立审计，是确保上市公司会计信息真实准确完整的外部监督机制，承担着“不拿国家工资的经济警察”的职责，通过以查促建，督促上市公司持续提高会计信息质量和管理水平，并能够协助监管部门及时发现违法违规问题线

索、防范重大系统性风险，有效发挥财会监督重要职责，建议进一步强化会计师事务所审计监督职责。

资料来源：注册会计师视野微信公众号。

【课程思政】 注册会计师秉持专业操守，坚持道德底线，独立客观地评价证据并出具审计报告，形成敬畏法制、注重品行的职业习惯和价值观念。

五、编制审计报告的基本要求

为便于审计报告使用者根据审计意见来了解和判断被审计单位的财务状况、经营成果和现金流量，发挥审计报告的作用，编制及使用审计报告时，应符合下列基本要求。

（一）审计报告意见要准确、恰当

审计报告是注册会计师对被审计单位特定时期内与会计报表反映有关的所有重大方面发表审计意见，要求注册会计师真实地反映审计情况，通过审计报告将审计意见准确地传达给报告使用者。但因委托人或其他第三者因使用审计报告不当所造成的后果，与注册会计师及其所在的会计师事务所无关。

（二）责任界限要分明

注册会计师应当按照独立审计准则的要求，通过实施适当的审计程序和审计方法，收集必要的审计证据，从而判断被审计单位会计报表的编制是否符合《企业会计准则》的要求，是否公允地反映了被审计单位的财务状况、经营成果以及现金流量，并把自己判定的结论即审计意见在审计报告中恰当地表达出来。注册会计师应对审计报告的真实性、合法性负责，这是注册会计师的责任。被审计单位会计报表的编制应符合《企业会计准则》及国家其他有关财务会计法规的规定，会计报表在所有重大方面应公允地反映其财务状况、经营成果和现金流量，这是被审计单位管理当局的责任。注册会计师的责任并不能替代或减轻被审计单位管理当局的责任，因此必须在审计报告中明确指出这两者的界限。

（三）审计证据要充分适当

审计报告是向使用者传递信息，提供其决策的依据。因此，审计报告所列的事实必须证据充分、适当，这也是发挥审计报告作用的关键所在。为此审计报告一定要从实际出发，不可虚构证据，提供伪证。一方面，审计报告所列事实必须可靠，引用资料必须经过复核；另一方面，审计报告所列事实必须具有充分性，应足以支持审计意见的形成，决不能凭主观臆断对被审计单位的财务状况、经营成果和现金流量提出审计意见。只有证据充分、适当，才能使审计报告令人信服，达到客观、公正的要求。

（四）内容要全面、完整

使用者要根据会计师事务所提供的审计报告中的审计意见，对被审计单位的财务状况、经营成果和现金流量作出正确判断。所以，注册会计师在编制审计报告时，内容一定要全面、完整。审计报告的书写格式，应当明确表明收件人、签发人、签发单位等有关内容。

（五）内容要合法

审计报告应当按照《中国注册会计师审计准则第 1501 号——审计报告》的要求编制，确保对审计对象、理由和结论等的明确表述。签署审计报告的日期应为注册会计师完成外勤审计工作的日期，而不是被审计单位资产负债表日。

本项目小结

本项目阐述了审计报告的含义、作用、种类、三大审计组织审计报告的基本结构以及注册会计师审计报告的出具。

审计报告是指审计人员根据审计准则的规定，在实施审计工作的基础上对被审计单位财务报表发表审计意见的书面文件。审计报告具有鉴证、保护和证明的作用。审计报告按照不同的分类标准具有不同的种类。

注册会计师标准审计报告包括下列要素：① 标题；② 收件人；③ 引言段；④ 管理层对财务报表的责任段；⑤ 注册会计师的责任段；⑥ 审计意见段；⑦ 注册会计师的签名和盖章；⑧ 会计师事务所的名称、地址及盖章；⑨ 报告日期。

注册会计师根据审计结果和被审计单位对有关问题的处理情况，形成不同的审计意见，出具不同类型的审计报告。审计意见的基本类型包括标准审计报告和非标准审计报告。标准审计报告是指不附加说明段、强调事项段或任何修饰性用语的无保留意见的审计报告。非标准审计报告是指标准审计报告以外的其他审计报告，包括带强调事项段的无保留意见的审计报告和非无保留意见的审计报告。非无保留意见的审计报告包括保留意见的审计报告、否定意见的审计报告和无法表示意见的审计报告。

项目七课后习题

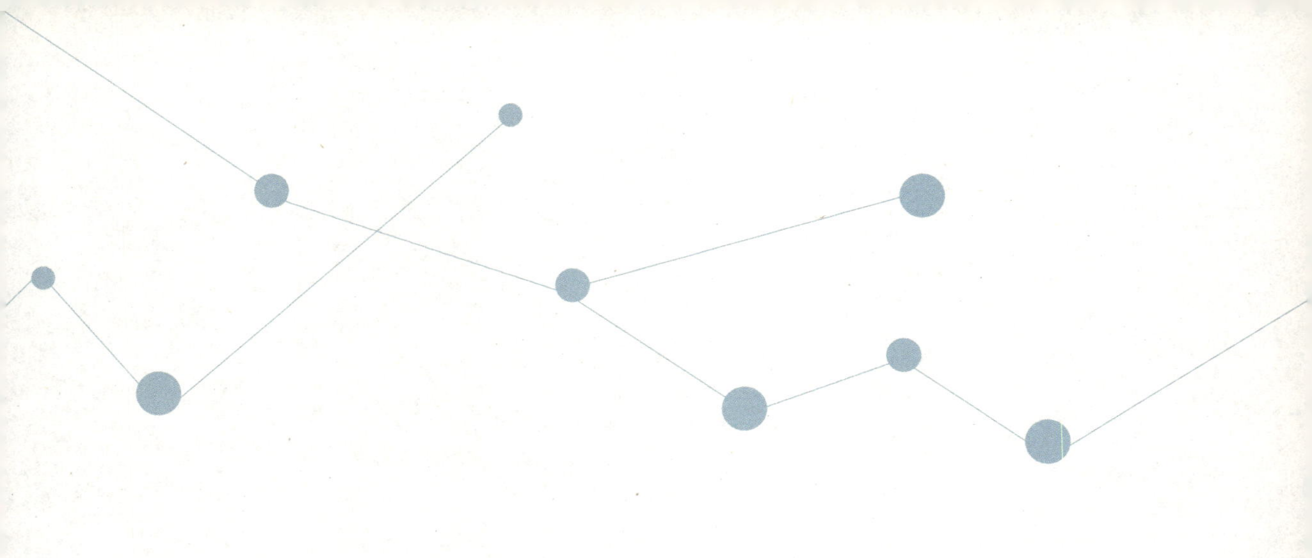

模块二

审计实务

项目八　货币资金审计

知识目标

熟悉货币资金的主要业务活动及主要凭证和记录；了解货币资金内部控制及相关内部控制的测试；掌握库存现金审计目标和实质性测试流程；掌握银行存款审计目标和实质性测试流程。

能力目标

能够根据需求设计业务活动表单；能够根据审计目标实施内部控制测试；能够识别货币资金业务舞弊的手段和类型；能够实施库存现金监盘，能够根据审计目标实施实质性测试程序，并编制审计工作底稿。

思政目标

培养学生勤勉尽责和精益专注的工匠精神；培养学生团结协作和敬业奉献的团队意识；培养学生追求卓越和勇于创新的进取精神；培养学生树立激浊扬清的社会责任意识。

任务一　认知货币资金业务

货币资金是企业流动性最强的资产，是企业进行生产经营必不可少的物质条件。企业的生产经营过程，实质上就是货币资金的垫支、支付过程和货币资金的收回、分配过程的结合。因此，企业的全部经营活动都可以通过货币资金表现出来，同时货币资金也是不法分子盗窃、贪污、挪用的重要对象。

货币资金业务概述

一、货币资金涉及的主要业务活动

（一）现金管理

（1）出纳员每日对库存现金自行盘点，编制现金报表，将现金结余额与实际库存额进行比较。会计主管不定期检查库存现金日报表。

(2) 每月末由会计主管指定出纳之外的人员进行现金盘点，编制现金盘点表，并与日记账和总账核对。

（二）银行存款管理

主要包括：银行账户管理；编制银行存款余额调节表；票据管理；印章管理。

二、货币资金涉及的凭证和会计记录

货币资金涉及的凭证和会计记录主要包括：

(1) 库存现金盘点表。

(2) 银行对账单。

(3) 银行存款余额调节表。

(4) 有关科目的记账凭证（如库存现金收付款凭证、银行收付款凭证）。

(5) 有关会计账簿（如库存现金日记账、银行存款日记账）。

三、货币资金审计同交易循环测试之间的关系

货币资金的余额同各交易循环中的业务活动存在着密切的关系。一些最终影响货币资金的错误只有通过销售、采购、投资和筹资的交易循环的审计测试才会发现。例如，未给顾客开发票、未按销售额开发票、两次支付卖方发票或支付未经验收的货物或劳务等，在现金余额测试中都不会发现。但是限制货币资金付款和货币资金收款的错误可在货币资金的业务控制测试中发现，或通过对其余额测试程序发现。例如，对已记录的现金支出通过缺省支票达到贪污的目的，或现金的截止期错误，这均可通过检查现金业务发现。货币资金同各交易循环之间的关系如图 8.1 所示。

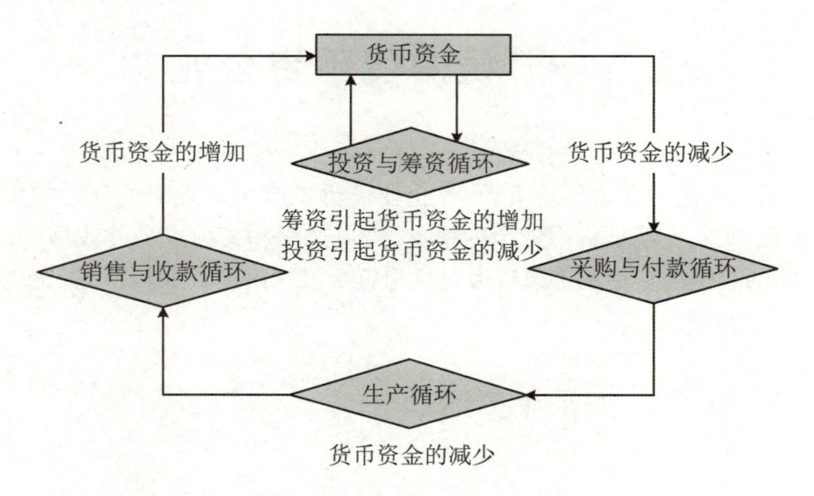

图 8.1 货币资金与其他循环之间的关系图

任务二　测试货币资金内部控制

货币资金内控及其测试

一、货币资金的内部控制

一般而言，一个良好的货币资金内部控制应该达到以下几点：① 货币资金收支与记账的岗位分离；② 货币资金收支要有合理合法的凭据；③ 全部收支及时准确入账，并且支出要有核准手续；④ 控制现金坐支，当日收入现金及时送存银行；⑤ 按月盘点现金，编制银行存款余额调节表，做到账实相符；⑥ 加强对货币资金收支业务的内部审计。

尽管由于每个企业的性质、所处行业、规模以及内部控制健全程度等不同，而使得其与货币资金相关的内部控制内容有所不同，但以下要求是通常应当共同遵循的。

（一）岗位分工及授权批准

单位应当建立货币资金业务的岗位责任制，明确相关部门和岗位的职责权限，确保办理货币资金业务的不相容岗位相互分离、制约和监督。出纳人员不得兼任稽核、会计档案保管和收入、支出、费用、债权债务账目的登记工作。单位不得由一人办理货币资金业务的全过程。

单位应当对货币资金业务建立严格的授权批准制度，明确审批人对货币资金业务的授权批准方式、权限、程序、责任和相关控制措施，规定经办人办理货币资金业务的职责范围和工作要求。审批人应当根据货币资金授权批准制度的规定，在授权范围内进行审批，不得超越审批权限。经办人应当在职责范围内，按照审批人的批准意见办理货币资金业务。对于审批人超越授权范围审批的货币资金业务，经办人有权拒绝办理，并及时向审批人的上级授权部门报告。

单位应当按照规定的程序办理货币资金支付业务：① 支付申请。单位有关部门或个人用款时，应当提前向审批人提交货币资金支付申请，注明款项的用途、金额、预算、支付方式等内容，并附有效经济合同或相关证明；② 支付审批。审批人根据其职责、权限和相应程序对支付申请进行审批，对不符合规定的货币资金支付申请，审批人应当拒绝批准；③ 支付复核。复核人应当对批准后的货币资金支付申请进行复核，复核货币资金支付申请的批准范围、权限、程序是否正确，手续及相关单证是否齐备，金额计算是否准确，支付方式、支付单位是否妥当等。复核无误后，交由出纳人员办理支付手续；④ 办理支付。出纳人员应当根据复核无误的支付申请，按规定办理货币资金支付手续，及时登记现金和银行存款日记账。

单位对于重要货币资金支付业务，应当实行集体决策和审批，并建立责任追究制度，防范贪污、侵占、挪用货币资金等行为。严禁未经授权的机构或人员办理货币资金业务或直接接触货币资金。

（二）现金和银行存款的管理

单位应当加强现金库存限额的管理，超过库存限额的现金应及时存入银行。必须根据《现金管理暂行条例》的规定，结合本单位的实际情况，确定本单位现金的开支范围。具体包括：

（1）超过库存限额的现金应及时存入银行。

（2）不属于现金开支范围的业务应当通过银行办理转账结算。

（3）不得坐支收入。

（4）货币资金收入必须及时入账，不得私设小金库，不得账外设账，严禁收款不入账。

（5）严格按照规定开立账户，办理存款、取款和结算。

（6）不准签发空头支票；不准签发、取得和转让没有真实交易和债权债务的票据。

（7）单位应当指定专人定期核对银行账户，每月至少核对一次，编制银行存款余额调节表，使银行存款账面余额与银行对账单调节相符。

（8）应当定期和不定期地进行现金盘点。

（三）票据及有关印章的管理

单位应当加强与货币资金相关的票据的管理，明确各种票据的购买、保管、领用、背书转让、注销等环节的职责权限和程序，并专设登记簿进行记录，防止空白票据的遗失和被盗用。单位应当加强银行预留印鉴的管理。财务专用章应由专人保管，个人名章必须由本人或其授权人员保管。严禁一人保管支付款项所需的全部印章。按规定需要有关负责人签字或盖章的经济业务，必须严格履行签字或盖章手续。

（四）监督检查

单位应当建立对货币资金业务的监督检查制度，明确监督检查机构或人员的职责权限，定期和不定期地进行检查。对监督检查过程中发现的货币资金内部控制中的薄弱环节，应当及时采取措施，加以纠正和完善。

二、货币资金的控制测试

如果根据注册会计师的判断，决定对货币资金采取实质性审计方案，在此情况下，无须实施测试内部控制运行的有效性的程序。

（一）库存现金的控制测试

如果被审计单位的现金交易比例较高，注册会计师可以考虑在了解和评价被审计单位现金交易内部控制的基础上，针对相关控制运行的有效性获取充分、适当的审计证据。

1．测试现金付款的审批和复核的控制

（1）询问相关业务部门的部门经理和财务经理其在日常现金付款业务中执行的内部控制，以确定其是否与被审计单位内部控制政策要求保持一致。

（2）观察财务经理复核付款申请的过程，是否核对了付款申请的用途、金额及后附相关

凭据，以及在核对无误后是否进行了签字确认。

（3）重新核对经审批及复核的付款申请及其相关凭据，并检查是否经签字确认。

2. 测试现金盘点的控制

（1）检查现金以确定其是否存在，并检查现金盘点结果。

（2）观察执行现金盘点的人员对盘点计划的遵循情况，以及用于记录和控制现金盘点结果的程序的实施情况。

（3）获取有关被审计单位现金盘点程序可靠性的审计证据。

（二）银行存款的控制测试

1. 测试银行账户的开立、变更和注销的内部控制

（1）询问会计主管被审计单位本年开户、变更、撤销的整体情况。

（2）取得本年度账户开立、变更、撤销申请项目清单，检查清单的完整性，并在选取适当样本的基础上检查账户的开立、变更、撤销项目是否已经财务经理和总经理审批。

2. 测试银行付款的审批和复核的控制

（1）询问相关业务部门的部门经理和财务经理在日常银行付款业务中执行的内部控制，以确定其是否与被审计单位内部控制政策要求保持一致。

（2）观察财务经理复核付款申请的过程，是否核对了付款申请的用途、金额及后附相关凭据，以及在核对无误后是否进行了签字确认。

（3）重新核对经审批及复核的付款申请及其相关凭据，并检查是否经签字确认。

3. 测试编制银行存款余额调节表的控制

（1）询问应收账款会计和会计主管，以确定其执行的内部控制是否与被审计单位内部控制政策要求保持一致。

（2）检查银行存款余额调节表，查看调节表中记录的企业银行存款日记账余额及银行对账单余额是否分别与银行存款日记账、银行对账单中的余额保持一致。

（3）针对调节项目，检查是否经会计主管的签字复核。

（4）针对大额未达账项进行期后收付款的检查。

任务三　实施库存现金审计的实质性程序

库存现金的实质性程序

一、库存现金的审计目标

库存现金的实质性测试要围绕着库存现金的审计目标开展。库存现金的审计目标与认定的对应关系如表 8.1 所示。

表 8.1　库存现金的审计目标与认定对应关系表

审计目标	财务报表认定				
	存在	完整性	权利和义务	计价和分摊	列报
A. 资产负债表中记录的库存现金是存在的	√				
B. 所有应当记录的库存现金均已记录		√			
C. 记录的库存现金由被审计单位拥有或控制			√		
D. 库存现金以恰当的金额包括在财务报表中，与之相关的计价调整已恰当记录				√	
E. 库存现金已按照企业会计准则的规定在财务报表中作出恰当列报					√

二、库存现金审计的实质性程序

（一）核对库存现金日记账与总账的余额是否相符(D)

注册会计师测试现金余额的起点，是核对库存现金日记账与总账的余额是否相符。如果不相符，应查明原因，并作出适当的调整，填列库存现金审定表现金未审数。

库存现金监盘案例

（二）监盘库存现金(ABCD)

对库存现金进行实地盘点，是用以查明现金是否存在、账实是否相符的一项重要程序。其盘点范围通常包括被审计单位已收到尚未存入银行的现金、零用金，找换金等其他库存有价物品。实施盘点时的主要步骤及要求如下：

(1) 制定适当的现金盘点程序。

(2) 选择合理的盘点时间，实施突击盘点。盘点的时间一般选择在上午上班前或下午下班后，采用不预告的方式进行。盘点前应将全部现金集中存入保险柜，必要时可加以封存。若被审计单位现金存放部门有几处，应同时进行盘点。

(3) 盘点的人员，通常要求审计人员必须亲自参与盘点，同时在场的人员还应包括现金出纳及财务主管，三方人员同时在场时执行盘点工作。若有人需要离开，则应暂时封存现金，等三方同时在场再继续盘点。

(4) 检查现金日记账，并与现金收付款凭证进行核对。确认现金日记账的记录与凭证的内容、金额及日期是否相符，确定盘点日现金账面结存余额。

(5) 盘点现金实存数，编制库存现金盘点表(表 8.2)。在盘点表上将盘点的结果分币种面值进行列示，并结出盘点实存数，要求参与盘点的人员均予以签章。

表 8.2 库存现金监盘表

索引号：ZA2

客　户：××有限公司　　编　制：张×　　日　期：2021-1-16

结账日：2020-12-31　　复　核：李×　　日　期：2021-1-17

检查盘点记录				实有库存现金盘点记录				
项目	项次	人民币	某外币	面额	人民币		某外币	
上一日账面库存余额	①	4890.20		1000 元	张	金额	张	金额
盘点日未记账传票收入金额	②	130.00		500 元				
盘点日未记账传票支出金额	③	676.22		100 元	20	2000.00		
盘点日账面应有金额	④=①+②-③	4343.98		50 元	40	2000.00		
盘点实有库存现金数额	⑤	4343.98		20 元				
盘点日应有与实有差异	⑥=④-⑤			10 元	16	160.00		
差异原因分析　白条抵库(张)				5 元	19	95.00		
				2 元	22	44.00		
				1 元	25	25.00		
				0.5 元	30	15.00		
				0.2 元	20	4.00		
				0.1 元		0.98		
				合计		4343.98		
追溯调整　报表日至审计日库存现金付出总额		6669.79						
报表日至审计日库存现金收入总额		4560.16						
报表日库存现金应有余额		6453.61						
报表日账面汇率								
报表日余额折合本位币金额		6453.61						
本位币合计								

出纳员：　　会计主管人员：　　监盘人：张×　　检查日期：2021-1-17

符号说明："∧"纵加核对；"G"与总账核对一致。

审计结论：库存现金余额可以确认

(6) 盘点实存数与现金日记账余额相核对。核对以实际盘点数为基础，调整后与现金日记账余额核对，调节公式如下：

现金盘点实存数＝现金日记账余额＋已收款未入账凭证－已付款未入账凭证－白条抵库数额

在非资产负债表日(通常在资产负债表日后)进行监盘时，应将监盘金额调整至资产负债表日的金额，并对变动情况实施程序，调节公式如下：

资产负债表日实有数＝盘点日的实有数－资产负债表日至盘点日的收入数＋资产负债表日至盘点日的支出数

在盘点过程中，还应注意企业是否严格执行了现金管理制度，有无超过库存现金限额，有无存在以白条抵库、挪用公款、私设小金库以及贪污舞弊等问题。若有此类问题，应在盘点表中予以反映，并对相关人员进行询问和调查。

【案例 8.1】

2019 年 1 月 15 日对某公司 2018 年 12 月 31 日的资产负债表审计中，“货币资金”项目中的库存现金为 1062.10 元。该公司 1 月 15 日现金日记账余额是 932.10 元。1 月 16 日上午 7:30，对该公司的现金进行清点，结果如下：

(1) 现金实有数为 627.34 元。

(2) 存在下列未入账的单据：

① 职工李某，预借差旅费 300 元，经领导批准。

② 职工王某，借据金额 140 元，未经批准，也未说明用途。

③ 另有 2 张收款凭证，金额 135.24 元。

④ 银行核定该公司现金限额为 800 元。

⑤ 核实该公司 1 月 1 日至 15 日的收入现金 2350 元，支出现金 2580 元。

分析要点：(1) 核实库存现金实有数。

(2) 确认 2018 年 12 月 31 日资产负债表所列数额是否公允。

(3) 对现金收支管理提出审计意见。

答案提示：(1) 公司库存现金账实一致：

1 月 15 日现金账面余额应为 982.10＋135.24－300＝767.34 元。

1 月 15 日现金实有数为 627.34 元，加上职工王某白条 140 元与账面余额相等。

(2) 2018 年 12 月 31 日库存现金应存数为 767.34－2350＋2580＝997.34 元。与资产负债表中“货币资金”项目的库存现金数额 1062.10 元不相符，应调整为 997.34 元。

(3) 公司库存现金收支、管理中存在不合法现象：

① 白条抵库 140 元，违反现金管理制度，应责成现金出纳退回。

② 库存现金超限额，2008 年末超限额为 997.34－800＝197.34 元。

(三) 抽查大金额现金收支(ABD)

注册会计师应抽查大金额现金收支的原始凭证内容是否完整，有无授权批准，并核对相关账户的进账情况，如有与被审计单位生产经营业务无关的收支事项，应查明原因，并作出相应的记录，其格式如表 8.3 所示。

表 8.3 现金大额抽查表

索引号:ZA3

客 户:××有限公司 编 制:张× 日 期:2021-1-16

结账日:2020 年 12 月 31 日 复 核:李× 日 期:2021-1-17

序号	时间	凭证号	业务内容	金额	对方科目	后附原始凭证	备注
1	10.1.14	现付 94#	发 19 年奖金	198,700.00	管理费用	奖金发放表	已代扣个人所得税
2	10.2.26	现付 59#	受销货款	45,190.00	收入税金	增值税发票	※
3	10.4.19	现付 18#	提取现金	245,600.00	银行存款	支票存根	
4	10.4.19	现付 44#	发放工资	245,600.00	应付工资	工资汇总表	
5	10.5.11	现付 73#	付制板费	21,320.00	制造费用	普通发票	
6	10.7.20	现付 67#	购手机 2 部	118,20.00	固定资产	邮电局发票	未办社控※
7	10.10.31	现付 123#	付临时工资	39,860.00	生产成本	工资表	△

符号说明:"△"发放的奖金等未通过"应付工资"核算,可不调账,但所得税清算时,作为超计税工资一并计算。"※"说明违反现金收支规定,应作为管理建议提出。

审计结论:现金发生额可确认,无跨期收付事项

【课程思政案例】

审计人员要"火眼金睛"辨析票据真伪

发票是单位财务支出报账的主要凭证。随着反腐倡廉的不断深入,一些行政事业单位请客送礼、吃喝玩乐费用、违规发放奖金补贴等一些不能堂而皇之入帐的支出,就采取虚假发票入账处理违规开支,或通过虚假发票套取现金设立账外账。为此,我们审计人员必须练就"火眼金睛",识别票据真伪。

一些单位处理违规开支或通过虚假发票套取现金设立账外账的情形主要分两类。一类是虚假发票报账处理相关账务。此类又分为以下两种:一是假发票假内容。这种假发票一般由销货单位自行违法印制,在异地发生经济业务时使用;二是真发票假内容。即发票是真的,但经济事项是假的,也可能是真真假假。

识别虚假发票应关注五类发票:一是金额较大、较少有零头的发票;二是连续号的发票或同一本的间断号发票,尤其是要关注连号或同本的发票销货单位的印章却不同的发票;三是虽不连号但同一天开具的购货内容相同发票;四是报销的金额相同,且与多数人都有关却又很零散的票据;五是突然增加的办公费用。

资料来源：http://www.yueyang.gov.cn/sjj/8689/8690/content_504861.html

【课程思政】 审计人员要有勤勉尽责、精益专注的工作态度，要树立激浊扬清的社会责任意识。

(四) 检查现金收支的正确截止(E)

被审计单位资产负债表的货币资金项目中库存现金数额，应以结账日实有数额为准。因此，注册会计师必须验证现金收支的截止日期。通常，注册会计师可考虑对结账日前后一段时期内现金收支凭证进行审计，以确定是否存在跨期事项，是否应考虑提出调整建议。检查外币现金的折算方法是否符合规定，是否与上年度一致。

(五) 检查库存现金是否在资产负债表上恰当披露(E)

根据有关规定，库存现金在资产负债表的“货币现金”项目中反映，注册会计师应在实施上述审计程序后，确定库存现金账户的期末余额是否恰当，进而确定库存现金是否在资产负债表上恰当披露，其格式如表 8.4 所示。

表 8.4　库存现金审定表

索引号：ZA3

客　户：××有限公司　　编　制：张×　　日　期：2021-1-16

结账日：2020 年 12 月 31 日　　复　核：李×　　日　期：2021-1-17

项目名称	期末未审数	账项调整		重分类调整		期末审定数	上期末审定数	索引号
		借方	贷方	借方	贷方			
现金	6453.61					6453.61		
						6453.61		
合计	6453.61							

审计结论：经审计，可以认可的货币资金余额为 6453.61 元

任务四　实施银行存款审计的实质性程序

一、银行存款的审计目标

银行存款的实质性程序

银行存款的实质性测试要围绕着银行存款的审计目标开展。银行存款的审计目标与认定的对应关系如表 8.5 所示。

表 8.5　银行存款的审计目标与认定对应关系表

审计目标	财务报表认定				
	存在	完整性	权利和义务	计价和分摊	列报
A. 资产负债表中记录的银行存款是存在的	√				
B. 所有应当记录的银行存款均已记录		√			
C. 记录的银行存款由被审计单位拥有或控制			√		
D. 银行存款以恰当的金额包括在财务报表中，与之相关的计价调整已恰当记录				√	
E. 银行存款已按照企业会计准则的规定在财务报表中作出恰当列报					√

二、银行存款审计的实质性程序

（一）银行存款日记账与总账的金额是否相符(D)

注册会计师测试银行存款余额的起点是核对银行存款日记账与总账的余额是否相符。如果不相符，应查明原因，并考虑是否应建议作出适当调整。

（二）实施分析程序(ABD)

(1) 计算定期存款占银行存款的比例，了解被审计单位是否存在高息资金拆借。如存在高息资金拆借，应进一步分析拆借资金的安全性，检查高额利差的入账情况，计算存放于非银行金融机构的存款占银行存款的比例，分析这些资金的安全性。

(2) 计算银行存款累计余额应收利息收入：① 分析比较被审计单位银行存款应收利息收入与实际利息收入的差异是否恰当；② 评估利息收入的合理性；③ 检查是否存在高息资金拆借；④ 确认银行存款余额是否存在；⑤ 利息收入是否已经完整记录。

（三）检查银行存款账户发生额(ABD)

(1) 分析不同账户发生银行存款日记账漏记银行交易的可能性，获取相关账户相关期间的全部银行对账单。

(2) 如果对被审计单位银行对账单的真实性存有疑虑，注册会计师可以在被审计单位协助下亲自到银行获取银行对账单。在获取银行对账单时，注册会计师要全程关注银行对账单的打印过程。

(3) 从银行对账单中选取交易的样本与被审计单位银行日记账记录进行核对；从被审计单位银行存款日记账上选取样本，核对至银行对账单。

(4) 浏览银行对账单，选取大额异常交易，如银行对账单上有一收一付相同金额，或分次转出相同金额等，检查被审计单位银行存款日记账上有无该项收付金额记录。

（四）取得并检查银行对账单和银行存款余额调节表(ABD)

取得(不是编制)银行存款余额调节表后，注册会计师应检查调节表中未达账项的真实性，以及资产负债表日后的入账情况，这是证实资产负债表所列银行存款是否存在的重要程序。

银行存款余额调节表通常应由被审计单位根据不同的银行账户及货币种类分别编制，其格式如表8.6所示。

表8.6　银行存款余额调节表

索引号：ZA3

客　户：××有限公司		编　制：张×	日　期：2021-1-16
结账日：2020-12-31		复　核：李×	日　期：2021-1-17
户别		币别	
项目		项目	
银行对账单余额（　年　月　日）	元	企业银行存款日记账余额（　年　月　日）	元
加：企业已收、银行未入账金额		加：银行已收、企业未入账金额	
其中：1.	元	其中：1.	元
2.	元	2.	元
减：企业已付、银行未入账金额		减：银行已付、企业未入账金额	
其中：1.	元	其中：1.	元
2.	元	2.	元
调整后银行对账单余额	元	调整后企业银行存款日记账余额	元
经办会计人员：　　　（签字）		会计主管：　　　（签字）	

取得银行存款余额调节表后，注册会计师应坚持调节表中未达账项的真实性，以及资产负债表日后的进账情况，如果查明存在应于资产负债表日之前进账的，应作出记录并提出适当的调整建议。

检查银行存款余额调节表需特别关注：

(1) 长期未达账项，查看是否存在挪用资金等事项。

(2) 银付企未付、企付银未付中支付异常的领款事项，包括没有载明收款人、签字不全等支付事项，确认是否存在舞弊。

【案例8.2】

对某企业银行存款进行审查：2020年12月31日银行存款日记账余额为26680元；银行对账单余额为25400元(经核实是正确的)12月存在的未达账项如下：

(1) 12月29日，委托银行收款2500元，银行已入账，收款通知尚未送达企业。

(2) 12月31日，企业开出现金支票一张800元，银行尚未入账。

(3) 12月31日，银行以代付企业电费500元，企业尚未收到付款通知。

(4) 12 月 31 日，企业收到外单位转账支票一张 3600 元，企业已收款入账，银行尚未入账。

(5) 12 月 15 日，收到银行收款通知金额为 3850 元，公司入账时误记为 3500 元。

分析要点：(1) 根据上述情况编制银行存款余额调节表。

(2) 假定银行存款对账单中存款余额正确无误，试问：

① 编制的调节表中发现的错误金额是多少？

② 2020 年 12 月 31 日银行存款日记账的正确余额是多少？

③ 如果 2020 年 12 月 31 日资产负债表上"货币资金"项目中银行存款余额为 28000 元，请问是否真实？

答案提示：(1) 编制银行存款余额调节表如下：

单位：××公司　　　　2020 年 12 月 31 日　　　　单位：元

项目	金额	项目	金额
公司银行存款账面余额	26680	开户银行对账单余额	25400
加：银行已收，公司未收的款项	2500	加：公司已收，银行未收的款项	3600
减：银行已付，公司未付的款项	500	减：公司已付，银行未付的款项	800
加：公司记账差错数	350		
调节后的存款余额	29030	调节后的存款余额	28200

(2) ① 调节表发现的错误金额是 830(29030－28200)元。

② 2020 年 12 月 31 日公司银行存款账面正确余额为 25850(26680－830)元。

③ 资产负债表上的"货币资金"项目中的银行存款 28000 元不真实，应加以调整。正确数额应该是 28200(25850＋2500－500＋350)元。

(五) 函证银行存款余额(AC)

银行存款函证是指注册会计师在执行审计业务过程中，需要以被审计单位名义向有关单位发函询证，以验证被审计单位的银行存款是否真实、合法、完整。按照国际惯例，财政部和中国人民银行于 1999 年 1 月 6 日联合印发了《关于做好企业的银行存款、借款及往来款项函证工作的通知》(以下简称《通知》)，《通知》对函证工作提出了明确的要求，并规定：各商业银行、政策性银行、非银行金融机构要在收到询证之日起 10 个工作日内，根据函证的具体要求，及时回函并可按照国家的有关规定收取询证费用；各有关企业或单位根据函证的具体要求回函。

函证银行存款余额是证实资产负债表所列银行存款是否存在的重要程序。通过向往来银行函证，注册会计师不仅可以了解企业资产的存在，还可了解企业账面反映所欠银行债务的情况，并有助于发现企业未入账的银行借款和未披露的或有负债。

注册会计师应向被审计单位在本年存过款(含外埠存款、银行汇票存款、银行本票存款、信用卡存款、信用证保证金存款)的所有银行发函，其中包括企业存款账户已结清的银行，因为有可能存款账户已结清，但仍有银行借款或其他负债存在。此外，虽然注册会计师已直接从某一银行取得了银行对账单和所有已付支票，但仍应向这一银行进行函证。

函证银行存款余额（表8.7）的主要目的是验证资产负债表上所列示的金额是否真实、准确，不仅可以了解被审单位银行存款的存在，还可以了解银行的债务，发现企业未登记的银行借款。函证时，应向被审单位本年度存过款的所有银行发函，包括存款户已结清的银行。

表8.7　银行询证函

__________（银行）：

本公司聘请的__________会计师事务所正在对本公司的会计报表进行审计，按照中国注册会计师独立审计准则的要求，应当询证本公司与贵行的存款、借款往来事项。下列数据出自本公司账簿记录，如与贵行记录相符，请在本函下端“数据证明无误”处签章证明；如有不符，请在“数据不符”处列明不符金额。有关询证费可直接从本公司__________账户中收取。

回函请直接寄至__________会计师事务所。

通信地址：

邮编：　　　　　　　　电话：　　　　　　　　传真：

截至　　年　月　日，本公司银行存款、借款账户余额等列示如下：

A. 银行存款

账户名称	银行账号	币种	利率	余额	备注

B. 银行借款

银行账号	币种	余额	借款日期	还款日期	利率	借款条件	备注

其他事项：

（公司签章）　　　（日期）

结论：1. 数据证明无误。　　　（银行签章）　　　（日期）

2. 数据不符，请列明不符金额（银行签章）　　　（日期）

（六）对定期存款或限定用途的存款，应查明情况，作出记录（AC）

（1）对已质押的定期存款，应检查定期存单，并与相应的质押合同核对，同时关注定期存单对应的质押借款有无入账。

（2）对未质押的定期存款，应检查开户证书原件。

（3）对审计外勤工作结束日前已提取的定期存款，应核对相应的兑付凭证、银行对账单和定期存款复印件。

(七) 抽查大额银行存款的收支(ABD)

表 8.8　银行存款检查情况表

索引号:ZB4

客　户:××有限公司　　　　编　制:张×　　　　日　期:2021-1-16

结账日:2020-12-31　　　　复　核:李×　　　　日　期:2021-1-17

记账日期	凭证编号	业务内容	对应科目	余额	核对内容(用"√""×")表示						备注
					1	2	3	4	5	6	
2020.4.15	银付15	咨询费用	管理费用	100000.00	×	×	×	√	×		
……											

核对内容说明:1. 原始凭证是否齐全;2. 记账凭证与原始凭证是否相符;3. 账务处理是否正确;4. 是否记录于恰当的会计期间;5. ……

审计说明:该笔款项并非真正的咨询费用,而是假做咨询费用,将10万元款项转移至××商贸公司,调整分录见工作底稿SE2

注册会计师应抽查大额银行存款(含外埠存款、银行汇票存款、银行本票存款、信用证存款)收支的原始凭证内容是否完整,有无授权批准,并核对相关账户的进账情况(表8.8)。如有与被审计单位生产经营业务无关的收支事项,应查明原因并作相应的记录。

【案例 8.3】

审计人员对某企业的资产负债表中货币资金进行重点审查。在"银行存款日记账"中,发现8月6日5号收款凭证的摘要记录"存人暂存款",金额为60000元,7月20日、21日和25日分别在10号、12号和30号凭证摘要注明"提现",金额各为20000元。

疑点:审计人员怀疑该企业有出租账号行为。

审计过程与分析:审计人员首先调出5号收款凭证,其分录为:

借:银行存款　　　　　　　　　　60000

　贷:其他应付款——长城公司　　　　　　60000

所附的原始凭证仅有一张"进账单"。调出10号凭证,支票用途为"差旅费";12号凭证,支票用途为"支付季度奖";30号凭证,支票用途为"备用金"。依据这一线索,查阅"现金日记账"时,发现7月30日35号付出凭证,摘要为:"付暂存款"60000元。调出35号凭证,见其分录为:

借:其他应付款——长城公司　　　　60000

　贷:库存现金　　　　　　　　　　　　60000

其原始凭证为某公司打出的白条收据。查账人员审查某公司的账簿记录,尚未有30000元的收入。在某公司领导的支持下,查阅了商品销售明细账,发现某公司在7月4日销售了一批商品,其款为60000元,与购货方联系,核定已付款。与银行取得联系,款项已划到被查企业。在事实面前,经办人员说出了全部真相:被查单位会计和出纳各得8000元好处费,其余款项由经办人贪污。

处理与调整:令经办人退出全部赃款,退还某公司;对被查单位会计、出纳各处罚款800元并退回全部赃款。由于被查单位出租账号,其收入属某公司,被查单位可不再调账。对于罚款收入,可作如下分录:

借:库存现金　　　　　　　　　　800

　　贷:营业外收入　　　　　　　　　　800

(八) 关注是否有质押、冻结等对变现有限制或存放在境外的款项(CE)

略。

(九) 检查银行存款收支的正确截止(AB)

抽查资产负债表日前后若干天的银行存款收支凭证实施截止测试,关注业务内容及对应项目,如有跨期收支事项,应考虑是否应提出调整建议。

(十) 检查外币银行存款的折算(D)

是否符合有关规定,是否与上年度一致。对不符合现金及现金等价条件的银行存款在审计工作底稿中予以列明。

(十一) 确定银行存款的披露是否恰当(E)

根据有关规定,企业的银行存款在资产负债表的"货币资金"项目中反映,所以,注册会计师应在实施上述审计程序后,确定银行存款账户的期末余额是否恰当,进而确定银行存款是否在资产负债表上恰当披露,其格式如表8.9所示。

表8.9 银行存款审定表

项目名称	期末未审数	账项调整		重分类调整		期末审定数	上期末审定数	索引号
		借方	贷方	借方	贷方			
银行存款	3410369.00	547500.00				3957869.00		SD2、SF2、SE2
合计	3410369.00					3957869.00		

审计结论:经审计,可以认可的货币资金余额为3410369.00元

本项目小结

本项目主要介绍了货币资金审计的主要内容。

认知货币资金包括主要业务活动和涉及的主要凭证和账户两部分内容。

货币资金的内部控制主要包括：① 岗位分工及授权批准；② 现金和银行存款的管理；③ 票据及有关印章的管理；④ 监督检查。

项目八课后习题

货币资金的控制测试包括库存现金和银行存款关键控制点的测试。

货币资金的实质性测试主要涉及库存现金和银行存款等账户。

项目九　销售与收款循环审计

知识目标

熟悉销售与收款循环的主要业务活动及主要凭证和记录；了解销售与收款循环内部控制及相关内部控制的测试；掌握营业收入审计目标和实质性测试流程；掌握应收账款审计目标和实质性测试流程。

能力目标

能够根据需求设计业务活动表单；能够根据审计目标实施内部控制测试；能够识别销售与收款业务舞弊的手段和类型；能够实施应收账款函证；能够根据审计目标实施实质性测试程序，并编制审计工作底稿。

思政目标

培养学生勤勉尽责和精益专注的工匠精神；培养学生团结协作和敬业奉献的团队意识；培养学生追求卓越和勇于创新的进取精神；培养学生树立激浊扬清的社会责任意识。

任务一　认知销售与收款循环业务

销售与收款循环是企业的重要业务循环之一。它涉及两部分内容：一是本业务循环涉及的主要业务活动；二是本业务循环涉及的主要凭证和会计记录。为顺利地完成对销售与收款循环的审计，审计人员应当熟悉销售与收款循环涉及的主要业务活动、相关的凭证和记录以及这些活动、凭证与记录及相关部门之间的对应关系。

销售与收款循环概述

一、销售与收款循环涉及的主要业务活动

（一）接受顾客订单

顾客提出订货要求是整个销售与收款循环的起点。从法律上讲，这是购买某种货物或接受某种劳务的一项申请。顾客的订单只有在符合企业管理层的授权标准时，才能被接受。

管理层一般都列出了已批准销售的顾客名单。销售单管理部门在决定是否同意接受某顾客的订单时，应追查该顾客是否被列入这张名单。如果该顾客未被列入，则通常需要由销售单管理部门的主管来决定是否同意销售。

很多企业在批准了顾客订单之后，下一步就应编制一式多联的销售单。销售单是证明管理层有关销售交易的"发生"认定的凭据之一，也是此笔销售的交易轨迹的起点。

（二）批准赊销信用

对于赊销业务，赊销批准是由信用管理部门根据管理层的赊销政策在每个顾客的已授权的信用额度进行的。信用管理部门的职员在收到销售单管理部门的销售单后，应将销售单与该顾客已被授权的赊销信用额度以及至今尚欠的账款余额加以比较。执行人工赊销信用检查时还应合理划分工作职责，以切实避免销售人员为扩大销售而使企业承受不适当的信用风险。

企业应对每个新顾客进行信用调查，包括获取信用评审机构对顾客信用等级的评定报告。无论批准赊销与否，都要求被授权的信用管理部门人员在销售单上签署意见，然后再将已签署意见的销售单送回销售单管理部门。

设计信用批准控制的目的是降低坏账风险，因此，这些控制与应收账款账面余额的"计价和分摊"认定有关。

（三）按销售单供货

企业管理层通常要求商品仓库只有在收到经过批准的销售单时才能供货。设立这项控制程序的目的是防止仓库在未经授权的情况下擅自发货。因此，已批准销售单的一联通常应送达仓库，作为仓库按销售单供货和发货给装运部门的授权依据。

（四）按销售单装运货物

将按经批准的销售单供货与按销售单装运货物职责相分离，有助于避免负责装运货物的职员在未经授权的情况下装运产品。此外，装运部门职员在装运之前，还必须进行独立验证，以确定从仓库提取的商品都附有经批准的销售单，并且所提取商品的内容与销售单一致。

装运凭证是指一式多联的、连续编号的提货单，可由电脑或人工编制。按序归档的装运凭证通常由装运部门保管。装运凭证提供了商品确实已装运的证据，因此，它是证实销售交易"发生"认定的另一种形式的凭据。而定期检查以确定在编制的每张装运凭证后均已附有相应的销售发票，则有助于保证销售交易"完整性"认定的正确性。

（五）向顾客开具账单

开具账单包括编制和向顾客寄送事先连续编号的销售发票。这项功能所针对的主要问题是：① 是否对所有装运的货物都开具了账单（即"完整性"认定问题）；② 是否只对实际装运的货物才开具账单，有无重复开具账单或虚构交易（即"发生"认定问题）；③ 是否按已授权批准的商品价目表所列价格计价开具账单（即"准确性"认定问题）。

（六）记录销售

在手工会计系统中，记录销售的过程包括区分赊销、现销。按销售发票编制转账记账凭证或现金、银行存款收款凭证，再据以登记销售明细账和应收账款明细账或库存现金、银行存款日记账。

（七）办理和记录现金、银行存款收入

这项功能涉及的是有关货款收回，现金、银行存款增加以及应收账款减少的活动。在办理和记录现金、银行存款收入时，最应关心的是货币资金失窃的可能性。货币资金失窃可能发生在货币资金收入登记入账之前或登记入账之后。处理货币资金收入时最重要的是要保证全部货币资金都必须如数、及时地记入库存现金、银行存款日记账或应收账款明细账，如数、及时地将现金存入银行。在这方面，汇款通知单起着很重要的作用。

（八）办理和记录销售退回、销售折扣与折让

顾客如果对商品不满意，销售企业一般都会同意接受退货，或给予一定的销售折让；顾客如果提前支付货款，销售企业则可能会给予一定的销售折扣。发生此类事项时，必须经授权批准并应确保办理此事有关的部门和职员各司其职，分别控制实物流和会计处理。在这方面，严格使用贷项通知单无疑会起到关键的作用。

（九）注销坏账

不管赊销部门的工作如何主动，顾客因宣告破产、死亡等原因而不支付货款的事仍时有发生。销售企业若认为某项货款再也无法收回，就必须注销这笔货款。对这些坏账，正确的处理方法应该是获取货款无法收回的确凿证据，经适当审批后及时作出会计调整。

（十）提取坏账准备

坏账准备提取的数额必须能够抵补企业以后无法收回的销货款。

二、本业务循环涉及的主要凭证和会计记录

在内部控制比较健全的企业，处理销售与收款通常需要使用很多凭证和会计记录。典型的销售与收款循环所涉及的主要凭证和会计记录有以下几种：

(1) 顾客订货单。即顾客提出的书面购货要求。企业可以通过销售人员或其他途径，如采用电信函和向现有的及潜在的顾客发送订货单等方式接受订货，取得顾客订货单。

(2) 销售单。是列示顾客所订商品的名称、规格、数量以及其他与顾客订货单有关信息的凭证，作为销售方内部处理顾客订货单的依据。

(3) 发运凭证。即在发运货物时编制的，用以反映发出商品的规格、数量和其他有关内容的凭据。发运凭证的一联寄送给顾客，其余联（一联或数联）由企业保留。这种凭证可用作向顾客开具账单的依据。

(4) 销售发票。是一种用来表明已销售商品的规格、数量、价格、销售金额、运费和保险

费、开票日期、付款条件等内容的凭证。销售发票的一联寄送给顾客,其余联由企业保留。销售发票也是在会计账簿中登记销售交易的基本凭证。

(5) 商品价目表。是列示已经授权批准的、可供销售的各种商品的价格清单。

(6) 贷项通知单。是一种用来表示由于销售退回或经批准的折让而引起的应收销货款减少的凭证。这种凭证的格式通常与销售发票的格式相同,只不过它不是用来证明应收账款的增加,而是用来证明应收账款的减少。

(7) 应收账款明细账。是用来记录每个顾客各项赊销、还款、销售退回及折让的明细账。各应收账款明细账的余额合计数应与应收账款总账的余额相等。

(8) 主营业务收入明细账。是一种用来记录销售交易的明细账。它通常记载和反映不同类别产品或劳务的销售总额。

(9) 折扣与折让明细账。是一种用来核算企业销售商品时,按销售合同规定为了及早收回货款而给予顾客的销售折扣和因商品品种、质量等原因而给予顾客的销售折让情况的明细账。当然,企业也可以不设置折扣与折让明细账,而将该类业务记录于主营业务收入明细账。

(10) 汇款通知书。是一种与销售发票一起寄给顾客,由顾客在付款时再寄回销售单位的凭证。这种凭证注明顾客的姓名、销售发票号码、销售单位开户银行账号以及金额等内容。如果顾客没有将汇款通知书随同货款一并寄回,一般应由收受邮件的人员在开拆邮件时再代编一份汇款通知书。采用汇款通知书能使现金立即存入银行,可以改善资产保管的控制。

(11) 库存现金日记账和银行存款日记账。是用来记录应收账款的收回或现销收入以及其他各种现金、银行存款收入和支出的日记账。

(12) 坏账审批表。是一种用来批准将某些应收款项注销为坏账的,仅在企业内部使用的凭证。

(13) 顾客月末对账单。是一种按月定期寄送给顾客的用于购销双方定期核对账目的凭证。顾客月末对账单上应注明应收账款的月初余额、本月各项销售交易的金额、本月已收到的货款、各贷项通知单的数额以及月末余额等内容。

(14) 转账凭证。是指记录转账业务的记账凭证,它是根据有关转账业务(即不涉及现金、银行存款收付的各项业务)的原始凭证编制的。

(15) 收款凭证。是指用来记录现金和银行存款收入业务的记账凭证。

销售与收款循环涉及的主要业务活动、相关的凭证及相关部门之间的对应关系如表9.1所示。

表9.1 销售与收款业务循环的相关内容一览表

主要业务活动	涉及的凭证及记录	相关的主要部门
1. 接受顾客订单	顾客订货单 、销售单	销售单管理部门
2. 批准赊销信用	销售单	信用管理部门
3. 按销售单发货及装运	销售单、发运凭证	仓库、装运部门

续表

主要业务活动	涉及的凭证及记录	相关的主要部门
4. 向顾客开具销售发票	销售单、装运凭证、商品价目表、销售发票	开具账单部门
5. 记录销售业务	销售发票及附件、转账凭证、现金、银行存款收款凭证、应收账款明细账、销售明细账及现金、银行存款明细账、顾客月末对账单	会计部门
6. 办理和记录货币资金收入	汇款通知单、收款凭证、现金日记账、银行存款日记账	会计部门
7. 办理和记录销货退回、折扣与折让	贷项通知单	会计部门、仓库
8. 定期向客户对账和催收货款	应收账款对账单	赊销部门、会计部门
9. 注销坏账与提取坏账准备	坏账审批表	赊销部门、会计部门

任务二　测试销售与收款循环内部控制

一、销售与收款循环内部控制

销售与收款循环内部控制与控制测试

(一) 适当的职责分离

适当的职责分离有助于防止各种有意或无意的错误。例如,主营业务收入账如果由记录应收账款账之外的职员独立登记,并由另一位不负责账簿记录的职员定期调节总账和明细账,就构成了一项自动交互牵制;规定负责主营业务收入和应收账款记账的职员不得经手货币资金,也是防止舞弊的一项重要控制。另外,销售人员通常有一种乐观地对待销售数量的自然倾向,而不问它是否将以巨额坏账损失为代价,赊销的审批则在一定程度上可以抑制这种倾向。因此,赊销批准职能与销售职能的分离,也是一种理想的控制。

有关销售与收款业务相关职责适当分离的基本要求通常包括:

(1) 主营业务收入账由记录应收账款账之外的职员独立登记,并由另一位不负责账簿记录的职员定期调节总账和明细账。

(2) 负责主营业务收入和应收账款记账的职员不得经手货币资金。

(3) 销售人员应当避免接触销货现款。

(4) 赊销批准职能与销售职能的分离。

(5) 企业应当分别设立办理销售、发货、收款三项业务的部门(或岗位)。

(6) 销售合同订立前,应当指定专门人员就销售价格、信用政策、发货及收款方式等具体事项与客户进行谈判。谈判人员至少应有两人,并与订立合同的人员相分离。

(7) 编制销售发票通知单的人员与开具销售发票的人员应相互分离。

(8) 应收票据的取得和贴现必须经由保管票据以外的主管人员的书面批准。

（二）正确的授权审批

对于授权审批问题，注册会计师应当关注以下四个关键点上的审批程序：其一，在销售发生之前，赊销已经正确审批；其二，非经正当审批，不得发出货物；其三，销售价格、销售条件、运费、折扣等必须经过审批；其四，审批人应当根据销售与收款授权批准制度的规定，在授权范围内进行审批，不得超越审批权限。对于超过单位既定销售政策和信用政策规定范围的特殊销售交易，单位应当进行集体决策。

前两项控制的目的在于防止企业因向虚构的或者无力支付货款的客户发货而蒙受损失；价格审批控制的目的在于保证销售交易按照企业定价政策规定的价格开票收款；对授权审批范围设定权限的目的则在于防止因审批人决策失误而造成严重损失。

（三）充分的凭证和记录

只有具备充分的记录手续，才有可能实现其他各项控制目标。例如，有的企业在收到客户订货单后，就立即编制一份预先编号的一式多联的销售单，分别用于批准赊销、审批发货、记录发货数量以及向客户开具账单等。在这种制度下，只要定期清点销售发票，漏开账单的情形几乎就不太会发生。相反的情况是，有的企业只在发货以后才开具账单，如果没有其他控制措施，这种制度下漏开账单的情况就很可能会发生。

（四）凭证的预先编号

对凭证预先进行编号，旨在防止销售以后忘记向客户开具账单或登记入账，也可防止重复开具账单或重复记账。当然，如果对凭证的编号不作清点预先编号就会失去其控制意义。由收款员对每笔销售开具账单后，将发运凭证按顺序归档，而由另一位职员定期检查全部凭证的编号，并调查凭证缺号的原因，就是实施这项控制的一种方法。

（五）按月寄出对账单

由不负责现金出纳和销售及应收账款记账的人员按月向客户寄发对账单，能促使客户在发现应付账款余额不正确后及时反馈有关信息，因而这是一项有用的控制。为了使这项控制更加有效，最好将账户余额中出现的所有核对不符的账项，指定一位不掌管货币资金也不记载主营业务收入和应收账款账目的主管人员处理。

（六）内部核查程序

企业应当建立对销售与收款内部控制的监督检查制度，单位监督检查机构或人员应通过实施控制测试和实质性程序检查销售与收款业务内部控制制度是否健全，各项规定是否得到有效执行。

二、销售与收款循环的控制测试

（一）抽取一定数量的销售发票

作如下检查：① 检查发票是否连续编号，作废发票的处理是否正确；② 核对销售发票与销售订单、销售通知单、出库单（或提货单）所载明的品名、规格、数量、价格是否一致；③ 检查销售通知单上是否有信用部门的有关人员核准赊销的签字；④ 销售发票中所列的数量、单价和金额是否正确，包括将销售发票中所列商品的单价与商品价目表的价格进行核对，验算发票金额的正确性；⑤ 从销售发票追查至有关的记账凭证、应收账款明细账及主营业务收入明细账，确定被审计单位是否正确、及时地登记有关的凭证、账簿。

（二）抽取一定数量的出库单或提货单

与相关的销售发票相核对，检查已发出的商品是否均已向顾客开出发票。

（三）从主营业务收入明细账中抽取一定数量的会计记录

与有关的记账凭证、销售发票进行核对，以确定是否存在收入高估或低估的情况。

（四）抽取一定数量的销售调整业务的会计凭证

检查销售退回、折让、折扣的核准与会计核算。主要包括：① 确定销售退回与折让的批准与贷项通知单的签发职责是否分离；② 确定现金折扣是否经过适当授权，授权人与收款人的职责是否分离；③ 查销售退回和折让是否附有按顺序编号并经主管人员核准的贷项通知单；④ 检查退回的商品是否具有仓库签发的退货验收报告（或入库单），并将验收报告的数量、金额与贷项通知单等进行核对；⑤ 确定退货、折扣、折让的会计记录是否正确。

（五）抽取一定数量的记账凭证、应收账款明细账

作如下检查：① 从应收账款明细账中抽取一定的记录并与相应的记账凭证进行核对，比较二者登记的时间、金额是否一致；② 从应收账款明细账中抽查一定数量的坏账注销的业务，并与相应的记账凭证、原始凭证进行核对，确定坏账的注销是否合乎有关法规的规定、企业主管人员是否核准等；③ 确定被审计单位是否定期与顾客对账，在可能的情况下，将被审计单位一定期间的对账单与对应的应收账款明细账的余额进行核对，如有差异，则进行追查。

（六）观察职员获得或接触资产、凭证和记录的途径

包括存货、销售通知单、出库单、销售发票、凭证与账簿、现金及支票等，并观察职员在执行授权、发货、开票等职责时的表现，确定被审计单位是否存在必要的职务分离、内部控制的执行过程中是否存在弊端。

在对被审计单位的内部控制系统进行了必要的了解与测试之后，注册会计师应当对其控制风险作出评价，并对实质性测试的内容作出相应的调整。同时，对测试过程中发现的问

题，应当在工作底稿中作出记录，并以适当的形式告知被审计单位的管理当局。

销售与收款循环的内部控制和控制测试如表9.2所示。

表9.2　销售与收款循环的内部控制和控制测试

关键内部控制点	重要控制程序	主要控制测试
1. 适当的职责分离（有助于防止各种有意或无意的错误）	1. 收入账与应收账款账记账职员相分离，由另一位定期调节总账和明细账； 2. 收入账和应收账款账记账职员不得经手货币资金； 3. 赊销批准职能与销货职能分离	观察有关人员的活动及与这些人讨论
2. 正确的授权审批（防止向虚构的或者无力付款的顾客发货；保证按照规定的价格开票收款）	1. 销货前，赊销业经正确审批； 2. 非经正当审批，不得发出货物； 3. 销售价格、销售条件、运费、折扣等必须经过审批	检查凭证有无在三个关键点上经过审批
3. 充分的凭证和记录（只有具备充分的记录手续，才有可能实现其他各项控制目标）	在收到顾客订货单后，立即编制一份预先编号的一式多联销售单，分别用于批准赊销、审批发货、记录发货数量以及向顾客开具账单等，以避免漏开账单	检查凭证和记录
4. 凭证的预先编号（旨在防止销货以后忘记向顾客开具账单或登记入账，也可防止重复开具账单或重复记账）	由收款员对每笔发货开具账单后，将发运凭证按顺序归档，而由另一位职员定期检查全部凭证的编号，并调查凭证缺号的原因	清点各种凭证，这种测试程序可同时提供有关真实性和完整性目标的证据
5. 按月寄出对账单	由不负责现金出纳和销货及应收账款记账的人员按月向顾客寄发对账单，能促使顾客在发现应付账款余额不正确后及时作出说明	观察指定人员寄送对账单和审查顾客复函档案
6. 内部核查程序	检查开票员所保管的未开票发运凭证，确定是否包括所有应开票的发运凭证在内	审查内部审计人员报告，或其他独立人员在他们核查的凭证上的签字

【案例9.1】

注册会计师L于2020年12月1日至7日对甲公司销售和收款循环的内部控制进行了解和测试，并在相关审计工作底稿中记录了了解和测试的事项，摘录如下：

1. 甲公司产成品发出时，由销售部填制一式四联的出库单。仓库发出产成品后，将第一联出库单留存登记产成品卡片，第二联交销售部留存，第三、四联交会计部会计人员A登记产成品总账和明细账。

2. 会计人员B负责开具销售发票。在开具销售发票之前，先取得仓库的发货记录和销售商品价目表，然后填写销售发票的数量、单价和金额。

要求:根据上述摘录,请代注册会计师指出甲公司在销售与收款循环内部控制方面的缺陷,并提出改进建议。

分析:甲公司销售与收款内部控制缺陷有:

1. 会计人员A同时登记产成品总账和明细账,不相容职务未进行分离。应建议甲公司由不同的会计人员登记产成品总账和明细账。

2. 会计人员B开销售发票不能只依据发货单和价目表,因为实际销售的数量和结算价格可能会与发货单数量和价目表上的价格不一致。应建议甲公司会计人员B应先核对装运凭证和相应的经批准的销售单,并根据已授权批准的商品价格填写销售发票的价格,根据装运凭证上的数量填写销售发票的数量,再根据数量和价格计算出金额。

任务三　实施营业收入审计的实质性程序

一、营业收入的审计目标

营业收入的实质性测试要围绕着营业收入的审计目标开展。营业收入的审计目标与认定的对应关系如表9.3所示。

表9.3　营业收入审计目标与认定的对应关系表

审计目标	财务报表认定					
	发生	完整性	准确性	截止	分类	列报
A. 利润表中记录的营业收入已发生,且与被审计单位有关	√					
B. 所有应当记录的营业收入均已记录		√				
C. 与营业收入有关的金额及其他数据已恰当记录			√			
D. 营业收入已记录于正确的会计期间				√		
E. 营业收入已记录于恰当的账户					√	
F. 营业收入已按照企业会计准则的规定在财务报表中作出恰当的列报						√

二、营业收入审计的实质性程序

营业收入实质性程序——明细表和分析程序

(一) 获取或编制营业收入明细表(C)

获取或编制营业收入明细表(表9.4),复核加计是否正确,并与总账数和明细账合计数核对是否相符(表 9.5),结合其他业务收入科目与报表数核对是否相符;检查以非记账本位币结算的营业收入的折算汇率及折算是否正确。

表 9.4　营业收入明细表

索引号:SA2

客　户:××有限公司　　编　制:王×　　日　期:2021-1-16

审查期间:2020 年度　　复　核:李×　　日　期:2021-1-17

月份	甲产品	乙产品	劳务收入	出租收入	销售原材料收入	合计
1	1304589.00	3308769.89	87659.00	5000.00	787865.65	5493883.54
…	……	……	……	……	……	……
6	436789.76C	2308789.00C	65789.98C	3000.00C	564837.00	3379205.74
7	782947.00	2985987.00	65798.98	3000.00	675839.00	4513571.98
8	882842.00	2876987.89	108976.78	3000.00	374837.00	4246643.67
9	897639.00	2678654.00	65789.98	5025.00	748373.00	4395480.98
10	780987.00	2838489.00	11876.76	5025.00	485839.00	4122216.76
11	776589.00	2978365.00	87659.89	5025.00	563789.00	4411427.89
12	1171088.15C	3602305.78C	143542.39	5025.00	660030.15	5581991.47
合计	10654512.36∧	35228901.86∧	895475.52∧	52100.00∧	7726297.12∧	54557286.86∧

符号说明:“∧”竖加正确;“S”已与明细账核对相符,并作了必要抽查;“G”与总账核对相符;“C”已抽查明细账大额与记账凭证及其附件核对,未发现较大差异

表 9.5　销售明细与总账核对纪录

(8 月份)

索引号:SA3

客　户:××有限公司　　编　制:王×　　日　期:2021-1-16

审查期间:2020.1.1—12.31　　复　核:李×　　日　期:2021-1-17

品种	明细账数	抽查说明
甲产品	782947.00	本月共计发生销售 32 笔,抽查 21 笔,共 78 万元,核对了必要单证及会计处理,无差异
乙产品	2985987.00	本月共发生 16 笔,抽查 8 笔,无不当处理
劳务收入	65798.98	………
出租收入	3000.00	本月发生 19 笔,抽查 8 笔,无不当处理
销售原材料收入	675839.00	本月发生 4 笔,抽查 3 笔,无不当处理
合计	4513571.98G	

符号说明:“G”与总账 7 月末本期发生数相符

（二）实质性分析程序（AC\BC）

（1）将本期的主营业务收入与上期的主营业务收入进行比较，分析产品销售的结构和价格变动是否异常，并分析异常变动的原因。

（2）计算本期重要产品的毛利率，与上期比较，检查是否存在异常，各期之间是否存在重大波动，查明原因。

（3）比较本期各月各类主营业务收入的波动情况，分析其变动趋势是否正常，是否符合被审计单位季节性、周期性的经营规律，查明异常现象和重大波动的原因。

（4）将本期重要产品的毛利率与同行业企业进行对比分析，检查是否存在异常。

（5）根据增值税发票申报表或普通发票，估算全年收入，与实际收入金额比较。

表 9.6　产品销售收入、销售成本分析表

索引号：SA4

客　户：××有限公司　　编　制：王×　　日　期：2021.1.20

审查期间：2020.12.31　　复　核：李×　　日　期：2021.1.21

月份	全部产品			男士西服套装		
	销售收入	销售成本	成本率	销售收入	销售成本	成本率
1	5493883.54	3296330.12	60%	3308769.89	1985261.93	60%
2	5931648.43	3262406.64	55%	3570987.76	2142592.66	60%
3	4668901.54S	2614584.86	56%	2936789.89S	1615234.44	55%
4	4614406.63	2630211.78	57%	2876987.65	1754962.47	61%
5	3197908.23	1982703.10	62%	2265789.00	1472762.85	65%
6	3379205.74	1993731.39	59%	2308789.00	1616152.30	70%
7	4513571.98	2753278.91	61%	2985987.00	2239490.25	75%
8	4246643.67	2335654.02	55%	2876987.89	2013891.52	70%
9	4395480.98	2593333.78	59%	2678654.00	1821484.72	68%
10	4122216.76	2514552.22	61%	2838489.00	1759863.18	62%
11	4411427.89	3132113.80	71%	2978365.00	1846586.30	62%
12	5581991.47S	3349194.88	60%	3602305.78S	2449567.93	68%
合计	54557286.86G	32458095.50		35228901.86G	22717850.55	

符号说明："S"与明细账核对相符；"G"与总账核对相符。

审计说明：销售成本率比较平稳，为65%左右，无异常情况。销售成本上升，主要由于生产男士西服套装所使用的B材料涨价所致，已抽查销售成本的结转，无不当

【案例 9.2】

审计人员对A公司2020年度的销售收入进行分析性复核时发现本年度的销售收入比上年明显减少，对照在前期调查了解到A公司本年度生产销售情况是历史上最好的实际情况，审计人员感到销售收入的真实性值得怀疑，于是，抽查了9月份、12月份相关的会计凭证，发现其原始凭证中有销货发票的记账联，而记账凭证中反映的是"应付账款"，共计120

万元。审计人员针对这种情况，询问了有关的当事人，并向应付账款的对方企业函证，结果发现A公司是将企业正常的销售收入反映在“应付账款”中，作为其他企业的暂存款处理。

审计处理：(1) 扩大抽查原始凭证的比例，检查其他月份是否存在将正常销售收入反映在”应付账款”中的事项。

(2) 提请被审计单位作相应的会计调整，并调整会计报表相关的数额。

(3) 如果被审计单位拒绝接受调整，则把查证金额与重要性水平相比，选择相应的审计报告的类型。

分析：审计人员在审计销售收入时，要关注被审计单位是否少计或多计销售收入。一般情况下，企业少计销售收入的途径有：

(1) 将正常的销售收入反映在“应付账款”中，作为其他企业的暂存款处理，将记账联单独存放，造成当期收入减少，达到少缴税的目的。此案例中A公司就是如此。

(2) 已实现的销售收入，不确认或延期确认。

(3) 以“应收账款”或“银行存款”账户与“库存商品”相对应，直接抵减“库存商品”或“产成品”，少计收入。

(4) 虚增销售退回，即销售退回仅用红字借记“应收账款”、贷记“主营业务收入”、“应交税金—应交增值税(销项税额)”的会计分录，记账凭证后面没有红联销售发票、销售退回单、商品验收单等原始凭证等。

企业多计销售收入的方法有：

(1) 没有实现的销售提前确认销售收入。

(2) 虚构销售业务等次年作退货处理，虚构收入等。

(3) 母子公司或关联企业之间在年底互开发票，虚构收入等。

审计人员一般要实施顺查或逆查的方法查证这些事项，并提请被审计单位予以纠正，否则，发表保留意见或否定意见的审计报告。

【课程思政案例】

虚增收入均超100亿，风险都在细节里

同济堂是一家中药企业，主营医药批发的商业业务，自产业务不多，在2022年上半年刚刚退市。本来2015年之后企业就有退市风险，但2016－2019年企业通过造假，导致2016－2019年虚增利润总额分别为6.8亿元、9.2亿元、8.3亿元、3.86亿元，从而维持了盈利避免退市，前三年连审计公司都“查不出来”。那么同济堂造假真的高深莫测吗，它主要的造假手法都有哪些呢?

虚增收入是最主要的一步，2016—2018年同济堂主要通过三家子公司虚构销售及采购业务、伪造银行回单等虚增收入，累计虚增收入207.35亿元，2019年则通过虚增营业收入——其他业务收入3.86亿元，虚增利润总额3.86亿元。对此，因为无法接触到业务经营甚至票据、单据，我们并不能判断出来企业是否有造假嫌疑，但经过对企业财务报表的分析仍然可以发现一些问题，比如说同济堂的存货周转率出奇的高等，在医药行业或者说医药商业行业，实际存货周转率能达到10次以上的企业都不多，大多数是一些医疗服务企业，同济堂又凭什么使得存货周转率达到17次呢？此外，企业整体毛利率要高于同行业企业，经营现金流和利润表相比并不好，同时在借债投资的情况下，预付款项也在增加或突然增长较快等，每一个不正常的细节都值得对企业进行深究。

除了财务报表上存在的问题，造假的企业有一个明显的共性是它的企业文化不好，因为实控人一定是有问题的，所以才会占用上市公司的资金，不让其反映在财务报表里。

所以除了关注财务报表，财务报表之外的危险信号也需要警惕，包括控股大股东持续大量减持公司股票、经常更换会计师事务所、频繁更换财务总监、上市公司跨行业收购且主要依赖发售股票支付回购款等。

资料来源：https://cj.sina.com.cn/articles/view/7437683051/1bb52096b001012wju

【课程思政】 审计人员要保持职业谨慎性和应有的关注，要具有精益求精的工匠精神。

（三）检查主营业务收入的确认条件、方法是否符合企业会计准则，前后期是否一致；关注周期性、偶然性的收入是否符合既定的收入确认原则、方法(ABCD)

根据财会2017年22号(关于修订印发《企业会计准则第14号——收入》的通知)的规定，企业应当在履行了合同中的履约义务，即在客户取得相关商品控制权时确认收入。

(1) 企业已将商品所有权上的主要风险和报酬转移给购货方。

(2) 企业既没有保留通常与所有权相联系的继续管理权，也没有对已售出的商品实施有效控制。

(3) 收入的金额能够可靠地计量。

(4) 相关的经济利益很可能流入企业。

(5) 相关的已发生或将发生的成本能够可靠地计量。① 交款提货。注册会计师应检查被审计单位是否收到货款，以及发票和提货单是否已交付购货单位；② 预收账款。注册会计师应检查被审计单位是否收到了货款，商品是否已经发出；③ 附有销售退回条件的商品销售。如果对退货部分能作合理估计的，注册会计师应检查其是否按估计不会退货部分确认收入，如果对退货部分不能作合理估计的，注册会计师应检查其是否在退货期满时确认收入；④ 以旧换新。注册会计师应检查销售的商品是否按照商品销售的方法确认收入，回收的商品是否作为购进商品处理；⑤ 出口销售。注册会计师应根据交易的定价和成交方式，并结合合同中有关货物运输途中风险承担的条款，检查收入确认的时点和金额；⑥ 销货退回。注册会计师应结合原始销售凭证检查其会计处理是否正确，结合存货项目审计关注其真实性；⑦ 折扣折让。注册会计师应检查折扣与折让的会计处理是否正确。

【案例 9.3】

某企业在 2020 年 10 月份与乙公司签订预收货款的销售合同，在该合同中规定：先由该乙公司预付该企业货款及增值税共计 531100 元。其中，2020 年 11 月份预付 212440 元，12 月份补付 265550 元，2021 年补付 53110 元。由该企业向乙公司提供机床 10 台，其中 2020 年 12 月份 6 台，2021 年 1 月份 4 台，该企业增值税税率 13%。上述业务发生后，该项企业的账务处理如下：

(1) 2020 年 11 月份预收款时：

借：银行存款　　212440

　贷：主营业务收入　　188000

　　应交税费——应交增值税（销项税额）　　24440

(2) 2020 年 12 月份收到款时：

借：银行存款　　265550

　贷：主营业务收入　　235000

　　应交税费——应交增值税（销项税额）　　30550

(3) 2021 年收到款项时：

借：银行存款　　53110

　贷：主营业务收入　　47000

　　应交税费——应交增值税（销项税额）　　6110

分析：根据以上审计工作发现，再结合销售合同的规定，审阅与该项业务有关的“银行存款”“主营业务收入”及“应交税费”等明细账，抽查有关会计凭证，验算有关的销售收入与增值税额。

(1) 验算 2020 年 12 月份的主营业务收入及应交的增值税额：

主营业务收入 = 531100 ÷ (1 + 13%) ÷ 10 × 6 = 282000（元）

(2) 验算 2021 年 1 月份的销售收入及应交的增值税额：

主营业务收入 = 531110 ÷ (1 + 13%) ÷ 10 × 4 = 188000（元）

增值税 = 188000 × 13% = 24440（元）

结论：(1) 该企业 2020 年 11 月份虽然预收货款 212440 元，但本月份却未发货，预收的款项只能记入“预收账款”账户，不能记入“主营业务收入”账户。

(2) 该企业 2020 年 12 月份发货 6 台，应结转主营业务收入 282000 元，增值税 36660 元，实际少转收入 53200 元及增值税额 6110 元。

(3) 2021 年 1 月份销售 4 台，应结转收入 188000 元，增值税额 24440 元，实际少转收入 141000 元及增值税额 23970 元。

调整：(1) 应将该企业 2020 年多记的主营业务收入 141000（188000—47000）元和增值税额 18330（24440—6110）元予以调整。

借：以前年度损益调整　　　　　　　　　　141000
　　应交税费——应交增值税(销项税额)　　　18330
　　贷：预收账款　　　　　　　　　　　　　　159330

(2) 应将 2021 年 1 月份少记的主营业务收入 141000 元和增值税额 18330 元，予以补记。

借：预收账款　　　　　　　　　　　　　159330
　　贷：主营业务收入　　　　　　　　　　　141000
　　　　应交税费——应交增值税(销项税额)　　18330

营业收入实质性程序——发生和完整性

(四) 核对收入交易的原始凭证与会计分录(ACD)

(1) 以主营业务收入明细账中的会计分录为起点，检查相关原始凭证如订购单、销售单、发运凭证、发票等，以评价已入账的营业收入是否真实发生。

(2) 检查订购单和销售单，用以确认存在真实的客户购买要求，销售交易已经过适当的授权批准。送货单与销售发票和核对如表 9.7 所示。

(3) 销售发票存根上所列的单价与经过批准的商品价目表进行比较核对，对其金额小计和合计数也要进行复算。

(4) 发票中列出的商品的规格、数量和客户代码等，应与发运凭证进行比较核对，尤其是由客户签收商品的一联，确定已按合同约定履行了履约义务，可以确认收入。

(5) 检查原始凭证中的交易日期，以确认收入计入了正确的会计期间。

(6) 结合对应收账款实施函证程序，选择主要客户函证本期销售额，也可证实销售的发生。销售检查情况如表 9.8 所示。

表 9.7　送货单与销售发票和核对表

索引号：SA5

客　户：××有限公司　　编　制：王×　　日　期：2021.1.20
审查期间：2020.12.31　　复　核：李×　　日　期：2021.1.21

送货单编号	送货单内容				发票				备注
	日期	品名	规格	数量	金额	日期	编号	核对	
18709	2020.9.10	棉纱		1200	624000	2020.9.20	18709	√	
…… ……									

有关测试说明及结论：
送货单与销售发票为四联单种不同联次的单据，编号相同。随机抽取 10 分送货单，日期、品名、规格、数量均一致，未发现发出商品不开发票现象

表 9.8　销售检查情况表

索引号：SA6

客　户：××有限公司　　编　制：王×　　日　期：2021.1.16

审查期间：2020.12.31　　复　核：李×　　日　期：2021.1.16

记账日期	凭证编号	业务内容	对应科目	余额	核对内容(用“√”“×”)表示						备注
					1	2	3	4	5	6	
2020.4.5	转 25	销售	应收账款	250000.00	×	×	×	√	×		
……											

核对内容说明：1. 原始凭证是否齐全；2. 记账凭证与原始凭证是否相符；3. 账务处理是否正确；4. 是否记录于恰当的会计期间；5. ……

审计结论：经审计，转 25 号凭证应为销售业务，编制调整分录为：

借：应收账款——A 公司　　282500

　贷：主营业务收入　　250000

　　应交税费——应交增值税（销项税额）　　32500

借：主营业务成本　　120840

　贷：应收账款——A 公司　　120840

（五）对主营业务收入完整性认定的检查（B）

以发货凭证为起点，追查至销售发票存根和主营业务收入明细账，以确定是否存在遗漏事项（完整性）。采用此程序时，必须能够确信全部发运凭证均已归档，这一点一般可以通过检查发运凭证的顺序编号来查明。

（六）实施销售的截止期测试（D）

营业收入实质性程序——截止

1. 实施销售截止测试的目的

主要在于确定被审计单位主营业务收入的会计记录归属期是否正确。即应记入本期或下期的主营业务收入是否被推延至下期或提前至本期（是否跨期）。

企业应当在履行履约义务的某一时点（或某一时段）确认收入。发货后应尽快开具账单并登记入账，以防止无意漏记销货业务，确保把它们记入正确的会计期间。在执行真实性或计价实质性测试程序的同时，同时进行截止测试。

2. 三个与主营业务收入确认有着密切关系的日期

（1）发票开具日期或者收款日期。

（2）记账日期。

（3）发货日期（服务业则是提供劳务的日期）。

检查三者是否归属于同一适当会计期间是营业收入截止期测试的关键所在。

3. 两条实施营业收入的截止期测试的审计路线

（1）以账簿记录为起点。从报表日前后若干天的账簿记录查至记账凭证，检查发票存根与发运凭证，目的是证实已入账收入是否在同一期间已开具发票并发货，有无多记收入。使用这种方法主要是为了防止多计收入。

(2) 以发运凭证为起点。从报表日前后若干天的发运凭证查至发票开具情况与账簿记录，确定营业收入是否已记入恰当的会计期间。还应考虑被审单位的会计政策。使用这种方法主要也是为了防止少计收入。

上述两条审计路线(表 9.9)可以在同一被审计单位会计报表审计中运用，甚至可以在同一主营业务收入项目审计中并用。

表 9.9 销售截止测试两条路线

审计路线	目的	测试程序
以账簿记录为起点	防止高估营业收入	从资产负债表日前后若干天的账簿记录追查至记账凭证和客户签收的发运凭证，目的是证实已入账收入是否在同一期间已发货并由客户签收，有无多记收入
以发运凭证为起点	防止低估营业收入	从资产负债表日前后若干天的已经客户签的发运凭证查至账簿记录，确定主营业务收入是否已记入恰当的会计期间

实施销售的截止期测试(表 9.10)一般可通过销售截止检查情况表来进行，并记入审计工作底稿。

表 9.10 销售截止测试表

索引号：SA6

客　户：××有限公司　　编　制：王×　　日　期：2021.1.15
审查期间：2020.12.31　　复　核：李×　　日　期：2021.1.16

客户名称	发票记录				记账凭证		出库单	备注
	编号	日期	数量(台)	金额(元)	日期	编号	日期	
D 公司	1542	2020.12.20	35	22600	2020.12.22	转字 125	2021.1.20	H，需调整
J 公司	1543	2020.12.25	28	18900	2020.12.26	银收字 56	2020.12.25	√，H
Q 公司	1544	2020.12.28	90	70060	2020.12.29	转字 140	2021.1.14	H，需调整
W 公司	1545	2020.12.31	68	48300	2021.1.5	转字 18	2021.1.1	√，H
K 公司	1546	2021.1.5	35	24000	2021.1.7	转字 23	2021.1.5	发票和出库单均为红字，退货
	“√”表示与发货核对相符；“H”入明细账和总账							

审计说明：对 D 公司和 Q 公司的销售，经与销售合同核对，具体供货日期为 2021 年 1 月份，但大为公司将这两笔业务均记入了 2020 年度，入账期间提前，应调入 2021 年，调整销售收入的分录为：

借：应收账款——Q 公司　　70060
　　　　　　——D 公司　　22600

续表

客户名称	发票记录				记账凭证		出库单	备注
	编号	日期	数量（台）	金额（元）	日期	编号	日期	

贷:主营业务收入　　82000

应交税金——应交增值税　　10660

对 K 公司的退货在 1 月份的记录中冲销了 2021 年的销售收入,账务处理正确

（七）检查销售折扣、折让与销售退回业务(AC)

营业收入实质性程序——其他程序和案例分析

（1）获取或编制销售折让明细表,复核加计正确,并与明细账合计数核对相符。

（2）审查其授权批准的情况,进而确认折扣折让是否真实存在,同时通过折扣折让原因的调查核实来判断其合理性,特别要对折让折扣额大的项目进行审查。

（3）检查销售退回商品是否已验收入库并登记入账,有无形成账外资产。

（4）检查折让与折扣的会计处理是否正确。

（八）检查营业收入是否已按照企业会计准则的规定在财务报表中作出恰当列报和披露(F)

检查营业收入在利润表上的列报是否恰当(表 9.11),在财务报表附注中的披露是否充分。企业应当在附注中披露与收入有关的下列信息:

（1）收入确认采用的会计政策,包括确定提供劳务交易完工进度的方法。

（2）本期确认的销售商品收入、提供劳务收入、利息收入、使用费收入、现金股利收入的金额。

表 9.11　营业收入审定表

索引号:SA1

客　户:××有限公司　　编　制:王×　　日　期:2021.1.15

结账日:2020.12.31　　复　核:李×　　日　期:2021.1.16

项目名称	本期未审数	账项调整		本期审定数	上期审定数	索引号
		借方	贷方			
一、主营业务收入						
甲产品	10654512.36		250000.00	10904512.36		SA2
乙产品	35228901.86	234000.00		34994901.86		SA3
小计	45883414.22			45899414.22		

续表

项目名称	本期未审数	账项调整		本期审定数	上期审定数	索引号
		借方	贷方			
二、其他业务收入						
劳务收入	895475.52			895475.52		
出租收入	52100.00			52100.00		
销售原材料收入	7726297.12			7726297.12		
小计	8673872.64			8673872.64		
合计	54557286.86			54573286.86		
审计结论:经审计,营业收入可以确认的发生额为54573286.86元						

任务四　实施应收账款审计的实质性程序

一、应收账款的审计目标

应收账款实质性程序——明细表和分析程序

应收账款是指企业在正常的经营过程中因销售商品、产品、提供劳务等业务,应向购买单位收取的款项,包括应由购买单位或接受劳务单位负担的税金、代购买方垫付的各种运杂费等。

应收账款是伴随企业的销售行为发生而形成的一项债权。因此,应收账款的确认与收入的确认密切相关。通常在确认收入的同时,确认应收账款。该账户按不同的购货或接受劳务的单位设置明细账户进行明细核算。

应收账款的实质性测试要围绕着应收账款的审计目标开展,应收账款的审计目标与认定的对应关系如表9.12所示。

表9.12　应收账款的审计目标与认定对应关系表

审计目标	财务报表认定				
	存在	完整性	权利和义务	计价和分摊	列报
A. 资产负债表中记录的应收账款是存在的	√				
B. 所有应当记录的应收账款均已记录		√			
C. 记录的应收账款由被审计单位拥有或控制			√		
D. 应收账款以恰当的金额包括在财务报表中,与之相关的计价调整已恰当记录				√	
E. 应收账款已按照企业会计准则的规定在财务报表中作出恰当列报					√

二、应收账款审计的实质性程序

（一）获取或编制应收账款明细表(D)

（1）复核加计正确，并与总账数和明细账合计数核对是否相符；结合坏账准备科目与报表数核对是否相符。

（2）检查非记账本位币应收账款的折算汇率及折算是否正确。

（3）分析应收账款明细账余额(分类)。应收账款明细账的余额一般在借方，注册会计师在分析应收账款明细账余额时，如果发现应收账款贷方余额，应查明原因，必要时建议作重分类调整(表 9.13)。应收账款明细账出现贷方余额，属债务，应列入“预收款项”项目。

表 9.13　应收账款余额明细表

索引号：ZD3

客　户：××有限公司　　编　制：王×　　日　期：2021.1.15

结账日：2020.12.31　　复　核：李×　　日　期：2021.1.16

期初余额	借方发生额	贷方发生额	总账余额	明细账借方余额	明细账贷方余额	备注
11384407.54	2095700.00	7068577.09	20548684.63			
承前页				120000.00		
A 公司				2685425.00		△
B 公司				500000.00		
C 公司				2335267.00		
D 公司				351000.00		△
……				……	50000.00	
合计				11943586.88∧	50000.00∧	差异
报表余额				11983		4000.00
差额				586.88T/B		系预收账款
				40000.00S		借余见
						Yu—1

说明：“△”已函证，无差异；“∧”纵加核对；“S”与明细账核对一致；“T/B”与试算平衡表核对一致。

审计结论：经重分类后的余额确认为 11943586.88 元

（二）实质性分析程序(AD\BD)

（1）复核应收账款借方累计发生额与主营业务收入关系是否合理，并将当期应收账款借方发生额占销售收入净额的百分比与管理层考核指标和被审计单位相关赊销政策比较，如存在异常应查明原因。

（2）计算应收账款周转率、应收账款周转天数等指标，并与被审计单位相关赊销政策、被审计单位以前年度指标、同行业同期相关指标对比分析，分析是否存在重大异常并查明原因。

应收账款周转率(次)=销售收入÷平均应收账款

其中,平均应收账款=(期初应收账款+期末应收账款)/2。销售收入为扣除折扣与折让后的净额,应收账款是未扣除坏账准备的金额,

应收账款周转天数=360÷应收账款周转率=(平均应收账款×360)÷销售收入净额

(三) 获取或编制应收账款账龄分析表(D)

(1) 注册会计师可以通过查看应收账款账龄分析表(表 9.14)了解和评估应收账款的可收回性。

(2) 测试应收账款账龄分析表计算的准确性,将应收账款账龄分析表中的合计数与应收账款总分类账余额相比较,并调查重大调节项目。

(3) 从账龄分析表中抽取一定数量的项目,追查至相关销售原始凭证,测试账龄划分的准确性。

分析应收账款的账龄应注意:

(1) 采用账龄分析法计提坏账准备时,收到债务单位当期偿还的部分债务后,剩余的应收账款,不应改变其账龄,仍应按原账龄加上本期应增加的账龄确定。

(2) 在存在多笔应收账款且各笔应收账款账龄不同的情况下,收到债务单位当期偿还的部分债务,应当逐笔认定收到的是哪一笔应收账款。

(3) 如果确实无法认定的,按照先发生先收回的原则确定,剩余应收账款的账龄按上述同一原则确定。

表 9.14　应收账款账龄分析表

索引号:ZD4

客　户:××有限公司　　编　制:王×　　日　期:2021.1.15

结账日:2020.12.31　　复　核:李×　　日　期:2021.1.16

账款	客户户数	应收金额	占合计数	备注
1 年以内	110	11132586.88	92.90%	
1～2 年	0	0.00		
2～3 年	1	851000.00	7.10%	
3 年以上	0	0.00		
审计说明:一年以上的应收账款占合计数的百分比为 7.10%,说明产生坏账的可能性较小				

(四) 对应收账款进行函证(ACD)

应收账款实质性程序——函证(1)(2)

《中国注册会计师审计准则第 1312 号——函证》第八条规定:注册会计师应当对应收账款实施函证,除非有充分证据表明应收账款对财务报表不重要,或函证很可能无效。如果不对应收账款函证,注册会计师应当在工作底稿中说明理由。如果认为函证很可能无效,注册会计师应当实施替代审计程序,获取充分、适当的审计证据。

1. 函证的目的

为了证实应收账款账户余额的真实性、正确性,防止或发现被审计单位及其有关人员在销售业务中发生的差错或弄虚作假、营私舞弊行为。通过函证,可以较有效地证明债务人的

存在和被审计单位记录的可靠性。

2. 函证的范围和对象

（1）函证数量大小、范围的决定因素。注册会计师通常不需要对被审计单位所有的应收账款进行函证，所函证的范围由诸多因素决定，主要包括：① 应收账款在全部资产中的重要性；② 被审计单位内部控制的强弱；③ 以前期间的函证结果；④ 函证方式的选择；⑤ 检查风险的高低；⑥ 是否可能存在争议、舞弊或错误的交易。

（2）一般的函证对象。大额或账龄较长的项目；与债务人发生纠纷的项目；关联方[包括持股5%（含）以上的股东]项目；主要客户（包括关系密切的客户）项目；余额为零的项目；非正常的项目。

3. 函证的方式

（1）肯定式函证。就是向债务人发出询证函，要求他证实所查证的欠款是否正确，无论对错都要求复函。肯定式询证函格式如下。

<table>
<tr><td colspan="4">应收账款询证函

致：（公司）

本公司聘请的××会计师事务所正在对本公司会计报表进行审计，按照《中国注册会计师独立审计准则》的要求，应当询证本公司与贵公司的往来账项。下列数额出自本公司账簿记录，如与贵公司记录相符，请在本函下端“数据证明无误”处签章证明；如有不符，请在“数额不符及需加说明事项”处详为指正，回函请直接寄至××会计师事务所。
（本函仅为复核账目之用，并非催款结算。）

××会计师事务所</td></tr>
<tr><td>地址：</td><td>邮编：</td><td>电话：</td><td>传真：</td></tr>
<tr><td>截止日期</td><td>贵公司欠</td><td>欠贵公司</td><td>备注</td></tr>
<tr><td colspan="4">若款项在上述日期之后已经付清，仍请及时函复为盼。

（公司印鉴）

年　月　日

数据证明无误
签章：　　日期：

数额不符及需加说明事项：

签章：　　日期：</td></tr>
</table>

当债务人符合下列情况时，采用肯定式函证较好：个别账户欠款金额较大；有理由相信欠款可能会存在争议、差错等问题。

(2) 否定式函证。是向债务人发出询证函，但所函证的款项相符时不必复函，只有在所函证的款项不符时才要求债务人向注册会计师复函。否定式询证函格式如下。

应收账款询证函

致：(公司)

本公司聘请的××会计师事务所正在对本公司会计报表进行审计，按照《中国注册会计师独立审计准则》的要求，应当询证本公司与贵公司的往来账项。下列数额出自本公司账簿记录，如与贵公司记录相符，请将不符事项直接回函至××会计师事务所。如无贵公司回函，则表明我公司的应收账款记录是正确的。

(本函仅为复核账目之用，并非催款结算。)

××会计师事务所

地址：	邮编：	电话：	传真：
截止日期	贵公司欠	欠贵公司	备注

(公司印鉴)

年　　月　　日

在采用积极的函证方式时，只有注册会计师收到回函，才能为财务报表认定提供审计证据。在采用消极的函证方式时，如果收到回函，能够为财务报表认定提供说服力强的审计证据。

当同时存在下列情况时，注册会计师可考虑采用消极的函证方式：① 重大错报风险评估为低水平；② 涉及大量余额较小的账户；③ 预期不存在大量的错误；④ 没有理由相信被询证者不认真对待函证。

有时候两种方式可以结合使用：大金额账项采用肯定式；小金额采用否定式。

4. 函证时间的选择

注册会计师通常以资产负债表日为截止日，在资产负债表日后适当时间内实施函证。如果重大错报风险评估为低水平，注册会计师可选择资产负债表日前适当日期为截止日实施函证，并对所函证项目自该截止日起至资产负债表日止发生的变动实施实质性程序。

5. 函证的控制

注册会计师应当对选择被询证者、设计询证函以及发出和收回询证函保持控制。

(1) 函证发出前的控制措施。询证函经被审计单位盖章后，应当由注册会计师直接发出。注册会计师需要恰当的设计询证函，并对询证函上的各项资料进行充分核对，注意事项可能包括：① 询证函中填列的需要被询证者确认的信息是否与被审计单位账簿中的有关记录保持一致；② 考虑选择的被询证者是否适当，包括被询证者对被函证信息是否知情、是否具有客观性、是否拥有回函的授权等；③ 是否已在询证函中正确填列被询证者直接向注册会计师回函的地址；④ 是否已将被询证者的名称、地址与被审计单位有关记录进行核对，以确保询证函中的名称、地址等内容的准确性。

(2) 通过不同方式发出询证函的控制措施：① 通过邮寄方式发出询证函时采取的控制措施。为避免询证函被拦截、篡改等舞弊风险，在邮寄询证函时，注册会计师可以在核实由被审计单位提供的被询证者的联系方式后，不使用被审计单位本身的邮寄设施，而是独立寄发询证函(如直接在邮局投递)；② 通过跟函的方式发出询证函时采取的控制措施。如果注册会计师认为跟函的方式(即注册会计师独自或在被审计单位员工的陪伴下亲自将询证函送至被询证者，在被询证者核对并确认回函后，亲自将回函带回的方式)能够获取可靠信息，可以采取该方式发送并收回询证函。如果被询证者同意注册会计师独自前往被询证者执行函证程序，注册会计师可以独自前往。如果注册会计师跟函时需有被审计单位员工陪伴，注册会计师需要在整个过程中保持对询证函的控制。同时，对被审计单位和被询证者之间串通舞弊的风险保持警觉；③ 通过电子方式发送询证函时采取的控制措施。如果注册会计师根据具体情况选择通过电子方式发送询证函，在发函前可以基于对特定询证方式所存在风险的评估，考虑相应的控制措施。

通过编制函证结果汇总表(表 9.15)来控制函证的实施。

表 9.15　应收账款函证结果汇总表

序号	债务人名　称	债务人地　址	函证日期		账面金额	函证结果	差异金额及说明	审定金额
			第一次	第二次				

6. 对回函的处理

应收账款实质性程序——函证(3)

(1) 通过邮寄方式收到回函时的处理。注册会计师可以验证以下信息：① 被询证者确认的询证函是否是原件，是否与注册会计师发出的询证函是同一份；② 回函是否由被询证者直接寄给注册会计师；③ 寄给注册会计师的回邮信封或快递信封中记录的发件方名称、地址是否与询证函中记载的被询证者名称、地址一致；④ 回邮信封上寄出方的邮戳显示发出城市或地区是否与被询证者的地址一致；⑤ 被询证者加盖在询证函上的印章以及签名中显示的被询证者名称是否与询证函中记载的被询证者名称一致。在认为必要的情况下，注册会计师还可以进一步与被审计单位持有的其他文件进行核对或亲自前往被询证者进行核实等。

如果被询证者将回函寄至被审计单位，被审计单位将其转交注册会计师，询证函不能视为可靠的审计证据。在这种情况下，注册会计师可以要求被询证者直接书面回复。

（2）通过跟函方式收到回函时的处理：① 了解被询证者处理函证的通常流程和处理人员；② 确认处理询证函人员的身份和处理询证函的权限，如索要名片、观察员工卡或姓名牌等；③ 观察处理询证函人员是否按照处理函证的正常流程认真处理询证函，例如，该人员是否在计算机系统或相关记录中核对相关信息。

（3）以电子形式回函时的处理。对以电子形式收到的回函（如电子邮件），注册会计师和回函者应采用一定的程序为电子形式的回函创造安全环境，以降低该风险。电子函证程序涉及多种确认发件人身份的技术，如加密技术、电子数码签名技术、网页真实性认证程序。

当注册会计师存有疑虑时，可以与被询证者联系以核实回函的来源及内容。例如，当被询证者通过电子邮件回函时，注册会计师可以通过电话联系被询证者，确定被询证者是否发送了回函。必要时，注册会计师可以要求被询证者提供回函原件。

（4）对询证函的口头回复的处理。只对询证函进行口头回复不是对注册会计师的直接书面回复，不符合函证的要求，不能作为可靠的审计证据。在收到对询证函口头回复的情况下，注册会计师可以要求被询证者提供直接书面回复。如果仍未收到书面回函，注册会计师需要通过实施替代程序，寻找其他审计证据以支持口头回复中的信息。

（5）积极式函证未收到回函时的处理。收到回函能够为财务报表认定提供说服力强的审计证据。如果采用积极的函证方式实施函证而在合理的时间内未能收到回函，注册会计师应当考虑：① 如果在合理的时间内未收到回函，必要时再次寄发询证函；② 如果仍未能得到被询证者的回应，注册会计师应当实施替代审计程序。

在某些情况下，注册会计师可能认为取得积极式函证回函是获取充分、适当的审计证据的必要程序，尤其是识别出有关收入确认的舞弊风险。如果未获取回函，注册会计师应当确定其对审计工作和审计意见的影响。

消极式函证未收到回函并不一定表明所记录的应收账款是存在的。可能是因为被询证者已收到询证函且核对无误，也可能是因为被询证者根本就没有收到询证函。

应收账款实质性程序——函证(4)

7．评价函证结果

（1）对函证结果进行评价。审计人员应对函证结果作如下评价：① 过去对内部控制的评价是否恰当，分析性复核是否恰当，相关的风险评价是否恰当；② 函证结果表明没有审计差异，则审计人员可以合理的推论，全部应收账款总体是正确的；③ 函证结果存在审计差异，审计人员应当估算应收账款总额中可能出现的累计差错是多少，估算未被选中进行函证的应收账款的累计差错是多少。为取得对应收账款累计差错更准确的估计，可以扩大函证范围。

（2）发现不符事项的处理。注册会计师应当考虑不符事项是否构成错报及其对财务报表可能产生的影响，并将结果形成审计工作记录。注册会计师还应当考虑不符事项发生的原因和频率。不符事项产生的原因可能是：① 双方登记入账的时间不同；② 一方或双方记账错误；③ 被审计单位的舞弊行为。

对不符事项的处理：对所有不符事项，应查明原因，实施必要的审计程序，确定是否需要调整。应收账款询证结果调节如表 9.16 所示。

表 9.16　应收账款询证结果调节表

索引号：ZD5-2

客　户：××有限公司　　编　制：王×　　日　期：2021.1.15

结账日：2020.12.31　　复　核：李×　　日　期：2021.1.16

被询证单位：A 公司　　回函日期：2021 年 1 月 20 日

1. 被询证单位回函余额2857085.00

2. 减：被询证单位已记录项目

序号	日期	摘要（运输途中、存在争议的项目）	凭证号	金额
(1)				
……				
合计				

3. 加：被审计单位已记录项目

序号	日期	摘要（运输途中、存在争议的项目）	凭证号	金额
(1)				
……				
合计				

4. 调节后金额 2857085.00 元

5. 被审计单位账面金额 2685425.00 元

6. 调节后是否存在差异，差异金额 是，差异 171660.00 元

审计说明：A 公司账面余额与函证金额差异为 171660.00 元

【案例 9.4】

某注册会计师对 ABC 公司 2020 年度的应收账款项目进行审计时，决定对下列 5 个明细账中的 3 个进行函证：

客户名称	应收账款年末余额
甲公司	222650 元
乙公司	198900 元
丙公司	1000 元
丁公司	165000 元
戊公司	19000 元

分析要点：1. 假如你是该注册会计师，你会从以上客户中选择哪三个供货人作为应收账款的函证对象？为什么？

2. 在你选中的三个函证对象中，假如按从上至下的顺序排列，三个被函证客户回函情况各不相同。第一被函证客户表示余额于 2020 年 12 月 25 日已全部付清；第二被函证客户表示询证函上所列货物从未采购过；第三被函证客户表示询证内容完全属实正确。试问，对

于回函结果有差异的客户，你下一步该怎么办？

答案提示：1. 该注册会计师应选择甲、乙、丁三家公司作为应收账款的函证对象，因为函证的主要目的在于验证各明细账期末余额的正确性，防止被审单位高估或虚构应收账款，由于甲、乙、丁三家公司在资产负债表日欠被审单位的货款最多，应确定为函证对象。

2. 第一被函证客户应是甲公司，函证结果差异形成的原因极有可能是未达账项或记账错误所致。注册会计师应进一步查证核实，主要方法包括：一是抽取“应收账款—甲公司”明细账，采用截止测试的方法，判断是否于下年初收款入账；二是到银行查询有无款到还未通知ABC公司的情况；三是根据银行存款日记账的收款记录追查至应收账款明细账，查明是否存在过账错误，误将其他客户的欠款注销。

第二被函证客户应是乙公司，函证结果差异形成的原因极有可能是虚构债权和收入。注册会计师应进一步查证核实，主要方法包括：审核发运凭证及运输公司的运输发票，以查明ABC公司是否确实发货。如果货物确实运出，还应将有关凭证影印送乙公司查明。如果未运出，应调整会计记录。

第三被函证客户应是丁公司，函证结果无差异。

【案例9.5】

审计人员对某公司2019年资产负债表中的“应收账款”项目进行审计。该公司应收账款总计250万元，有40个明细账，审计人员决定抽样函证。在检查回函情况时，发现以下现象：

(1) A公司欠款80万元，对方回函声明已于2019年12月30日由银行汇出80万元；

(2) B公司欠款5万元，未收到回函；

(3) C公司欠款50万元，对方回函称2019年11月已预付5万元；

(4) D公司欠款15万元，对方称所购货物并未收到。

分析要点：对于上述情况，审计人员应如何实施审计程序验证。

答案提示：审计人员实施了以下程序：

(1) 审阅该公司2020年有关凭证，证实A公司的付款确已于2020年1月5日入账。

(2) 采用替代程序证实B公司确实欠款7万元。

(3) 审阅该公司2019年11月的有关凭证，查明C公司预付账款5万元确实已收到，货物尚未发出。提请该公司作调整分录：

借：预收账款　　　　500000

　　贷：应收账款　　　　500000

(4) 检查该公司2019年的货运凭证，发现货物确已运出，将货运凭证复印件寄送D公司重新查证。

(五) 对未函证应收账款实施替代审计程序(A)

在未实施应收账款函证的情况下(如由于实施函证不可行)，注册会计师需要实施其他审计程序(实施函证以外的细节测试)获取有关应收账款的审计证据。

(1) 检查资产负债表日后收回的货款。

(2) 检查被审计单位与客户之间的往来邮件，如有关发货、对账、催款等事宜邮件。

(3) 检查相关的销售合同、销售单、发运凭证等文件。

替代程序：注册会计师应抽查有关原始凭据，如销售合同、销售订购单、销售发票副本、发运凭证及回款单据等，以验证与其相关的应收账款的真实性。

采用替代程序主要针对下面三种情况：

(1) 未函证应收账款。

(2) 没回函的积极式函证。

(3) 对回函结果不满意。

(六) 抽查有无不属于结算业务的债权(A)

抽查应收账款明细账，并追查至有关原始凭证，查证被审计单位有无不属于结算业务的债权。如有，应建议被审计单位作适当调整。

(七) 评价坏账准备计提的适当性(D)

应收账款实质性程序——坏账准备的审计

(1) 取得或编制坏账准备计算表，复核加计正确，与坏账准备总账数、明细账合计数核对相符。将应收账款坏账准备本期计提数与资产减值损失相应明细项目的发生额核对，看是否相符(表9.17)。

(2) 检查应收账款坏账准备计提和核销的批准程序，取得书面报告等证明文件。评价计提坏账准备所依据的资料、假设及方法；复核应收账款坏账准备是否按经股东大会或董事会批准的既定方法和比例提取，其计算和会计处理是否正确。

(3) 根据账龄分析表中，选取金额较大、逾期的账户，以及认为必要的其他账户(如有收款问题记录的账户，收款问题行业集中的账户)。复核并测试所选取账户期后收款情况。针对所选取的账户，与授信部门经理或其他负责人员讨论其可收回性，并复核往来函件或其他相关信息，以支持被审计单位就此作出的声明。针对坏账准备计提不足情况进行调整。

(4) 实际发生坏账损失的，检查转销依据是否符合有关规定，会计处理是否正确。

(5) 已经确认并转销的坏账重新收回的，检查其会计处理是否正确。

(6) 通过比较前期坏账准备计提数和实际发生数，以及检查期后事项，评价应收账款坏账准备计提的合理性。

表9.17 应收账款坏账准备计算表

索引号：ZD7

客　户：××有限公司　　编　制：王×　　日　期：2015-1-15

结账日：2020.12.31　　复　核：李×　　日　期：2015-1-16

计算过程		
一、坏账准备本期期末应有金额①=②+③	551523.34	①
1. 期末单项金额重大且有客观证据表明发生了减值的应收账款对应坏账准备的应有金额		
单位名称	金额	
……		
合计		②

续表

计算过程					
2. 期末单项金额非重大以及经单独测试后未减值的单项金额重大的应收账款对应坏账准备的应有余额					
项目	账龄	应收账款余额	坏账准备计提比例	坏账准备应有金额	
应收账款					
	1年以内	11030466.88	×5%	551523.34	
	1年至2年		×10%		
	2年至3年		×50%		
	3年以上		×100%		
	合计			551523.34	③
二、坏账准备上期审定数				1055193.93	④
三、坏账准备本期转出数(核销)金额					
单位名称		金额			
合计					⑤
四、计算坏账准备本期全部应计提金额					
⑥=①-④+⑤			(503670.59)		⑥
审计结论:××有限公司上期末对C公司和D公司应收款项计提坏账准备,本期应调减坏账准备: 借:坏账准备　47656 　贷:资产减值损失　47656					

【案例9.6】

某企业年末应收账款年末余额为400万元,其所属明细账借方余额的合计数为450万元,贷方合计数为50万元。该企业年末预收账款总账贷方余额为200万元,其所属明细账贷方余额合计为300万元,借方余额合计数为100万元。年末企业计提的坏账准备金额为4000000×0.5%=20000(元)

分析要点:针对上述情况进行审计,并指出存在的问题。

答案提示:(1) 应收账款明细账中的贷方余额属于预收账款,不能冲减应收账款明细账的借方余额,应在预收账款项目中列示。

(2) 预收账款明细账的借方余额实质是应收账款,不能冲减预收账款其他明细账的贷方余额。

(3) 企业年末的应收账款余额应为550万元(450+100=550万元);应提取的坏账准备:

$$5500000\times0.5\%=27500(元)$$

(4) 少计提坏账准备7500元(27500－20000＝7500元)，导致“资产减值损失”虚减7500元；税前利润虚减7500元；资产负债表中“应收账款”净额虚增7500元。应调整相关账户，并调整所得税费用(假定企业所得税税率为25%)。调整如下：

① 借：资产减值损失　　　　　　　　7500

　　贷：坏账准备　　　　　　　　　　7500

② 7500×25%＝2475(元)

　借：所得税费用　　　　　　　　　1875

　　贷：应交税费－应交所得税　　　　1875

(八) 检查应收账款是否已按照企业会计准则的规定在财务报表中作出恰当列报和披露(E)

在资产负债表中，应收账款项目是根据“应收账款”和“预收账款”所属明细账期末借方余额合计，扣除“坏账准备——应收账款”账户期末余额后的金额填列。注册会计师应当查明应收账款在资产负债表中的列报是否恰当。

在财务报表附注中，通常应披露应收账款期初、期末余额的账龄分析及其相应的坏账准备余额，期末欠款金额较大的单位的欠款，以及持有5%(含5%)以上股份的股东单位的欠款等情况；说明坏账的确认标准、坏账准备的计提方法和计提比例等。注册会计师也应当审查财务报表附注中与应收账款和坏账准备相关的披露是否充分、恰当(表9.18)。

表9.18　应收账款审定表

索引号：ZD1

客　户：××有限公司　　　编　制：王×　　　日　期：2021.1.17

结账日：2020.12.31　　　复　核：李×　　　日　期：2021.1.18

项目名称	期末未审数	账项调整		重分类调整		期末审定数	上期末审定数	索引号
		借方	贷方	借方	贷方			
一、账面余额合计								
1年以内	11132586.88	171660.00	273780.00			11030466.88		SA2、SA3
1年至2年								
2年至3年	851000.00		851000.00			0.00		ZD4
3年以上								
小计	11983586.88					11030466.88		
二、坏账准备合计	599179.34	47656.00				551523.34		ZD7
小计	599179.34							

续表

项目名称	期末未审数	账项调整		重分类调整		期末审定数	上期末审定数	索引号
		借方	贷方	借方	贷方			
三、账面价值合计	11384407.54					10478943.54		
审计结论：××有限公司 2020 年 12 月 31 日可以确认的应收账款余额为 10478943.54 元								

本项目小结

本项目主要介绍了销售与收款循环审计的要点。

销售与收款业务是企业的主要经营业务之一，其主要活动包括接受客户订单、批准赊销信用、按销售单发货及装运、向客户开具销售发票、记录销售业务、办理和记录货币资金收入、办理和记录销售退回、销售折扣与折让、定期向客户对账和催收货款、注销坏账与提取坏账准备等。

通过了解和描述销售与收款循环的内部控制，对该循环的内部控制进行控制测试并评价其控制风险。审计人员根据内部控制的评价结果，运用检查、查询与函证、计算、分析性符合等方法，对销售与收款循环中涉及的各项账户余额和交易种类进行实质性测试，以实现特定的审计目标。

项目九课后习题

项目十　采购与付款循环审计

知识目标

熟悉采购与付款循环的主要业务活动及主要凭证和记录；了解采购与付款循环内部控制及相关内部控制的测试；掌握应付账款审计目标和实质性测试流程；掌握固定资产审计目标和实质性测试流程。

能力目标

能够根据需求设计业务活动表单；能够根据审计目标实施内部控制测试；能够识别采购与付款循环业务舞弊的手段和类型；能够根据审计目标实施实质性测试程序，并编制审计工作底稿。

思政目标

培养学生勤勉尽责和精益专注的工匠精神；培养学生团结协作和敬业奉献的团队意识；培养学生追求卓越和勇于创新的进取精神；培养学生树立激浊扬清的社会责任意识。

任务一　认知采购与付款循环业务

采购与付款循环是企业的重要业务循环之一。它涉及两部分内容：一是本业务循环涉及的主要业务活动；二是本业务循环涉及的主要凭证和会计记录。为顺利地完成对采购与付款循环的审计，审计人员应当熟悉采购与付款循环涉及的主要业务活动、相关的凭证和记录以及这些活动、凭证与记录及相关部门之间的对应关系。

一、采购与付款循环涉及的主要业务活动

采购与付款循环概述

企业应将其有关业务交给不同的部门或职员来共同完成，这是企业内部控制制度的要求使然。以企业的采购商品为例，企业采购与付款循环所涉及的主要业务活动及其相关控制与认定包括以下方面：

(一) 编制请购单

请购单是证明有关采购交易的“发生”认定的凭据之一,也是采购交易轨迹的起点。请购商品和劳务由仓库负责对需要购买的已列入存货清单的项目填写请购单,其他部门也可以对所需要购买的未列入存货清单的项目编制请购单。企业对经营所需的物资的购买有一般授权和特别授权之分。比如:仓库在现有库存达到再订货点时就可直接提出采购申请,其他部门也可为正常的维修工作和类似工作直接申请采购有关物品,这种情况即为一般授权;但对资本支出和租赁合同,企业政策则通常要求作特别授权,只允许指定人员提出请购。请购与审批岗位要分离,对每张请购单必须经过负预算责任的主管人员签字批准。

(二) 编制订购单

采购部门对经过批准的请购单发出订购单,询价后确定最佳供应商,但询价与确定供应商的职能要分离。具体而言,对每张订购单,采购部门应确定最佳的供应来源;订购单应正确填写、预先予以编号并经过被授权的采购人员签名。其正联应送交供应商,副联则送至企业内部的验收部门、应付凭单部门和编制请购单的部门。随后,应独立检查订购单的处理,以确定是否确实收到商品并正确入账。这项检查与采购交易的“完整性”认定有关。

(三) 验收商品

验收部门先比较所收商品与订购单上的要求是否相符,然后再盘点商品并检查商品有无损坏等。验收单是支持资产或费用以及与采购有关的负债的“存在或发生”认定的重要凭证;验收部门验收后编制一式多联、预先编号的验收单,将商品送交仓库或其他请购部门时,应取得经过签字的收据,或要求其在验收单的副联上签收,以确定他们所采购的资产应负的保管责任。验收人员还应将其中的一联验收单送交应付凭单部门。同时应定期独立检查验收单的顺序以确定每笔采购交易都已编制凭单。

(四) 储存已验收的商品存货

储存岗位与验收岗位分离,限制无关人员接近储存的商品存货。将已验收商品的保管与采购的其他职责相分离,可减少未经授权的采购和盗用商品的风险。这些控制与商品的“存在”认定有关。

(五) 编制付款凭单

记录采购交易之前,应付凭单部门应编制付款凭单。相关的控制包括:

(1) 确定供应商发票的内容与相关的验收单、订购单的一致性。

(2) 确定供应商发票计算的正确性。

(3) 编制有预先编号的付款凭单,并附上支持性凭证(如订购单、验收单和供应商发票等)。

(4) 在付款凭单上填入应借记的资产或费用账户名称。

(5) 由被授权人员在凭单上签字,以示批准照此凭单要求付款。所有未付凭单的副联应保存在未付凭单档案中,以待日后付款。经适当批准和有预先编号的凭单为记录采购交易提供了依据。上述控制与“存在”“发生”“完整性”“权利和义务”和“计价和分摊”等认定有关。

（六）确认与记录负债

应付账款确认与记录的部门一般有责任核查购置的财产，并在应付凭单登记簿或应付账款明细账中加以记录。在收到供应商发票时，应付账款部门应将发票上所记载的品名、规格、价格、数量、条件及运费与订货单上的有关资料核对，如有可能，还应与验收单上的资料进行比较。

在手工会计处理方式下，应将已批准的应付款凭单送达会计部门，据以编制有关记账凭证和登记有关账簿。会计主管应监督为采购交易而编制的记账凭证中账户分类的适当性；通过定期核对编制记账凭证的日期与凭单副联的日期，监督入账的及时性。独立检查会计人员应核对所记录的凭单总数与应付凭单部门送来的每日凭单汇总表是否一致，并定期独立检查应付账款总账余额与应付凭单部门未付款凭单档案中的总金额是否一致。

确认与记录负债对企业财务报表反映和企业实际现金支出有重大影响。因此，必须按正确的数额记载企业确实已发生的购货和接受劳务事项。上述控制与存在或发生、计价与分摊、完整性认定有关。

（七）付款

通常是由应付凭单部门负责确定应付凭单在到期日付款。以支票结算方式为例，编制和签署支票的有关控制包括：

(1) 应由被授权的财务部门的人员负责签署支票。

(2) 被授权签署支票的人员应确定每张支票都附有一张已经适当批准的应付款凭单，并确定支票收款人姓名和金额与凭单内容的一致性。

(3) 应确保只有被授权的人员才能接近未经使用的空白支票。

上述控制与存在或发生、计价与分摊、完整性认定有关。

（八）记录现金、银行存款支出

在手工会计处理方式下，会计部门应根据已签发的支票编制付款记账凭证，并据以登记银行存款日记账及其他相关账簿。以记录银行存款支出为例，有关控制包括：

(1) 会计主管应独立检查记入银行存款日记账和应付账款明细账的金额的一致性，以及与支票汇总记录的一致性。

(2) 通过定期比较银行存款日记账记录的日期与支票副本的日期，独立检查入账的及时性。

(3) 独立编制银行存款余额调节表。

上述控制与存在或发生、计价与分摊、完整性认定相关。

二、本业务循环涉及的主要凭证和会计记录

采购与付款交易通常要经过请购－订货－验收－付款这样的程序。典型的采购与付款

循环所涉及的主要凭证与会计记录有以下几种：

(1) 请购单。是由产品制造、资产使用等部门的有关人员填写，送交采购部门，申请购买商品，劳务或其他资产的书面凭证。

(2) 订购单。是由采购部门填写，向另一企业购买订购单上所指定商品、劳务或其他资产的书面凭证。

(3) 验收单。是收到商品、资产时所编制的凭证，列示从供应商处收到的商品、资产的种类和数量等内容。

(4) 卖方发票。是供应商开具的，交给买方以载明发运的货物或提供的劳务、应付款金额和付款条件等事项的凭证。

(5) 付款凭单。是采购方企业的应付凭单部门编制的，载明已收到商品、资产或接受的劳务、应付款金额和付款日期的凭证。付款凭单是采购方企业内部记录和支付负债的授权证明文件。

(6) 转账凭证。是指记录转账交易的记账凭证，它是根据有关转账业务(即不涉及库存现金、银行存款收付的各项业务)的原始凭证编制的。

(7) 付款凭证。包括现金付款凭证和银行存款付款凭证，是指用来记录库存现金和银行存款支出业务的记账凭证。

(8) 应付账款明细账。

(9) 库存现金日记账和银行存款日记账。

(10) 供应商对账单。是由供应商按月编制的，标明期初余额、本期购买、本期支付给供应商的款项和期末余额的凭证。供应商对账单是供应商对有关交易的陈述，如果不考虑买卖双方在收发货物上可能存在的时间差等因素，其期末余额通常应与采购方相应的应付账款期末余额一致。

采购与付款循环涉及的活动、凭证与记录及相关部门之间的对应关系，如表10.1所示。

表10.1　采购与付款业务循环的相关内容一览表

主要业务活动	涉及的凭证与记录	相关的主要部门
1. 制定采购计划	采购计划	仓库、其他部门
2. 供应商认证及信息维护	供应商清单	采购部门
3. 请购商品和劳务	请购单	仓库、其他部门
4. 编制订购单	订购单	采购部门
5. 验收商品	订购单、验收单	验收部门
6. 储存已验收的商品存货	验收单	仓库部门
7. 编制付款凭单	付款凭单、验收单、订购单、供应商发票	应付凭单部门
8. 确认与记录负债	应付账款明细账、供应商发票、验收单、转账凭证、订购单	会计部门
9. 支付并记录负债	付款凭单	应付凭单部门、财务部门
10. 记录库存现金和银行存款	库存现金和银行存款日记账	会计部门

任务二　测试采购与付款循环内部控制

一、采购与付款循环内部控制

采购与付款循环内控及其测试

（一）适当的职责分离

适当的职责分离有助于防止各种有意或无意的错误，即使出现错误，也能被良好的内部控制制度及时发现并予以纠正。财政部于2002年12月23日发布的财会[2002]21号《内部会计控制规范——采购与付款（试行）》中规定，单位应当建立采购与付款业务的岗位责任制，明确相关部门和岗位的职责、权限，确保办理采购与付款业务的不相容岗位相互分离、制约和监督。采购与付款业务不相容岗位至少包括：

（1）提出采购申请与批准采购申请相互独立，以便加强对采购的控制。

（2）批准请购与采购部门相互独立，以防止采购部门购入过量或不必要物资而对企业整体利益产生损害。

（3）批准采购、合同签订与合同审核相互独立，防止虚列支出。

（4）验收部门与财会部门相互独立，保证按真实收到的商品数额登记入账。

（5）应付款项记账员不能接触现金、有价证券和其他资产，以保证应付款项记录的真实性、正确性。

（6）内部检查与有关执行和记录工作相互独立，以保证内部检查的独立性和有效性。

（二）恰当的授权审批

有效的内部控制要求采购与付款业务的各个环节要经过适当的授权批准：

（1）企业内部建立分级采购批准制度。

（2）只有经过授权的人员才能提出采购申请。

（3）采购申请经独立于采购和使用部门以外的被授权人的批准，以防止采购部门购入过量或不必要的商品，或者为取得回扣等个人私利而牺牲企业利益。

（4）签发支票要经过被授权人的签字批准，保证货款是以真实金额向特定债权人及时支付。

（三）文件和记录的使用

（1）收到购货发票时，财会部门应将发票上所记的商品规格、数量、价格、条件及运费与订购单、验收单上的有关资料核对相符后入账。

（2）订购单中要有足够的栏目和空间，详细反映订货要求。

（3）建立付款凭单制，以付款凭单作为支付货款的依据。

（4）设置采购日记账，及时完整记录所有采购业务。

(5) 对每一供应商设立应付款项明细账，并与总账平行登记。

(四) 凭证的预先编号及对例外报告的跟进处理

人工执行。可以安排入库单编制人员以外的独立复核人员定期检查已经进行会计处理的入库单记录，确认是否存在遗漏、或重复记录的入库单，并对例外情况予以跟进。

IT 环境。系统可以定期生成列明跳号或重号的入库单统计例外报告，由经授权的人员对例外报告进行复核和跟进，可以确认所有入库单都进行了处理，且没有重复处理。

(五) 独立检查程序

财政部发布的《内部会计控制规范—采购与付款(试行)》中，不仅明确了单位应当建立对采购与付款内部控制的监督检查制度，单位监督检查机构或人员应通过实施内控测试和实质性程序检查采购与付款业务内部控制制度是否健全，各项规定是否得到有效执行，而且明确了采购与付款内部控制监督检查的主要内容，包括：

(1) 采购与付款业务相关岗位及人员的设置情况。重点检查是否存在采购与付款业务不相容职务混岗的现象。

(2) 采购与付款业务授权批准制度的执行情况。重点检查大宗采购与付款业务的授权批准手续是否健全，是否存在越权审批的行为。

(3) 应付账款和预付账款的管理。重点审查应付账款和预付账款支付的正确性、时效性和合法性。

(4) 有关单据、凭证和文件的使用和保管情况。重点检查凭证的登记、领用、传递、保管、注销手续是否健全，使用和保管制度是否存在漏洞。

(六) 实物控制

采购与付款业务中的实物控制包括两个方面：

(1) 加强对已验收入库的商品的实物控制，限制非授权人员接近存货。

(2) 限制非授权人员接近各种记录和文件，防止伪造和篡改会计资料。特别应注意对支票的实物控制，不得让核准或处理付款的人接触；未签发的支票应予以安全保管；作废的支票予以注销或另加控制，防止重复开具支票。

二、采购与付款循环的控制测试

对采购与付款交易内部控制的测试和评价控制风险的过程如表 10.2 所示。

表 10.2　测试、评价采购与付款循环内部控制

主要业务活动	关键控制点	防范的错报	可能的控制测试程序
1. 请购商品和劳务	(1) 由经授权的专门机构或人员填制请购单。 (2) 每张请购单应经过对这类支出负预算责任或劳务的主管人员签字批准	可能请购过多的商品	检查授权和批准的情况
2. 编制订购单	订购单一式多联，并预先连续编号、经被授权的采购人员签名	可能有未经授权的采购	抽查订购单连续编号
3. 验收商品	收到货物时，应由独立于采购、仓储、运输职能的验收部门或人员点收，根据订购单验收商品，并编制一式多联的验收报告单	(1) 可能收到未订购的商品。 (2) 收到商品的名称数量、质量可能不符合要求	(1) 检查验收报告单后附有的请购单、订购单。 (2) 检查验收人员实际验收过程
4. 存储已验收的商品	(1) 将保管与采购的其他职责相分离。 (2) 只有经过授权的人员才能接近保管的资产	商品可能被盗走	(1) 检查入库单。 (2) 观察接近资产的情况
5. 编制付款凭单	每张凭单应与订购单、验收单和供应商发票相配合	可能对未订购的商品或未收到的商品编制凭单	检查与每张凭单相配合的订购单、验收单和供应商发票
6. 确认与记录负债	独立检查每日的凭单汇总表和有关记账凭证上的金额的一致性	凭单可能未入账	审查执行独立检查的证据，重新执行独立检查
7. 支付负债	(1) 支票签署人应复核支付性凭单的完整性和批准情况。 (2) 支票签发后应立即盖章注销已付款凭单和支持性凭证。 (3) 独立检查支票金额与凭单的一致性。 (4) 支票签署人应控制邮寄支票	(1) 可能对未授权的采购签发支票。 (2) 可能对一张凭证重复付款。 (3) 支票金额可能开错。 (4) 支票可能在签署后被篡改	(1) 观察支票签署人对支付性凭证进行的独立检查。 (2) 检查已付款凭单上的“付讫”印章。 (3) 重新执行独立检查。 (4) 询问邮寄程序，观察邮寄过程
8. 记录现金支出	(1) 使用和控制预先编号的支票。 (2) 定期独立编制银行存款余额调节表。 (3) 独立检查支票的日期和记账的日期	(1) 支票可能未入账。 (2) 记录支票时可能出错。 (3) 支票可能未及时入账	(1) 检查使用和控制预先编号支票的证据。 (2) 审查银行存款余额调节表。 (3) 重新执行独立检查

三、固定资产的内部控制与控制测试

采购付款与固定资产同属一个交易循环，在内部控制和控制测试问题上尽管有很多共性之处，但固定资产还存在若干特殊性，因而有必要对其单独加以说明。

就许多从事制造业的被审计单位而言，固定资产在其资产总额中占有很大的比重，固定资产的购建会影响其现金流量，而固定资产的折旧、维修等费用则是影响其损益的重要因素。固定资产管理一旦失控，所造成的损失将远远超过一般的商品存货等流动资产，所以，为了确保固定资产的真实、完整、安全和有效利用，被审计单位应当建立和健全固定资产的内部控制。表10.3结合企业常用的固定资产内部控制，介绍了实施控制测试程序应予以关注的方面。

表10.3　固定资产的内部控制和关键控制点及其控制测试

内部控制	关键控制点	主要控制测试程序
1. 预算制度	固定资产增减应编制预算，它是固定资产内部控制中最重要的部分。大企业要有年度预算，小企业即使没有正规的预算，对固定资产的购建也要事先加以计划	检查固定资产的取得与处置是否依据预算，对实际支出与预算之间的差异以及未列入预算的特殊事项，检查其是否履行特别的审批手续（存在或发生、估价或分摊）
2. 授权批准制度	企业的资本性支出预算只有经过董事会等高层管理机构批准方可生效；所有固定资产的取得和处置均需经企业管理当局的书面认可	不仅要检查授权批准制度本身是否完善，还要关注授权批准制度是否得到切实执行（存在或发生、估价或分摊）
3. 账簿记录制度	设置总账、明细账、固定资产登记卡；按类别、使用部门、每项固定资产进行明细分类核算；增减变化均有原始凭证	检查明细账与登记卡设置的完善性，固定资产增减变化时原始凭证的充分性（存在或发生、估价或分摊、完整、表达）
4. 职责分工制度	对固定资产的取得、记录、保管、使用、维修、处置（不相容职务）等，均应明确划分责任，由专门部门和专人负责	检查与观察分工的恰当性（存在或发生、估价或分摊、完整性）
5. 划分资本性支出和收益性支出的制度	书面标准：区分资本性支出和收益性支出；明确资本性支出的范围和最低金额	检查标准制定的合理性与执行的有效性（估价或分摊）
6. 处置制度	投资转出、报废、出售等均要有一定申请报批程序	检查报批程序的合理性与执行的有效性（存在或发生、估价或分摊）
7. 定期盘点制度	确定数量、存放地点、使用状况。定期盘点制度的作用：验证账面各项固定资产是否真实（存在或发生）；了解固定资产的放置地点和使用状况（存在或发生）；发现是否存在未入账的固定资产（完整性）	注册会计师应了解和评价企业固定资产盘点制度，并注意查询盘盈、盘亏固定资产的处理情况（存在或发生、完整性）
8. 维护保养制度	建立日常维护、定期检修制度	检查制度的合理性与实际执行情况（存在或发生、估价或分摊）

任务三　实施应付账款审计的实质性程序

应付账款的实质性程序

一、应付账款的审计目标

应付账款通常是指因购买材料、商品或接受劳务供应等而发生的债务，这是买卖双方在购销活动中由于取得物资与支付贷款在时间上不一致而产生的负债。

应付账款的实质性测试程序要围绕着应付账款的审计目标来开展。应付账款的审计目标与认定的对应关系如表10.4所示。

表10.4　应付账款的审计目标与其认定对应关系表

审计目标	财务报表认定				
	存在	完整性	权利和义务	计价和分摊	列报
A. 资产负债表中记录的应付账款是存在的	√				
B. 所有应当记录的应付账款均已记录		√			
C. 资产负债表中记录的应付账款是被审计单位应当履行的现时义务			√		
D. 应付账款以恰当的金额包括在财务报表中，与之相关的计价调整已恰当记录				√	
E. 应付账款已按照企业会计准则的规定在财务报表中作出恰当的列报					√

二、应付账款审计的实质性程序

（一）获取或编制应付账款明细表(D)

(1) 复核加计正确，并与报表数、总账数和明细账合计数核对是否相符。

(2) 检查非记账本位币应付账款的折算汇率及折算是否正确。

(3) 分析出现借方余额的项目，查明原因，必要时，作重分类调整。

(4) 结合预付账款等往来项目的明细余额，调查有无同时挂账的项目、异常余额或与购货无关的其他款项(如关联方账户或雇员账户)，如有，应作出记录，必要时作调整。应付账款明细如表10.5所示。

表 10.5 应付账款明细表

索引号:FD3

客　户:××有限公司	编　制:王×	日　期:2021.1.16
会计期间或截止日:2020.12.31	复　核:李×	日　期:2021.1.16

期初余额	借方发生额	贷方发生额	总账余额	明细账余额
13656088.25	8766543.23	2563210.19	7452755.21	7452755.21

明细账贷方余额表

序号	单位名称	贷方余额	占余额总计	备注
1	华易纺织有限公司	2000236.00	26.84%	△
2	天天绵纺有限公司	1052321.54	14.12%	△
3	洁洁贸易有限公司	1567434.56	21.03%	△
4	鹏程商贸有限公司	1145234.22	15.37%	△
5	裕民商贸有限公司	1065282.89	14.29%	△
6	维鑫毛纺公司	622246.00	8.35%	
合计		7452755.21^	100%	S.G.T/B

符号说明:“△”已函证;“S”与明细账核对一致;“G”与总账核对一致;“^”纵加核对;

“T/B”与试算平衡表核对一致。

审计结论:1. 函证后,余额可确认。

2. ××有限公司未回函,替代程序实施后,余额可确认

(二) 根据被审计单位实际情况,选择以下方法对应付账款执行实质性分析程序(ADE)

(1) 将期末应付账款余额与期初余额进行比较,分析波动原因。

(2) 分析长期挂账的应付账款,要求被审计单位作出解释,判断被审计单位是否缺乏偿债能力或利用应付账款隐瞒利润;并注意其是否可能无须支付,对确实无须支付的应付款的会计处理是否正确,依据是否充分;关注账龄超过3年的大额应付账款在资产负债表日后是否偿还,检查偿还记录、单据及披露情况。

(3) 计算应付账款与存货的比率,应付账款与流动负债的比率,并与以前年度相关比率对比分析,评价应付账款整体的合理性。

(4) 分析存货和营业成本等项目的增减变动判断应付账款增减变动的合理性。

(三) 函证应付账款(AC)

一般情况下,并不必须函证应付账款,这是因为函证不能保证查出未记录的应付账款,况且注册会计师能够取得采购发票等外部凭证来证实应付账款的余额。但如果控制风险较高,某应付账款明细账户金额较大或被审计单位处于财务困难阶段,则应进行应付账款的函证。

在进行函证时,注册会计师应选择较大金额的债权人,以及那些在资产负债表日金额不大,甚至为零,但为企业重要供货人的债权人,作为函证对象。函证最好采用积极函证方式,

并具体说明应付金额。同应收账款的函证一样，注册会计师必须对函证的过程进行控制，要求债权人直接回函，并根据回函情况编制与分析函证结果汇总表，对未回函的，应考虑是否再次函证。

【案例 10.1】

L 注册会计师正在对 ABC 公司的应付账款项目进行审计。根据需要，假定该注册会计师决定对甲公司下列四个明细账户中的两个进行函证：

金额单位：元

应付账款明细账户	应付账款年末余额	本年度进货总额
A 公司	22650	46100
B 公司	0	1980000
C 公司	65000	75000
D 公司	190000	2123000

要求：指出注册会计师应该选择哪两位供货商进行函证，并说明理由。

分析：L 注册会计师应选择 B 公司和 D 公司进行应付账款余额的函证。因为函证客户的应付账款，应选择那些可能存在较大余额而并非在会计决算日有较大余额的债权人。函证的目的在于查实有无未入账负债，而不在于验证具有较大年末余额的债务。本年度甲公司从 B、D 两家公司采购了大量商品，存在漏记负债业务的可能性更大。

如果存在未回函的重大项目，注册会计师应采用替代审计程序(表 10.6)。比如，可以检查决算日后应付账款明细账及库存现金和银行存款日记账，核实其是否已支付，同时检查该笔债务的相关凭证资料，如合同、发票、验收单，核实应付账款的真实性。

表 10.6　应付账款函证未回替代程序表

索引号：FD4

客　户：××有限公司	编　制：王×	日　期：2021.1.15
会计期间或截止日：2020.12.31	复　核：李×	日　期：2021.1.16

关于欠××有限公司 1145234.22 元函证未回的替代程序：

一、余额及发生额

期初余额	986579.23
本期借方发生额	675834.87
本期贷方发生额	834489.86
期末余额	1145234.22

二、发生额大额抽查

1. 2020.3.10 银付 35# 付欠款

借：应付账款——××有限公司　100000.00

　贷：银行存款　100000.00

后附：中国工商银行汇票委托书第 1 联

续表

2. 2020.8.3 转字 7#购原材料
借:材料采购　　　　　　　　　　　　　　　　186000.00
　应交税费——应交增值税(进项)　　　　　　　31620.00
　贷:应付账款——××有限公司　　　　　　　　　　　　217620.00
后附:(1) 增值税专用发票,发票号:0102009
　　(2) 铁路运单
……
3. 贷方发生额抽查金额占% = 726006.18/834489.86×100% = 87%
审计结论:函证未回,实施替代程序后余额 1145234.22 元可确认

相关资料

应收账款函证与应付账款函证的区别如表 10.7 所示。

表 10.7　应收账款函证与应付账款函证的区别

应收账款函证	应付账款函证
1. 用最少人力、费用,直接取得债权人叙述债权关系书面证明。 2. 记录完全来源于公司本身(内部证据,证明力弱)。 3. 少记、漏记,事后收款会困难。 4. 最为重要且为必备程序。 5. 重点放在存在性上	1. 无法提供是否存在未入账负债的证据。 2. 购货发票来源于公司外部(外部凭证,证明力强)。 3. 少记、漏记、债权人仍会催讨。 4. 一般不需函证。 5. 重点放在完整性上

(四) 检查应付账款是否计入正确的会计期间,是否存在未入账的应付账款(ABCD)

应付账款实质性程序——应付账款完整性

(1) 检查债务形成的相关原始凭证,如供应商发票、验收报告或入库单等,查找有无未及时入账的应付账款,确定应付账款期末余额的完整性。

(2) 检查资产负债表日后应付账款明细账贷方发生额的相应凭证,关注其购货发票的日期,确认其入账时间是否合理。

(3) 获取被审计单位与其供应商之间的对账单(应从非财务部门,如采购部门获取),并将对账单和被审计单位财务记录之间的差异进行调节(如在途款项、在途货物、付款折扣、未记录的负债等),查找有无未入账的应付账款,确定应付账款金额的准确性。

(4) 针对资产负债表日后付款项目,检查银行对账单及有关付款凭证(如银行划款通知、供应商收据等),询问被审计单位内部或外部的知情人员,查找有无未及时入账的应付账款。

(5) 结合存货监盘程序,检查被审计单位在资产负债日前后的存货入库资料(验收报告或入库单),检查是否有大额料到单未到的情况,确认相关负债是否计入了正确的会计期间。

如果注册会计师通过这些程序发现某些未入账的应付账款,应将有关情况详细记入工

作底稿，然后根据其重要性确定是否需建议被审计单位进行相应的调整。

（五）寻找未入账负债的测试(B)

获取期后收取、记录或支付的发票明细，包括获取支票登记簿/电汇报告/银行对账单（根据被审计单位情况不同）以及入账的发票和未入账的发票。从中选取项目（尽量接近审计报告日）进行测试并实施以下程序：

(1) 检查支持性文件，如相关的发票、采购合同/申请、收货文件以及接受劳务明细，以确定收到商品/接受劳务的日期及应在期末之前入账的日期。

(2) 追踪已选取项目至应付账款明细账、货到票未到的暂估入账和/或预提费用明细表，并关注费用所计入的会计期间。调查并跟进所有已识别的差异。

(3) 评价费用是否被记录于正确的会计期间，并相应确定是否存在期末未入账负债。

（六）检查应付账款长期挂账的原因并作出记录(A)

分析长期挂账的应付账款，要求被审计单位作出解释，判断被审计单位是否缺乏偿债能力或利用应付账款隐瞒利润；对确实无需支付的应付款的会计处理是否正确。

（七）检查存在应付关联方的款项(AB)

(1) 了解交易的商业理由。

(2) 检查证实交易的支持性文件（如发票、合同、协议及入库和运输单据等相关文件）。

(3) 检查被审计单位与关联方的对账记录或向关联方函证。

（八）检查应付账款是否已按照企业会计准则的规定在财务报表中作出恰当列报和披露(E)

一般来说，应付账款项目应根据应付账款和预付账款科目所属明细科目的期末贷方余额的合计数填列。

如果被审计单位为上市公司，则通常在其财务报表附注中应说明有无欠持有5%以上（含5%）表决权股份的股东单位账款；说明账龄超过3年的大额应付账款未偿还的原因，并在期后事项中反映资产负债表日后是否偿还。应付账款审定如表10.8所示。

表10.8　应付账款审定表

索引号：FD1

客　户：××有限公司　　编　制：王×　　日　期：2021.1.15

会计期间或截止日：2020.12.31　　复　核：李×　　日　期：2021.1.16

项目名称	期末未审数	账项调整		重分类调整		期末审定数	上期末审定数	索引号
		借方	贷方	借方	贷方			
A有限公司	2000236.00							
B有限公司	1052321.54							
C有限公司	1567434.56							

续表

项目名称	期末未审数	账项调整		重分类调整		期末审定数	上期末审定数	索引号
		借方	贷方	借方	贷方			
D有限公司	1145234.22							
E有限公司	1065282.89							
F毛纺公司	622246.00							
小计	7452755.21							
审计结论：								

【案例10.2】

注册会计师W和L对ABC股份有限公司2020年度会计报表中“应付账款”项目进行审计。通过核对明细账，发现2020年末余额中有应付A公司及B公司款项各60万元为借方余额，另外，应付C公司款项90万元属于临时借入工程结算资金。

要求：若你是注册会计师，你将作怎样的调整分录？

分析：A公司和B公司账户借方余额60万元，均属正常经济业务往来款项。根据财务报表的编制要求，注册会计师应审计工作底稿中作重分类调整分录。

借：预付账款——A公司　　600000
　　　　　　——B公司　　600000
　贷：应付账款——A公司　　600000
　　　　　　　——B公司　　600000

（注：重分类调整分录调表不调账。由于被审计单位的账务处理、账簿记录均正确，因此无需调账）

C公司账户贷方余额90万元，经审查为ABC股份有限公司临时借入款项，主要用于在建工程项目结算工程价款。注册会计师应建议ABC股份有限公司作如下账项调整：

借：应付账款——C公司　　900000
　贷：其他应付款——C公司　　900000

（注：由于此笔业务被审计单位账务处理上出现分类错误，因此既调表也调账）

任务四　实施固定资产审计的实质性程序

固定资产是指同时具有以下特征的有形资产：① 为生产商品、提供劳务、出租或经营管理而持有的；② 使用寿命超过一个会计年度。折旧是指在固定资产的使用寿命内，按照确定的方法对应计折旧额进行系统分摊。由于固定资产在企业资产总额中一般都占有较大的比例，固定资产的安全、完整对企业的生产经营影响极大，注册会计师应对固定资产的审计予以高度重视。

固定资产是企业实物资产的主要组成部分，它具有以下特点：

(1) 在一个会计期间内交易次数较少。

(2) 单位价值较高。

(3) 能够多次参加生产经营过程，使用期限超过1年(或超过1年的一个营业周期)，并且在使用过程中基本保持原来的物质形态不变。

(4) 使用寿命是有限的。

(5) 损耗价值是以折旧方式计入制造费用或管理费用中去，随着产品价值的实现而转化为货币资金。

(6) 企业持有它的目的是用于生产经营活动，而不是转卖。

就审计而言，固定资产的审查较存货、应收账款等流动资产要简单。审计时主要是审核会计期间内固定资产的增减变动及折旧费用的适当性，在整个审计计划中通常安排的时间较少。

一、固定资产的审计目标

固定资产实质性程序——明细表和分析程序

固定资产的实质性测试要围绕固定资产的审计目标进行。固定资产的审计目标与认定的对应关系如表10.9所示。

表10.9　固定资产审计目标与其认定对应关系表

审计目标	财务报表认定				
	存在	完整性	权利和义务	计价和分摊	列报
A. 资产负债表中记录的固定资产是存在的	√				
B. 所有应记录的固定资产均已记录		√			
C. 记录的固定资产由被审计单位拥有或控制			√		
D. 固定资产以恰当的金额包括在财务报表中，与之相关的计价或分摊已恰当记录				√	
E. 固定资产已按照企业会计准则的规定在财务报表中作出恰当列报					√

二、固定资产审计的实质性程序

(一) 获取或编制固定资产和累计折旧分类汇总表(D)

检查固定资产的分类是否正确并与总账数和明细账合计数核对是否相符，结合累计折旧、减值准备科目与报表数核对是否相符。固定资产和累计折旧分类汇总表又称一览表或综合分析表，是审计固定资产和累计折旧的重要工作底稿，其参考格式如表10.10所示。

表 10.10　固定资产和累计折旧分类汇总表

索引号：ZD2

客　户：××有限公司　　编　制：王×　　日　期：2021.1.17

结账日：2020.12.31　　复　核：李×　　日　期：2021.1.18

固定资产类别	固定资产				累计折旧					
	期初余额	本期增加	本期减少	期末余额	折旧方法	折旧率%	期初余额	本期增加	本期减少	期末余额
房屋及建筑物	258000			258000√	直线	4.75	24510	12255		36765√
机器设备	97600	34000 *		131600√	直线	9.5	18548	10887		29435√
运输设备	86000	12000 *	8000#	90000√	直线	19	32680	17480	3800#	46360√
办公设备	2000	2000 *		4000√	直线	19	950	570		1520√
合　计	443600 T	48000 T	8000 T	483600 T	—	—	76688 T	41192 T	3800 T	114080 T

审计标识："*"经核对与采购合同、所有权证书及发票相符；"#"经核对与固定资产报废单相符

"√"已核对全部明细账或登记卡，余额合计无误；"T"已复核加总

汇总表包括固定资产与累计折旧两部分，应按照固定资产类别分别填列。需要解释的是期初余额栏，注册会计师对其审计应分三种情况：① 在连续审计情况下，应注意与上期审计工作底稿中的固定资产和累计折旧的期末余额审定数核对相符；② 在变更会计师事务所时，后任注册会计师应查阅前任注册会计师有关工作底稿；③ 如果被审计单位属于首次接受审计，注册会计师应对期初余额进行较全面的审计。尤其是当被审计单位的固定资产数量多、价值大、占资产总额比重高时，最理想的方法是全面审计被审计单位设立以来"固定资产"和"累计折旧"账户中的所有重要的借贷记录。这样，既可核实期初余额的真实性，又可从中加深对被审计单位固定资产管理和会计核算工作的了解。

（二）实施实质性分析程序，验证其总体合理性（ABD）

（1）分类计算本期计提折旧额与固定资产原值的比率，并与上期比较。

（2）计算固定资产修理及维护费用占固定资产原值的比例，并进行本期各月、本期与以前各期的比较。

（三）实地检查重要固定资产（A）

如为首次接受审计，应适当扩大检查范围，确定其是否存在，关注是否存在已报废但仍未核销的固定资产。实施实地检查审计程序时，注册会计师可以以固定资产明细分类账为起点，进行实地追查，以证明会计记录中所列固定资产确实存在，并了解其目前的使用状况；也可以以实地为起点，追查至固定资产明细分类账，以获取实际存在的固定资产均已入账的证据（表 10.11）。

表 10.11　固定资产实物抽查表

索引号：ZD3

客　户：××有限公司　　编　制：王×　　日　期：2021.1.17
结账日：2020.12.31　　复　核：李×　　日　期：2021.1.18

资产编码	名称	原值	是否存在	运行状态是否良好
0208390002	平缝机	33730.00	是	是
0453110311	福特福克斯	164557.20	是	是

当然，注册会计师实地检查的重点是本期新增加的重要固定资产，有时，观察范围也会扩展到以前期间增加的重要固定资产。观察范围的确定需要依据被审计单位内部控制的强弱、固定资产的重要性和注册会计师的经验来判断。如为首次接受审计，则应适当扩大检查范围。

（四）检查固定资产的所有权或控制权（C）

对各类固定资产，注册会计师应获取、收集不同的证据以确定其是否确归被审计单位所有：对外购的机器设备等固定资产，通常经审核采购发票、采购合同等予以确定；对于房地产类固定资产，尚需查阅有关的合同、产权证明、财产税单、抵押借款的还款凭据、保险单等书面文件；对融资租入的固定资产，应验证有关融资租赁合同，证实其并非经营租赁；对汽车等运输设备，应验证有关运营证件等；对受留置权限制的固定资产，通常还应审核被审计单位的有关负债项目等予以证实。对不同固定资产应审查的证明文件如表 10.12 所示。

表 10.12　对不同固定资产应审查的证明文件

索引号：ZD4

客　户：××有限公司　　编　制：王×　　日　期：2021.1.17
结账日：2020.12.31　　复　核：李×　　日　期：2021.1.18

固定资产类别	应检查的证明文件
房屋建筑物	房屋产权证明文件
外购的机器设备等	采购发票、采购合同等
房地产类	有关的合同、产权证明、财产税单、抵押借款的还款凭据、保险单等
对融资租入的固定资产	融资租赁合同
汽车等运输设备	有关运营证件

（五）检查本期固定资产的增加（ABCD）

固定资产实质性程序——审查增加和减少

被审计单位如果不正确核算固定资产的增加，将对资产负债表和利润表产生长期的影响。因此。审计固定资产的增加，是固定资产实质性程序中的重要内容。

固定资产的增加有多种途径，审计中应注意：

（1）询问管理层当年固定资产的增加情况，并与获取或编制的固定资产明细表进行核对。

（2）检查本年度增加固定资产的计价是否正确，手续是否齐备，会计处理是否正确。

(3) 检查固定资产是否存在弃置费用，如果存在弃置费用，检查弃置费用的估计方法和弃置费用现值的计算是否合理，会计处理是否正确。

不同固定资产增加的方式审核要点不同，具体如下：

(1) 对于外购固定资产，通过核对采购合同、发票、保险单、发运凭证等资料，抽查测试其入账价值是否正确，授权批准手续是否齐备，会计处理是否正确；如果购买的是房屋建筑物，还应检查契税的会计处理是否正确；检查分期付款购买固定资产入账价值及会计处理是否正确。

(2) 对于在建工程转入的固定资产，应检查固定资产确认时点是否符合会计准则的规定，入账价值与在建工程的相关记录是否核对相符，是否与竣工决算、验收和移交报告等一致；对已经达到预定可使用状态，但尚未办理竣工决算手续的固定资产，检查其是否已按估计价值入账，并按规定计提折旧。

(3) 对于投资者投入的固定资产，检查投资者投入的固定资产是否按投资各方确认的价值入账，并检查确认价值是否公允，交接手续是否齐全；涉及国有资产的，是否有评估报告并经国有资产管理部门评审备案或核准确认。

(4) 对于更新改造增加的固定资产，检查通过更新改造而增加的固定资产，增加的原值是否符合资本化条件，是否真实，会计处理是否正确；重新确定的剩余折旧年限是否恰当。

(5) 对于融资租赁增加的固定资产，获取融资租入固定资产的相关证明文件，检查融资租赁合同的主要内容，并结合长期应付款、未确认融资费用科目检查相关的会计处理是否正确。

(6) 对于企业合并、债务重组和非货币性资产交换增加的固定资产，检查产权过户手续是否齐备，检查固定资产入账价值及确认的损益和负债是否符合规定。

(7) 对于通过其他途径增加的固定资产，应检查增加固定资产(表 10.13)的原始凭证，核对其计价及会计处理是否正确，法律手续是否齐全。

表 10.13　固定资产增加检查表

索引号：ZD5

客　户：××有限公司　　编　制：王×　　日　期：2021.1.17

结账日：2020.12.31　　复　核：李×　　日　期：2021.1.18

固定资产名称	取得日期	取得方式	固定资产类别	增加情况		凭证号	核对内容(用“√”“×”表示)							
				数量	原价		1	2	3	4	5	6	7	8
IBM 工作站	2020.1.1	购入	电子设备	1	18600.00	银付 02	√	√	√	√	√		√	
笔记本	2020.5.9	购入	电子设备	5	28250.00	转 20	√	√	√	√	√		√	
小轿车	2020.1.31	购入	运输设备	1	132010.04	银付 37	√	√	√	√	√		√	
验布机	2020.12.24	购入	机器设备	10	351000.00	银付 40	√	√	√	√	√		√	
小计					529860.04									

核对内容说明：

1. 与发票是否一致；2. 与付款单据是否一致；3. 与购买建造合同是否一致；4. 与验收报告或评估报告等是否一致；5. 审批手续是否齐全；6. 与在建工程转出数是否一致；7. 会计处理是否正确(入账日期和入账金额)；8. ……

审计结论：本期新增固定资产的计价正确，手续完备，会计处理正确

【课程思政案例】

福成股份年报审计会计事务所收监管警示

新京报讯(首席记者郭铁)7月13日,上交所公布对福成股份年报审计机构永拓会计师事务所及年报审计注册会计师万从新、徐冉予以监管警示的决定。根据中国证监会河北监管局《关于对永拓会计师事务所(特殊普通合伙)及万从新、徐冉采取出具警示函行政监管措施的决定》查明的事实,永拓会计师事务所、万从新、徐冉在职责履行方面存在多个违规行为。一方面是未能获取充分适当的审计证据。永拓事务所作为福成股份2021年年报审计机构,在确定审计报告日时,未获得财务总监等管理层认可其对财务报表负责的审计证据。另一方面是未恰当识别被审计单位内部控制重大缺陷。

2021年度,福成股份控股股东福成投资集团有限公司相关人员签字审批的采购付款金额达4.09亿元,约占公司全部采购付款总额的50%。但永拓事务所未恰当识别、评估公司采购付款业务存在的重大缺陷,出具了无保留意见的内部控制审计报告。

上交所认为,上述行为违反了中国注册会计师审计准则第1501号、第1211号相关规定,以及《上海证券交易所股票上市规则(2022年修订)》有关规定。上交所对永拓会计师事务所及年报审计注册会计师万从新、徐冉予以监管警示。对于福成股份相关违规行为,上交所已对公司及主要责任人作出纪律处分决定。

【课程思政】 审计人员要具有诚信为本、公正守法的职业素养;要树立激浊扬清的社会责任意识。

(六) 检查本期固定资产的减少(ABD)

固定资产的减少主要包括出售、向其他单位投资转出、向债权人抵债转出、报废、毁损、盘亏等。有的被审计单位在全面清查固定资产时,经常出现固定资产账存实无的情况,这可能是由于固定资产管理或使用部门不了解报废固定资产与会计核算两者间的关系,擅自报废固定资产而未及时通知财务部门作相应的会计核算所致,这样势必造成财务报表反映失真。

表10.14 固定资产减少检查表

索引号:ZD6

客　户:××有限公司　　编　制:王×　　日　期:2021.1.17

结账日:2020.12.31　　复　核:李×　　日　期:2021.1.18

固定资产名称	取得日期	处置方式	处置日期	固定资产原价	累计折旧	减值准备	账面价值	处置收入	净损益	索引号	核对内容(用“√”“×”表示)				

核对内容说明:1. 与收款单据是否一致;2. 与合同是否一致;3. 审批手续是否完整;4. 会计处理是否正确;5. ……

审计说明:

审计固定资产减少(表10.14)的主要目的就在于查明已减少的固定资产是否已做适当的会计处理。其审计要点如下：

(1) 结合固定资产清理科目，抽查固定资产账面转销额是否正确。

(2) 检查出售、盘亏、转让、报废或毁损的固定资产是否经授权批准，会计处理是否正确。

(3) 检查因修理、更新改造而停止使用的固定资产的会计处理是否正确。

(4) 检查投资转出固定资产的会计处理是否正确。

(5) 检查债务重组或非货币性资产交换转出固定资产的会计处理是否正确。

(6) 检查转出的投资性房地产账面价值及会计处理是否正确。

(7) 检查其他减少固定资产的会计处理是否正确。

固定资产实质性程序—其他审计程序

(七) 检查固定资产的后续支出(AB)

《企业会计准则第4号——固定资产》规定，与固定资产有关的后续支出，如果同时满足下列两个确认条件：一是该固定资产包含的经济利益很可能流入企业；二是该固定资产的成本能够可靠计量，应当将该后续支出计入固定资产成本；否则，应当在该后续支出发生时计入当期损益。

在具体实务中，对于固定资产发生的下列各项后续支出，通常的处理方法为：

(1) 固定资产修理费用，应当直接计入当期费用。

(2) 固定资产改良支出，应当计入固定资产账面价值，其增计后的金额不应超过该固定资产的可收回金额。

(3) 如果不能区分是固定资产修理还是固定资产改良，或固定资产修理和固定资产改良结合在一起，则企业应按上述原则进行判断，其发生的后续支出，分别计入固定资产价值或计入当期费用。

(4) 固定资产装修费用，符合上述原则可予资本化的，在两次装修期间与固定资产尚可使用年限两者中较短的期间内，采用合理的方法单独计提折旧。如果在下次装修时，该固定资产相关的固定资产装修项目仍有余额，应将该余额一次全部计入当期营业外支出。

(八) 检查固定资产的租赁(ABCD)

企业在生产经营过程中，有时可能将闲置的固定资产对外出租；有时由于生产经营的需要，又需租入固定资产。租赁一般分为经营租赁和融资租赁两种。

企业对以经营性租赁方式租入的固定资产，不在“固定资产”账户内核算，只是另设备查簿进行登记。而出租固定资产的企业，仍继续提取折旧，同时取得租金收入。检查经营性租赁时，应查明：

(1) 固定资产的租赁是否签订了合同、租约，手续是否完备，合同内容是否符合国家规定，是否经相关管理部门的审批。

(2) 租入的固定资产是否确属企业必需，或出租的固定资产是否确属企业多余、闲置不用的，双方是否认真履行合同，其中是否存在不正当交易。

(3) 租金收取是否签有合同，有无多收、少收现象。

(4) 租入固定资产有无久占不用、浪费损坏的现象；租出的固定资产有无长期不收租金、无人过问，是否有变相馈送、转让等情况。

(5) 租入固定资产是否已登入备查簿。

(6) 必要时，向出租人函证租赁合同及执行情况。

(7) 租入固定资产改良支出的核算是否符合规定。

在融资租赁中，租入单位向租赁公司借款购买固定资产，分期归还本息，付清全部本息后，就取得了固定资产的所有权。因此，融资租赁支付的租金，包括了固定资产的价值和利息，并且这种租赁的结果通常是固定资产所有权最终归属租入单位。故租入企业在租赁期间，对融资租入的固定资产应按企业自有固定资产一样管理，并计提折旧、进行维修。

如果被审计单位的固定资产中融资租赁占有相当大的比例，应当复核租赁协议，确定租赁是否符合融资租赁的条件，结合长期应付款、未确认融资费用等科目检查相关的会计处理是否正确(资产的入账价值、折旧、相关负债)。在审计融资租赁固定资产时，除可参照经营租赁固定资产检查要点以外，还应补充实施以下审计程序：

(1) 复核租赁的折现率是否合理。

(2) 检查租赁相关税费、保险费、维修费等费用的会计处理是否符合企业会计准则的规定。

(3) 检查融资租入固定资产的折旧方法是否合理。

(4) 检查租赁付款情况。

(5) 检查租入固定资产的成新程度。

(6) 检查融资租入固定资产发生的固定资产后续支出，其会计处理是否遵循自有固定资产发生的后续支出的处理原则予以处理。

(九) 其他测试程序

(1) 获取暂时闲置固定资产的相关证明文件，并观察其实际状况，检查是否已按规定计提折旧，相关的会计处理是否正确(D)。

(2) 获取已提足折旧仍继续使用固定资产的相关证明文件，并作相应记录(D)。

(3) 获取持有待售固定资产的相关证明文件，并作相应记录。检查对其预计净残值调整是否正确、会计处理是否正确(A)。

(4) 检查固定资产保险情况，复核保险范围是否足够(B)。

(5) 检查有无与关联方的固定资产购售活动，是否经适当授权，交易价格是否公允。对于合并范围内的购售活动，记录应予合并抵消的金额(ABD)。

(6) 对应计入固定资产的借款费用，应根据企业会计准则的规定，结合长短期借款、应付债券或长期应付款的审计，检查借款费用(借款利息、折溢价摊销、汇兑差额、辅助费用)资本化的计算方法和资本化金额，以及会计处理是否正确(D)。

(7) 检查购置固定资产时是否存在与资本性支出有关的财务承诺(DE)。

(8) 检查固定资产的抵押、担保情况。结合对银行借款等的检查，了解固定资产是否存在重大的抵押、担保情况。如存在，应取证并作相应的记录，同时提请被审计单位作恰当披露(CE)。

(十) 检查累计折旧(D)

固定资产实质性程序
——累计折旧的审计

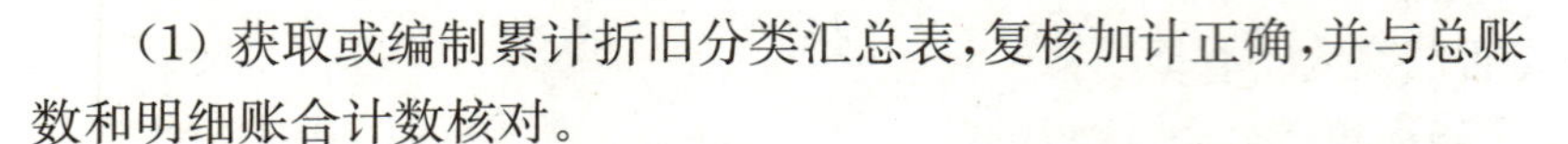

(1) 获取或编制累计折旧分类汇总表,复核加计正确,并与总账数和明细账合计数核对。

(2) 检查被审计单位制定的折旧政策和方法是否符合相关会计准则的规定,确定其所采用的折旧方法能否在固定资产预计使用寿命内合理分摊其成本,前后期是否一致,预计使用寿命和预计净残值是否合理。

《企业会计准则第 4 号——固定资产》明确规定:企业应当根据与固定资产有关的经济利益的预期实现方式,合理选择固定资产折旧方法。可选用的折旧方法包括年限平均法、工作量法、双倍余额递减法和年数总和法等;除非由于与固定资产有关的经济利益的预期实现方式有重大改变,应当相应改变固定资产折旧方法,折旧方法一经选定,不得随意调整;企业至少应当于每年年度终了对固定资产的使用寿命、预计净残值和折旧方法进行复核,如果固定资产使用寿命预计数和净残值预计数与原先估计数有差异,应当作相应调整。

(3) 复核本期折旧费用的计提和分配。① 已计提部分减值准备的固定资产,计提的折旧是否正确。按照《企业会计准则第 4 号——固定资产》的规定,已计提减值准备的固定资产的应计折旧额应当扣除已计提的固定资产减值准备累计金额,按照该固定资产的账面价值以及尚可使用寿命重新计算确定折旧率和折旧额;② 已全额计提减值准备的固定资产,是否已停止计提折旧;③ 因更新改造而停止使用的固定资产,是否已停止计提折旧,因大修理而停止使用的固定资产,是否照提折旧;④ 对按规定予以资本化的固定资产装修费用是否在两次装修期间与固定资产尚可使用年限两者中较短的期间内,采用合理的方法单独计提折旧,并在下次装修时将该项固定资产装修余额一次全部计入了当期营业外支出;⑤ 对融资租入固定资产发生的、按规定可予以资本化的固定资产装修费用,是否在两次装修期间、剩余租赁期与固定资产尚可使用年限三者中较短的期间内,采用合理的方法单独计提折旧;⑥ 对采用经营租赁方式租入的固定资产发生的改良支出,是否在剩余租赁期与租赁资产尚可使用年限两者中较短的期间内,采用合理的方法单独计提折旧;⑦ 未使用、不需用和闲置的固定资产是否按规定计提折旧;⑧ 持有待售的固定资产折旧计提是否符合规定。

(4) 将"累计折旧"账户贷方的本期计提折旧额与相应的成本费用中的折旧费用明细账户的借方相比较,检查本期所计提折旧金额是否已全部摊入本期产品成本或费用。若存在差异,应追查原因,并考虑是否应建议作适当调整。

(5) 将"累计折旧"账户贷方的本期计提折旧额与相应的成本费用中的折旧费用明细账户的借方相比较,检查本期所计提折旧金额是否已全部摊入本期产品成本或费用。若存在差异,应追查原因,并考虑是否应建议作适当调整。

(6) 检查累计折旧的减少是否合理、会计处理是否正确。

如果被审计单位是上市公司,通常应在其财务报表附注中按固定资产类别分项列示累计折旧期初余额、本期计提额、本期减少额及期末余额(表 10.15)。

表 10.15 累计折旧增减变动表

索引号:ZD7

客　户:××有限公司　　编　制:王×　　日　期:2021.1.17

结账日:2020.12.31　　复　核:李×　　日　期:2021.1.18

累计折旧增减变动表

	房屋及建筑物	机器及设备	电子设备	运输工具	总计
2019.12.31	689897.11	104788.05	150608.66	489999.65	1435293.48
计提	157474.27	25752.71	55326.90	99164.40	337718.28
折旧转出				69193.28	69193.28
2020.12.31	847371.39	130540.76	205935.56	519970.78	1703818.48

【案例 10.3】

中信会计师事务所的注册会计师 L 按照审计小组的人员分工,专门负责审查 ABC 公司 2020 年度财务报表中的固定资产及累计折旧项目。在审计开始时,L 通过实施实质性分析程序,发现 ABC 公司的固定资产原值与上年相比有显著上升。根据在其他企业固定资产项目的经验,L 确定了以下两个重要的项目审计目标:(1) 本年新增的固定资产是否真实,计价是否正确;(2) 本年减少的固定资产是否均已进行会计记录。

请回答:

(1) 对于以一笔款项同时购入多项没有单独标价的固定资产,L 应当检查哪些文件与凭证,以证实其真实性;ABC 公司应如何进行会计处理,L 方可确认其计价的正确性。

(2) 为检查 ABC 公司是否存在未作会计记录的固定资产减少业务,L 应当实施哪些具体的实质性程序。

分析:(1) 为验证外购固定资产的真实性,L 应检查 ABC 公司此笔业务的授权审批手续是否齐全,在此基础上核对购货合同、购货发票、保险单和货运文件。对于以一笔款项同时购入多项没有单独标价的固定资产的情况,L 应当检查 ABC 公司是否按照各项固定资产公允价值的比例对总成本进行分配,分别确定各项固定资产的入账价值。

(2) 为检查 ABC 公司是否存在未作会计记录的固定资产减少业务,L 应当实施以下实质性程序:

① 结合固定资产清理科目,抽查固定资产账面转销额是否正确;② 检查出售、盘亏、转让、报废或毁损的固定资产是否经授权批准,会计处理是否正确;③ 检查因修理、更新改造而停止使用的固定资产的会计处理是否正确;④ 检查投资转出固定资产的会计处理是否正确;⑤ 检查债务重组或非货币性资产交换转出固定资产的会计处理是否正确;⑥ 检查转出的投资性房地产账面价值及会计处理是否正确;⑦ 检查其他减少固定资产的会计处理是否正确。

（十一）检查固定资产的减值准备(D)

根据《企业会计准则第8号——资产减值》的规定，企业应当在资产负债表日判断固定资产是否存在可能发生减值的迹象。如果固定资产存在减值迹象，导致其可收回金额低于账面价值的，应当将固定资产的账面金额减记至可收回金额，将减记的金额确认为固定资产减值损失，计入当期损益，同时计提相应的固定资产减值准备。对固定资产减值准备审计的实质性程序有：

(1) 获取或编制固定资产减值准备明细表，复核加计正确，并与总账数和明细账合计数核对相符。

(2) 检查被审计单位计提固定资产减值准备的依据是否充分，会计处理是否正确。

(3) 检查资产组的认定是否恰当，计提固定资产减值准备的依据是否充分，会计处理是否正确。

(4) 计算本期末固定资产减值准备占期末固定资产原值的比率，并与期初该比率比较，分析固定资产的质量状况。

(5) 检查被审计单位处置固定资产时原计提的减值准备是否同时结转，会计处理是否正确。

(6) 检查是否存在转回固定资产减值准备的情况，确定减值准备在以后会计期间没有转回。

(7) 检查固定资产减值准备的披露是否恰当。

（十二）检查固定资产是否已按照企业会计准则的规定在财务报表中作出恰当列报(E)

财务报表附注通常应说明固定资产的标准、分类、计价方法和折旧方法；融资租入固定资产的计价方法；固定资产的预计使用寿命和预计净残值；对固定资产所有权的限制及其金额（这一披露要求是指企业因贷款或其他原因而以固定资产进行抵押、质押或担保的类别、金额、时间等情况）；已承诺将为购买固定资产支付的金额；暂时闲置的固定资产账面价值（这一披露要求是指企业应披露暂时闲置的固定资产账面价值，导致固定资产暂时闲置的原因，如开工不足、自然灾害或其他情况等）；已提足折旧仍继续使用的固定资产账面价值；已退废和准备处置的固定资产账面价值。固定资产因使用磨损或其他原因而需退废时，企业应及时对其处置。如果其已处于处置状态而尚未转销时，企业应披露这些固定资产的账面价值。

如果被审计单位是上市公司，则通常应在其财务报表附注中按类别分项列示固定资产期初余额、本期增加额、本期减少额及期末余额；说明固定资产中存在的在建工程转入、出售、置换、抵押或担保等情况；披露通过融资租赁租入的固定资产每类租入资产的账面原值、累计折旧、账面净值；披露通过经营租赁租出的固定资产每类租出资产的账面价值。固定资产审定如表10.16所示。

表 10.16 固定资产审定表

索引号：ZD7

客　户：××有限公司　　编　制：王×　　日　期：2021.1.19

结账日：2020.12.31　　复　核：李×　　日　期：2021.1.20

项目名称	期末未审数	账项调整		重分类调整		期末审定数	上期末审定数	索引号
		借方	贷方	借方	贷方			
一、固定资产原值合计								
其中……								
小计								
二、累计折旧合计								
其中……								
小计								
三、减值准备合计								
其中……								
四、账面价值合计								
小计								
审计结论：								

本项目小结

本项目主要介绍了采购与付款循环审计的主要内容。

采购与付款循环包括购货与付款循环中的主要业务活动和购货与付款循环所涉及的主要凭证和账户两部分内容。

采购与付款循环控制测试主要包括职责分离、授权审批、单证控制、内部检查程序等关键控制点进行控制测试。固定资产的控制测试包括固定资产的预算制度、授权批准、职责分工、划清资本性支出和收益性支出的界限、维护保养、处置、定期盘点等关键控制点的测试。

项目十课后习题

采购与付款循环的实质性测试主要涉及应付账款和固定资产等的账户。

项目十一　生产与存货循环审计

知识目标

熟悉生产与存货循环的主要业务活动及主要凭证和记录；了解生产与存货循环内部控制及相关内部控制的测试；掌握存货审计目标和实质性测试流程；掌握应付职工薪酬审计目标和实质性测试流程。

能力目标

能够根据需求设计业务活动表单；能够根据审计目标实施内部控制测试；能够识别生产与存货业务舞弊的手段和类型；能够实施存货监盘，能够根据审计目标实施实质性测试程序，并编制审计工作底稿。

思政目标

培养学生勤勉尽责和精益专注的工匠精神；培养学生团结协作和敬业奉献的团队意识；培养学生追求卓越和勇于创新的进取精神；培养学生树立激浊扬清的社会责任意识。

任务一　认知生产与存货循环业务

生产与存货循环主要包括两个部分的内容：一是循环涉及的主要业务活动；二是循环涉及的主要凭证和会计记录。为顺利完成对生产与存货循环的审计，审计人员应当熟悉生产与存货循环涉及的主要业务活动、相关的凭证和记录以及这些活动、凭证与记录及相关部门之间的对应关系。

生产与存货循环概述

一、生产与存货循环涉及的主要业务活动

以制造业为例，存货与仓储循环所涉及的主要业务活动包括：计划和安排生产，发出原材料，生产产品，核算产品成本，储存产成品，发出产成品等。上述业务活动通常涉及以下部门：生产计划部门、仓库、生产部门、人事部门、销售部门、会计部门等。

（一）计划和安排生产

生产计划部门的职责是根据顾客订单或者对销售预测和产品需求的分析来决定生产授权。如决定授权生产，即签发预先编号的生产通知单。该部门通常应将发出的所有生产通知单编号并加以记录控制。此外，还需要编制一份材料需求报告，列示所需要的材料和零件及其库存。

（二）发出原材料

仓库部门的责任是根据从生产部门收到的领料单发出原材料。领料单上必须列示所需的材料数量和种类，以及领料部门的名称。领料单可以一料一单，也可以多料一单，通常寻一式三联。仓库发料后，将其中一联连同材料交给领料部门，其余两联经仓库登记材料明细账后，送会计部门进行材料收发核算和成本核算。

（三）生产产品

生产部门在收到生产通知单及领取原材料后，便将生产任务分到每一个生产工人，并将所领取的原材料交给生产工人，据以执行生产任务。生产工人在完成生产任务后，将完成的产品交给生产部门查点，然后转交检验员验收并办理入库手续；或是将完成的产品移交下一个部门，作进一步加工。

（四）核算产品成本

为了正确核算并有效控制产品成本，必须建立健全的会计制度，将生产控制和成本核算有机结合在一起。一方面，生产过程中的各种记录、生产通知单、领料单、计工单、入库单等文件资料都要汇集到会计部门，由会计部门对其进行检查和核对，了解和控制生产过程中存货的实物流转；另一方面，会计部门要设置相应的会计账户，会同有关部门对生产过程中的成本进行核算和控制。成本会计制度可以非常的简单，只是在期末记录存货余额；也可以是完善的标准成本制度，它持续地记录所有材料处理、在产品和产成品，并形成对成本差异的分析报告。完善的成本会计制度应该提供原材料转为在产品，在产品转为产成品，以及按成本中心、分批生产任务通知单或生产周期所消耗的材料、人工和间接费用的分配与归集的详细资料。

（五）产成品入库及存储

产成品入库须由仓库部门先点验和检查，然后签收。签收后，将实际入库数量通知会计部门。据此，仓库部门确立了本身应承担的保管责任，并对验收部门的工作进行验证。除此之外，仓库部门还应根据产成品的品质特征分类存放，并填制标签。

（六）发出产成品

产成品的发出须由独立的发运部门进行。装运产成品时必须持有经有关部门核准的发运通知单，并据此编制出库单。出库单至少一式四联，一联交仓库部门；一联交发运部门留存；一联送交顾客；一联作为给顾客开发票的依据。

二、本业务循环涉及的主要凭证与会计记录

以制造业为例，存货与仓储循环由将原材料转化为产成品的有关活动组成。该循环包括制定生产计划，控制、保持存货水平以及与制造过程有关的交易和事项，涉及领料、生产加工、销售产成品等主要环节。存货与仓储循环所涉及的凭证和记录主要包括：

（一）生产指令

生产指令又称“生产任务通知单”，是企业下达制造产品等生产任务的书面文件，用以通知供应部门组织材料发放，生产车间组织产品制造，会计部门组织成本计算。广义的生产指令也包括用于指导产品加工的工艺规程，如机械加工企业“路线图”等。

（二）领发料凭证

领发料凭证是企业为控制材料发出所采用的各种凭证，如材料发出汇总表、领料单、限额领料单、领料登记簿、领料单等。

（三）产量和工时记录

产量和工时记录是登记工人或生产班组在出勤内完成产品数量、质量和生产这些产品所消耗工时数量的原始记录。产量和工时记录的内容与格式是多种多样的，在不同的生产企业中甚至在同一企业的不同生产车间中，由于生产类型不同而采用不同格式的产量和工时记录。常见的产量和工时记录主要有工作通知单、工序进程单、工作班产量报告、产量通知单、产量明细表、废品通知单等。

（四）工薪汇总表及工薪费用分配表

工薪汇总表是为了反映企业全部工薪的结算情况，并据以进行工薪结算总分类核算和汇总整个企业工薪费用而编制的，它是企业进行工薪费用分配的依据。工薪分配表反映了各生产车间各产品应负担的生产工人工薪及福利费。

（五）材料费用分配表

材料费用分配表是用来汇总反映各生产车间各产品所应负担的制造费用的原始记录。

（六）制造费用分配汇总表

制造费用分配汇总表是用来汇总反映各生产车间各产品所应负担的制造费用的原始记录。

（七）成本计算单

成本计算单是用来归集某一成本计算对象所应承担的生产费用，计算该成本计算对象的总成本和单位成本的记录。

（八）存货明细账

存货明细账是用来反映各种存货增减变动情况和期末库存数量及相关成本信息的会计记录。

生产与存货循环涉及的活动、凭证与记录及相关部门之间的对应关系，如表11.1所示。

表11.1 生产与存货业务循环的相关内容一览表

主要业务活动	涉及的凭证与记录	涉及相关部门
1. 计划和安排生产	生产任务通知单	生产计划部门
2. 发出原材料	一式多联的领料单	仓库部门
3. 生产产品	生产任务通知单、产量和工时记录	生产部门
4. 核算产品成本	生产任务通知单、领料单、记工单、入库单、薪酬汇总表及人工费用分配表、制造费用分配汇总表、成本计算单、存货明细账	会计部门
5. 产成品入库及存储	入库单	仓库部门
6. 发出产成品	发运通知单、出库单	发运部门

任务二　测试生产与存货循环内部控制

一、生产与存货循环内部控制

生产与存货循环内部控制与控制测试

（一）计划与安排生产

生产计划部门根据客户订购单或者销售部门对销售预测和产品需求的分析，决定生产授权，并编制月度生产计划书和材料需求报告。根据经审批的月度生产计划书，由生产计划经理签发预先按顺序编号的生产通知单。

该项控制涉及的凭证记录包括：生产通知单、月度生产计划书。

该项控制与生产成本的“发生”、存货的“存在”和“完整性”认定相关。

（二）发出原材料

生产部门收到生产通知单后，在领料单上列示所需的材料数量和种类，以及领料部门的名称，并经生产主管签字批准；仓库部门根据从生产部门收到的领料单发出原材料；仓库管理员应把领料单编号、领用数量、规格等信息输入计算机系统，经仓储经理复核并以电子签名方式确认后，系统自动更新材料明细台账。

该项控制涉及的凭证记录包括:领料单、领料登记簿。

该项控制与生产成本的"发生"、存货的"存在"和"完整性"认定相关。

(三)生产产品

生产部门在收到生产通知单及领取原材料后,将生产任务分解到每一个生产工人,执行生产任务。生产工人在完成生产任务后:① 将完成的产品交生产部门统计人员查点,转交检验员验收并办理入库手续;② 或将所完成的半产品移交下一个部门,作进一步加工。通过产量和工时记录登记生产工人所耗费工时数量。

该项控制涉及的凭证记录包括:产量和工时记录、产量统计记录表、生产统计报告、入库单。

该项控制与生产成本的"准确性"认定相关。

(四)核算产品成本

生产过程中的生产通知单、领料单、产量和工时记录、产量统计记录表、生产统计报告、入库单等文件资料都要汇集到会计部门,由会计部门对其进行检查和核对。会计部门设置相应的会计账户,对生产过程中的成本进行核算和控制。

该项控制涉及的凭证记录包括:材料费用分配表[料]、工薪汇总表及工薪费用分配表[工]、制造费用分配汇总表[费]、成本计算单[总]、存货明细账。

该项控制与存货的"计价和分摊"、营业成本的"准确性"认定相关。

(五)产品入库及存储

产成品入库后,质量检验员先行点验和检查,然后签收并编制顺序编号的验收单。仓库管理员应检查产成品验收单,并清点产成品数量,填写预先顺序编号的产成品入库单。签收后,将实际入库数量通知会计部门。经质检经理、生产经理和仓储经理签字确认后,由仓库管理员将产成品入库单信息输入计算机系统,系统自动更新产成品明细台账。仓储部门还应根据产成品的品质特征分类存放,只有经过授权的人员可以接触存货。

该项控制涉及的凭证记录包括:验收单、入库单、产成品明细台账。

该项控制与存货的"存在""完整性""计价和分摊"认定相关。

(六)发出产品

(1) 产成品出库时,由仓库管理员填写预先顺序编号的出库单,并将产成品出库单信息输入计算机系统,经仓储经理复核并以电子签名方式确认后,计算机系统自动更新产成品明细台账并与发运通知单编号核对。

(2) 产成品装运发出前,由运输经理独立检查出库单、销售订购单和发运通知单,确定从仓库提取的商品附有经批准的销售订购单,且所提取商品的内容与销售订购单一致。

(3) 每月末,生产成本记账员根据计算机系统内状态为"已处理"的订购单数量,编制销售成本结转凭证,结转相应的销售成本,经会计主管审核批准后进行账务处理。

该项控制涉及的凭证记录包括:出库单、发运凭证。

该项控制与存货的"存在""完整性""计价和分摊"以及营业成本的"发生""完整性""准

确性”认定相关。

二、生产与存货循环内部控制测试

对生产与存货循环内部控制的测试和评价控制风险的过程如表 11.2 所示。

表 11.2　测试、评价生产与存货循环内部控制

主要业务活动	关键控制点	防范的错报	可能的控制测试程序
1. 计划和控制生产	由生产计划和控制部门批准生产任务通知单	生产可能没有计划	询问有关批准生产通知单的过程
2. 发出原材料	按已批准的生产任务通知单和签字的发料单发出原材料	未经授权领用原材料	审查发料单，并将其与生产任务通知单比较
3. 生产产品	使用记工单记录完成生产任务通知单耗用的直接人工小时	直接人工小时可能未计生产任务通知单	观察记工单的使用和计时程序
4. 转移已完工产品到产成品库	产成品仓库人员收到产品时，在最后一张转移单上签字	仓库人员可能声称未从生产部门收到产成品	审查最后一张转移单上的授权签名
5. 储存产成品	(1) 仓库加锁并限制只有经过授权的人才能接近。 (2) 使用签字的转移单控制生产部门之间产品的转移	(1) 存货可能从仓库中被盗。 (2) 在产品可能在生产过程被盗	(1) 观察保安程序。 (2) 观察控制程序，审查转移单
6. 确定和记录制造费用	(1) 管理层批准制造费用分配率和标准成本，及时报告调整差异。 (2) 将编制分录所使用的资料，与每日生产活动报告资料相调节。 (3) 将编制分录所使用的资料，与完工生产报告中的资料相调节	(1) 可能使用不适当的制造费用分配率和标准成本。 (2) 可能未记录制造成本分配给在产品。 (3) 可能未结转已完工产品的成本到产成品	(1) 询问有关确定和批准分配率与标准成本，以及报告和调整差异程序。 (2) 审查调节的情况

三、工薪内部控制及其测试

员工服务与报酬事项，包括员工招聘、培训、授权变动工资、编制出勤和计时资料、编制工资计算表、发放工资、计提与缴纳社会保险等，形成的记录和文件包括员工聘用合同、工资变动表、出勤表和工时统计表、工资结算与发放表、社会保险计算与缴纳表等。

工薪内部控制及其常用的控制测试程序如表 11.3 所示。

表 11.3　工薪内部控制的控制目标、内部控制和测试一览表

内部控制目标	关键的内部控制	常用的控制测试
工薪账项均经正确批准（发生）	对以下五个关键点，应履行恰当手续，经过特别审批或一般审批：批准上工；工作时间，特别是加班时间；工资、薪金或佣金；代扣款项；工薪结算表和工薪汇总表	检查人事档案；检查工时卡的有关核准说明；检查工薪记录中有关内部检查标记；检查人事档案中授权；检查工薪记录中有关批准的标记
记录的工薪为实际发生的而非虚构的（发生）	工时卡经领班核准；用生产记录钟记录工时	检查工时卡的核准说明；检查工时卡；复核人事政策、组织结构图
所有已发生的工薪支出已记录（完整性）	工薪分配表、工薪汇总表完整反映已发生的工薪支出	检查工薪分配表、工薪汇总表、工薪结算表，并核对员工工薪手册、员工手册等
工薪以正确的金额，在恰当的会计期间及时记录于适当的账户（发生、完整性、准确性、计价和分摊）	采用适当的工薪费用分配方法，并且前后各期一致；采用适当的账务处理流程	选取样本测试工薪费用的汇集和分配；测试是否按照规定的账务处理流程进行账务处理
人事、考勤、工薪发放、记录之间相互分离（准确性）	人事、考勤、工薪发放、记录等职务相互分离	询问和观察各项职责执行情况

任务三　实施存货审计的实质性程序

一、存货的审计目标

存货实质性程序——一般审计程序

《企业会计准则第一号——存货》规定：存货是指企业在日常活动中持有以备出售的产成品或商品、处在生产过程中的在产品、在生产过程或提供劳务过程中耗用的材料和物料等。在通常情况下，存货对企业经营特点的反映能力强于其他资产项目。存货不仅对于生产制造业、批发业和零售行业十分重要，对服务行业也具有重要性。

存货的实质性测试要围绕着存货的审计目标来开展，存货的审计目标与认定关系如表 11.4 所示。

表 11.4　存货审计目标与认定关系表

审计目标	财务报表认定				
	存在	完整性	权利和义务	计价和分摊	列报
A. 资产负债表中记录的存货是存在的	√				
B. 所有应当记录的存货均已记录		√			
C. 记录的存货由被审计单位拥有或控制			√		
D. 存货以恰当的金额包括在财务报表中，与之相关的计价调整已恰当记录				√	
E. 存货已按照企业会计准则的规定在财务报表中作出恰当列报					√

二、存货审计的实质性程序

（一）获取或编制存货明细表(D)

在取得或者编制存货明细表之后，应将明细表与“原材料”“库存商品”“低值易耗品”等科目的明细账合计和总账进行核对。在核对相符的前提下，将总账余额进行加总，并与报表数进行核对，如果在核对过程中发现差异，应进行调查。

（二）执行实质性分析程序(AD/BD)

(1) 编制本期主要存货增减变动表，分析其变动规律，并与上期比较，如果存在差异，分析原因。

(2) 将主要存货的本期各月间及上期的单位成本进行比较，分析其波动原因，对异常项目进行调查并予以记录。

(3) 计算存货周转率，根据对被审计单位的经营活动、供应商、贸易条件、行业惯例和行业现状的了解，确定存货周转天数的预期值；确定可接受的重大差异额；计算实际存货周转天数和预期周转天数之间的差异；调查存在重大差异的原因。

（三）存货监盘(ABCD)

存货实质性程序——存货监盘计划

1. 存货监盘概述

(1) 存货监盘的含义和作用。存货监盘是指注册会计师现场观察被审计单位存货的盘点，并对已盘点存货进行适当检查。可见，存货监盘有两层含义：一是注册会计师应亲临现场观察被审计单位存货的盘点；二是在此基础上，注册会计师应根据需要适当抽查已盘点存货。存货监盘的作用：一是检查存货以确定其是否存在，评价存货状况，并对存货盘点结果进行测试；二是观察管理层指令的遵守情况，以及用于记录和控制存货盘点结果的程序的实施情况；三是获取有关管理层存货盘点程序可靠性的审计证据。

(2) 存货监盘的目的。监盘存货的目的在于获取有关存货数量和状况的审计证据。针对的认定:① 存货监盘针对的主要是存货的存在认定;② 对存货的完整性认定及计价认定,也能提供部分审计证据;③ 还可能在监盘过程中获取有关存货所有权的证据。存货监盘本身并不足以供注册会计师确定存货的所有权,可能需要执行其他程序。

(3) 存货监盘的责任。注册会计师的责任是获取有关期末存货数量和状况的充分、适当的审计证据;管理层的责任是定期盘点存货,合理确定存货的数量和状况的责任。管理层通常制定程序,要求对存货每年至少进行一次实物盘点,以作为编制财务报表的基础。

(4) 存货监盘的过程。首先要制定存货监盘计划,具体包括三个步骤:① 了解被审计单位存货的情况;② 评价被审计单位盘点计划;③ 制定监盘计划。然后实施存货监盘程序,具体包括:① 观察盘点;② 检查存货;③ 执行抽盘。

2. 存货监盘计划

制定存货监盘计划的基本要求:注册会计师应当根据被审计单位存货的特点、盘存制度和存货内部控制的有效性等情况,在评价被审计单位存货盘点计划的基础上,编制存货监盘计划,对存货监盘作出合理安排。

制定存货监盘计划应考虑的相关事项:① 与存货相关的重大错报风险;② 与存货相关的内部控制的性质;③ 对存货盘点是否制定了适当的程序,并下达了正确的指令;④ 存货盘点的时间安排;⑤ 被审计单位是否一贯采用永续盘存制;⑥ 存货的存放地点;⑦ 是否需要专家协助。

存货监盘计划应当包括下列主要内容:

(1) 存货监盘的目标、范围及时间安排。存货监盘的主要目标:获取被审计单位资产负债表日有关存货数量和状况以及有关管理层存货盘点程序可靠性的审计证据,检查存货的数量是否真实完整,是否归属被审计单位,存货有无毁损、陈旧、过时、残次和短缺等状况。存货监盘范围的大小:取决于存货的内容、性质以及与存货相关的内部控制的完善程度和重大错报风险的评估结果。存货监盘的时间:包括实地察看盘点现场的时间、观察存货盘点的时间和对已盘点存货实施检查的时间等,应当与被审计单位实施存货盘点的时间相协调。

(2) 存货监盘的要点及关注事项。存货监盘的要点主要包括注册会计师实施存货监盘程序的方法、步骤,各个环节应注意的问题以及所要解决的问题。注册会计师需要重点关注的事项包括盘点期间的存货移动、存货的状况、存货的截止确认、存货的各个存放地点及金额等。

(3) 参加存货监盘人员的分工。注册会计师应当根据被审计单位参加存货盘点的人员分工、分组情况、存货监盘工作量的大小的人员的素质情况,确定参加存货监盘的人员组成,各组成人员的职责和具体的分工情况,并加强监督。

(4) 检查存货的范围。注册会计师应当根据对被审计单位存货盘点和对被审计单位内部控制的评价结果确定检查存货的范围。在实施观察程序后,如果认为被审计单位内部控制设计良好且得到有效实施,存货盘点组织良好,可以相应缩小实施检查程序的范围。

3. 存货监盘程序

在存货盘点现场实施监盘时,注册会计师应当实施下列审计程序:

存货实质性程序
——存货监盘实施

(1) 评价管理层用以记录和控制存货盘点结果的指令和程序。

(2) 观察管理层制定的盘点程序(如对盘点时及其前后的存货移动的控制程序)的执行情况。这有助于注册会计师获取有关管理层指令和程序是否得到适当设计和执行的审计证据。

(3) 检查存货。在存货监盘过程中检查存货,虽然不一定能确定存货的所有权,但有助于确定存货的存在,以及识别过时、毁损或陈旧的存货。检查存货包括观察程序和检查程序两部分:

① 观察程序。在被审计单位盘点存货前,注册会计师应当观察盘点现场,确定应纳入盘点范围的存货是否已经适当整理的排列,并附有盘点标识,防止遗漏或者重复盘点。对未纳入盘点范围的存货,注册会计师应当查明未纳入原因。

对于所有权不属于被审计单位的存货政策会计师应当取得其规格、数量等有关资料,确定不过是否已分别存放、标明,且未被纳入盘点范围。在存货监盘过程中,注册会计师应当根据取得所有权不属于被审计单位的存货的有关资料,观察这些存货的实际存放情况,确保其未被纳入盘点范围。及时在被审计单位声明不存在受托带存存货的情形下,注册会计师在存货监盘时也应该关注是否存在某些存货不属于被审计单位的迹象,以避免盘点范围不当。

注册会计师在实施存货盘点过程中,应当跟随被审计单位安排的存货盘点人员,注意观察被审计单位事先制定的存货盘点计划是否得到贯彻执行,盘点人员是否准确无误地记录了被盘点存货的数量和状况。

② 检查程序。注册会计师应当对已盘点的存货进行适当检查,将检查结果与被审计单位盘点记录相核对,并形成相应记录。检查的目的既可以是为了确证被审计单位的盘点计划得到适当的执行(控制测试),也可以是为了证实被审计单位的存货实物总额(实质性程序)。如果观察程序能够表明被审计单位的组织得当,盘点、监督以及符合程序充分有效,注册会计师可根据此减少所需检查的存货项目。

检查的范围通常包括每个盘点小组盘点的存货以及难易盘点或隐蔽性较强的存货。需要说明的是,注册会计师应尽可能避免让被审计单位事先了解将抽取检查的存货项目。

在检查已盘点的存货时,注册会计师应当从存货盘点记录中选取项目追查至存货实物,以测试盘点记录的准确性;注册会计师还应当从存货实物中选取项目追查之存货盘点记录,以测试存货盘点记录的完整性。

(4) 执行抽盘。在对存货盘点结果进行测试时,注册会计师可以从存货盘点记录中选取项目追查至存货实物,以及从存货实物中选取项目追查至盘点记录,以获取有关盘点记录准确性和完整性的审计证据。需要说明的是,注册会计师应尽可能避免让被审计单位事先了解将抽取检查的存货项目。存货抽查核对如表 11.5 所示。

表 11.5 存货抽盘核对表

索引号:ZI3-2

客　户:××有限公司　　编　制:王×　　日　期:2021.1.15

会计期间或截止日:2020.12.31　　复　核:李×　　日　期:2021.1.16

一、资产负债表日前抽盘核对数									
序号	品名与规格	单位	抽盘日实存数量	加:抽盘日至资产负债表日入库数量	减:抽盘日至资产负债表日发出数量	资产负债表日实存数量	资产负债表日账面数量	差异	差异原因分析
1	男式夹克	件	3281	765	1700	2346	2346		
2	男式西服套装	套	2499	1360	1750	2109	2109		
3	女式风衣	件	1416	816	1640	592	592		
4	男式休闲西服	件	2533	1105	1360	2278	2278		
5	美丽绸	米	8800	4500	5800	7500	7500		
6	毛涤面料	米	15400	3500	2200	16700	6700	10000	收到毛涤面料,未暂估入账
7	……								

(5) 需要特别关注的情况:

一是存货盘点范围。在被审计单位盘点存货前,注册会计师应当观察盘点现场,确定应纳入盘点范围的存货是否已经适当整理和排列,并附有盘点标识,防止遗漏或重复盘点。对未纳入盘点范围的存货,注册会计师应当查明未纳入的原因。对所有权不属于被审计单位的存货,注册会计师应当取得其规格、数量等有关资料,确定是否已单独存放、标明,且未被纳入盘点范围。在存货监盘过程中,注册会计师应当根据取得的所有权不属于被审计单位的存货的有关资料,观察这些存货的实际存放情况,确保其未被纳入盘点范围。即使在被审计单位声明不存在受托代存存货的情形下,注册会计师在存货监盘时也应当关注是否存在某些存货不属于被审计单位的迹象,以避免盘点范围不当。

二是对特殊类型存货的监盘。对某些特殊类型的存货而言,被审计单位通常使用的盘点方法和控制程序并不完全适用。这些存货通常或者没有标签,或者其数量难以估计,或者其质量难以确定,或者盘点人员无法对其移动实施控制。在这些情况下,注册会计师需要运用职业判断,根据存货的实际情况,设计恰当的审计程序,对存货的数量和状况获取审计证据。

(6) 存货监盘结束时的工作。在被审计单位存货盘点结束前,注册会计师应当:① 再次观察盘点现场,以确定所有应纳入盘点范围的存货是否均已盘点;② 取得并检查已填用、作废以及未使用盘点表单的号码记录,确定其是否连续编号,查明已发放的表单是否均已收回,并与存货盘点的汇总记录进行核对。注册会计师应当根据自己在存货监盘过程中获取的信息对被审计单位最终的存货盘点结果汇总记录进行复核,并评估其是否正确地反映了实际盘点结果。

(7) 盘点日不是资产负债表日的情况。如果存货盘点日不是资产负债表日,注册会计师应当实施适当的审计程序,确定盘点日与资产负债表日之间存货的变动是否已作正确的记录。

当设计审计程序以获取关于盘点日的存货总量与期末存货记录之间的变动是否已被适当记录的审计证据时,注册会计师考虑的相关事项包括:① 对永续盘存记录的调整是否适当;② 被审计单位永续盘存记录的可靠性;③ 从盘点获取的数据与永续盘存记录存在重大差异的原因。

存货实质性程序——特殊情况的处理

4. 特殊情况的处理

(1) 在存货盘点现场实施存货监盘不可行。对注册会计师带来不便的一般因素不足以支持注册会计师作出实施存货监盘不可行的决定。审计中的困难、时间或成本等事项本身,不能作为注册会计师省略不可替代的审计程序或满足于说服力不足的审计证据的正当理由。

如果在存货盘点现场实施存货监盘不可行,注册会计师应当实施替代审计程序(如检查盘点日后出售盘点日之前取得或购买的特定存货的文件记录),以获取有关存货的存在和状况的充分、适当的审计证据。

但在其他一些情况下,如果不能实施替代审计程序,或者实施替代审计程序可能无法获取有关存货的存在和状况的充分、适当的审计证据,注册会计师需要按照《中国注册会计师审计准则第 1502 号——在审计报告中发表非无保留意见》的规定发表非无保留意见。

(2) 因不可预见的情况导致无法在存货盘点现场实施监盘。两种比较典型的情况包括:一是注册会计师无法亲临现场,即由于不可抗力导致其无法到达存货存放地实施存货监盘;二是气候因素,即由于恶劣的天气导致注册会计师无法实施存货监盘程序,或由于恶劣的天气无法观察存货,如木材被积雪覆盖。

如果由于不可预见的情况,无法在存货盘点现场实施监盘,注册会计师应当另择日期实施监盘,并对间隔期内发生的交易实施审计程序。

(3) 由第三方保管或控制的存货。如果由第三方保管或控制的存货对财务报表是重要的,注册会计师应当实施下列一项或两项审计程序,以获取有关该存货存在和状况的充分、适当的审计证据:① 向持有被审计单位存货的第三方函证存货的数量和状况;② 实施检查或其他适合具体情况的审计程序。根据具体情况,注册会计师可能认为实施其他审计程序是适当的。其他审计程序可以作为函证的替代程序,也可以作为追加的审计程序。其他审计程序的示例包括:实施或安排其他注册会计师实施对第三方的存货监盘(如可行);获取其他注册会计师或服务机构注册会计师针对用以保证存货得到恰当盘点和保管的内部控制的适当性而出具的报告;检查与第三方持有的存货相关的文件记录,如仓储单;当存货被作为抵押品时,要求其他机构或人员进行确认。存货监盘报告如表 11.6 所示。

表 11.6　存货监盘报告

索引号：ZI3-4

客　户：××有限公司　　编　制：王×　　日　期：2021.1.15

会计期间或截止日：2020.12.31　　复　核：李×　　日　期：2021.1.16

存货监盘报告

一、盘点日期：2021 年 01 月 15 日

二、盘点仓库名称：xx 有限公司仓库

仓库负责人：张××　　仓库记账员：王×　　仓库保管员：李××

三、监盘参加人员：

监盘人员：胡×

公司盘点人员：张××、李××

四、监盘开始前的工作：

项目	是/否	工作底稿编号
1. 索取《期末存货盘点计划》	是	略
2. 索取该仓库《存货收发月报表》	是	略
3. 索取盘点前仓库收、发料最后一张单证	是	略
4. 外单位寄存的货物是否已分开堆放	是	略

……

五、监盘进行中的工作：

1. 监盘从 13:30 点开始，共分一个监盘小组，每个小组 3 人。

……

六、复盘：

1. 盘点结束后，选择数额较大、收发频繁的存货项目进行复盘。

……

七、盘点结束后的工作：

……

八、对盘点及复盘的评价：

仓库管理人员对存货保管业务很熟悉：对盘点工作与复盘工作态度很认真；已索取由仓库人员编制的《盘点查异说明》，并请其加盖公章：已提请被审计单位人员在《存货抽盘核对表》上签字。

监盘人员签名：胡×

【课程思政案例】

证监会借助卫星定位揭开獐子岛“扇贝”消失谜团

21 世纪经济报道记者了解到，证监会依法对獐子岛公司信息披露违法违规案作出行政处罚及市场禁入决定，对獐子岛公司给予警告，并处以 60 万元罚款，对 15 名责任人员处以 3 万元至 30 万元不等罚款，对 4 名主要责任人采取 5 年至终身市场禁入。

具体来看，证监会表示，獐子岛公司在2014年、2015年已连续两年亏损的情况下，客观上利用海底库存及采捕情况难发现、难调查、难核实的特点，不以实际采捕海域为依据进行成本结转，导致财务报告严重失真，2016年通过少记录成本、营业外支出的方法将利润由亏损披露为盈利，2017年将以前年度已采捕海域列入核销海域或减值海域，夸大亏损幅度，此外，公司还涉及《年终盘点报告》和《核销公告》披露不真实、秋测披露不真实、不及时披露业绩变化情况等多项违法事实，违法情节特别严重，严重扰乱证券市场秩序、严重损害投资者利益，社会影响极其恶劣。

记者从证监会获悉，獐子岛公司案的查证涉及对深海养殖水产品底播、捕捞、运输和销售记录的全过程追溯。证监会统筹执法力量，走访渔政监督、水产科研等部门寻求专业支持，依托科技执法手段开展全面深入调查。獐子岛公司每月虾夷扇贝成本结转的依据为当月捕捞区域，在无逐日采捕区域记录可以核验的情况下，证监会借助卫星定位数据，对公司27条采捕船只数百余万条海上航行定位数据进行分析，委托两家第三方专业机构运用计算机技术还原了采捕船只的真实航行轨迹，复原了公司最近两年真实的采捕海域，进而确定实际采捕面积，并据此认定獐子岛公司成本、营业外支出、利润等存在虚假。

证监会同时表示，一贯重视科技执法工作，在案件查办过程中充分利用现代信息技术优势，对相关数据进行深入分析挖掘，运用新技术、新手段查办了包括信息披露案、操纵市场案、老鼠仓案等多起大案要案，有力地打击了证券市场违法行为。随着大数据、云计算等技术的广泛应用，证监会稽查执法工作将更加智慧、更加高效、更加精准，证券市场违法违规行为必将无处遁形。

【课程思政】 审计人员要具有追求卓越，勇于创新的进取精神，善于利用各种新技术开展审计活动。

（四）存货计价测试（D）

存货实质性程序——存货计价程序

监盘程序主要是对存货的结存数量予以确认。为验证财务报表上存货余额的真实性，还必须对存货的计价进行审计，即确定存货实物数量和永续盘存记录中的数量是否经过正确地计价和汇总。存货计价测试主要是针对被审计单位所使用的存货单位成本是否正确所做的测试（表11.7）。

表11.7 存货计价审计表

日期	品名及规格	购入			发出			余额		
		数量	单价	金额	数量	单价	金额	数量	单价	金额

1. 计价方法说明：
2. 情况说明及审计结论：

1. 样本的选择

计价审计的样本，应从存货数量已经盘点、单价和总金额已经计入存货汇总表的结存存货中选择。选择样本时应着重选择结存余额较大且价格变化比较频繁的项目，同时考虑所选样本的代表性。抽样方法一般采用分层抽样法，抽样规模应足以推断总体的情况。

2. 计价方法的确认

注册会计师除应了解掌握被审计单位的存货计价方法外，还应对这种计价方法的合理性与一贯性予以关注，没有足够理由，计价方法在同一会计年度内不得变动。

3. 计价测试

注册会计师首先应对存货价格的组成内容予以审核。然后按照所了解的计价方法对所选择的存货样本进行计价测试。测试时，应尽量排除被审计单位已有计算程序和结果的影响，进行独立测试。测试结果出来后，应与被审计单位账面记录对比，编制对比分析表，分析形成差异的原因。如果差异过大，应扩大测试范围，并根据审计结果考虑是否应提出审计调整建议。

4. 存货跌价准备的测试

在存货计价审计中由于被审计单位对期末存货采用成本与可变现净值孰低的方法计价，所以注册会计师应充分关注其对存货可变现净值的确定及存货跌价准备的计提。可变现净值是指企业在日常活动中，存货的估计售价减去至完工时估计将要发生的成本、估计的销售费用以及相关税费后的金额。注册会计师可以通过询问管理层和相关部门(生产、仓储、财务、销售等)员工，了解被审计单位如何收集有关滞销、过时、陈旧、毁损、残次存货的信息并为之计提必要的跌价准备。此外，注册会计师还要结合存货监盘过程中检查存货状况而获取的信息，以判断被审计单位的存货跌价准备计算表是否有遗漏。

【案例 11.1】

存货实质性程序——存货审计案例

审计人员对某企业原材料进行审计，有关资料如下：

(1) 11 月 31 日甲材料明细账：

原材料明细账

品名:甲材料　　　　单位:元

年		摘　要	增　加			减　少			结　存		
月	日		数量	单价	金额	数量	单价	金额	数量	单价	金额
11	1	期初余额							100	50	5000
11	8	购货	2000	48	96000				2100		101000
11	15	购货	4000	56.5	226000				6100		335000
11	18	生产领用				3000	58.5		3100		159000
11	20	生产领用				2000	48		1100		63500
		……									

(2) 该企业为增值税一般纳税人，存货按移动加权平均法计价。

11 月 8 日，购入甲材料，总金额为 96000 元，未取得增值税专用发票；外地运杂费 2000

元，已记入“管理费用”账户。

11 月 15 日购入甲材料，取得增值税专用发票上注明价税合计数为 226000 元。

分析要点：指出存货业务中存在的问题，并提出处理意见。

答案提示：(1) 11 月 8 日购货的外地运杂费应计入存货成本，单价应为(96000＋2000)÷2000＝49 元；

11 月 15 日购货，其入账价值不应包括向对方支付的增值税 26000 元，其购入成本应为 200000 元[226000/(1＋13%)]，单价应为 200000÷4000＝50 元。

(2) 存货计价方法运用错误，导致发出材料成本错误，期末结存材料成本错误。调整如下：

原材料明细账

品名：甲材料　　　　　　　　　　　　　　　　　　　　　　　　单位：元

年		摘要	增加			减少			结存		
月	日		数量	单价	金额	数量	单价	金额	数量	单价	金额
11	1	期初余额							100	50	5000
11	8	购货	2000	49	98000				2100	49.05	103000
11	15	购货	4000	50	200000				6100	49.67	303000
11	18	生产领用				3000		149023	3100	49.67	153977
11	20	生产领用				2000		99340	1100	49.67	54637
		……									

经调整后，期末存货余额应减少 8863(63500－54637)元。

【案例 11.2】

S 公司是一家上市公司，注册会计师在进行年度会计报表审计时了解到该公司对存货的期末计价采用成本与可变现净值孰低法，2020 年 H 公司经年末盘点，认定有关存货及其会计处理的信息资料如下：

(1) 库存商品 A：账面余额 10 万元，已提取跌价准备 5000 元，该商品市价持续下跌，并且在可预见的未来无回升的希望。H 公司对该商品全额补提跌价准备。

(2) 库存商品 B：账面余额 6 万元，无跌价准备，该商品不再为消费者所偏爱，从目前情况分析，其市价将会持续下跌。H 公司全额提取跌价准备。

(3) 库存商品 C：账面余额 20 万元，已提取跌价准备 2 万元，由于此类商品的更新换代，该商品已经落伍，目前已经形成滞销。H 公司全额补提跌价准备。

(4) 库存商品 D：账面余额 50 万元，无跌价准备，目前该商品供销两旺，未发现减值情况。H 公司按 10%提取跌价准备 5 万元。

(5) 库存商品 E：账面余额 20 万元，无跌价准备，该商品市价持续下跌，并且在可预见的未来无回升的希望。H 公司未计提跌价准备。

(6) 库存原材料 F：账面余额 15 万元，无跌价准备，现有条件下使用该原材料生产的产品成本大于产品的销售价格。H 公司未计提跌价准备。

分析要点:指出上述处理中存在的问题,并提出相应建议。

答案提示:依据上述认定资产减值准备的基本条件进行分析:

(1) 库存商品A、B、C均不应全额计提跌价准备。A商品只是市价下跌、价值减少,但仍有一定的使用价值和转让价值;B商品虽然不为消费者所偏爱,但也只是价值下跌,还未到完全丧失价值的程度;C商品即使已经滞销,但起码还有转让价值。应建议S公司首先根据各种存货的物理状况及减值情况,推断出其期末应提足的跌价准备数额,然后与已提取的跌价准备比较,按其差额补提存货跌价准备。

(2) 库存商品D,由于没有任何减值的迹象,H公司按10%的比例计提了5万元的跌价准备,这没有根据。应建议S公司调账,冲回所提取的跌价准备。

(3) 库存商品E和原材料F实际上已经发生了减值,而H公司却未计提相应的跌价准备。应建议S公司根据具体情况确定计提减值准备的数量,并作相应的调账处理。

(五) 存货截止测试(D)

查阅资产负债表日前后若干天的存货增减变动记录和原始凭证,检查有无跨期现象,如有,则应作出记录,必要时提出调整建议。存货入库、出库截止测试如表11.8、表11.9所示。

表11.8　存货入库截止测试

索引号:ZI4-1

客　户:××有限公司　　编　制:王×　　日　期:2021.1.15

会计期间或截止日:2020.12.31　　复　核:李×　　日　期:2021.1.16

一、从存货明细账的借方发生额中抽取样本与入库记录核对,以确定存货入库被记录在正确的会计期间

序号	摘要	明细凭证			入库单(或购货发票)			是否跨期	
		编号	日期	金额	编号	日期	金额		
1	购入毛涤面料	转30	12.24	550000.00	40	12.18	550000.00	否	
2	购入美丽绸	转32	12.25	211200.00	42	12.21	211200.00	否	
	……								
截止日前 截止日期:2020年12月31日 截止日后									
1	购入毛涤面料	转4	2021.1.3	385000.00	2	2021.1.1	385000.00	否	
2	购入纯毛面料	转5	2021.1.3	147840.00	6	2021.1.2	147840.00	否	
	……								

续表

二、从存货入库记录中抽取样本与明细账的借方发生额核对，以确定存货入库被记录在正确的会计期间

序号	摘要	入库单(或购货发票)			明细凭证			是否跨期	
		编号	日期	金额	编号	日期	金额		
1	购入毛涤面料	35	12.20	500000.00				未入账	
	……								
截止日前 截止日期:2020年12月31日 截止日后									
	……								
审计结论:经审计,除12月20日购入毛涤面料未暂估入库外,未发现原材料购入有跨期入账情形									

表11.9　存货出库截止测试

索引号:ZI4-2

客　户:××有限公司　　编　制:王×　　日　期:2021.1.15

会计期间或截止日:2020.12.31　　复　核:李×　　日　期:2021.1.16

一、从存货明细账的贷方发生额中抽取样本与出库记录核对，以确定存货出库被记录在正确的会计期间

序号	摘要	明细凭证			出库单(或购货发票)			是否跨期	
		编号	日期	金额	编号	日期	金额		
1	领用毛涤面料	转27	12.20	225000.00	34	12.17	225000.00	否	
2	领用美丽绸	转29	12.22	105600.00	35	12.18	105600.00	否	
3	销售男式西服套装	转38	12.31	187263.00	5	2021.1.2	187263.00	是	
	……								
截止日前 截止日期:2020年12月31日 截止日后									
1	领用毛涤面料	转2	2021.1.1	192500.00	3	2021.1.1	192500.00	否	
2	领用纯毛面料	转3	2021.1.2	295680.00	4	2021.1.2	295680.00	否	
	……								

续表

二、从存货出库记录中抽取样本与明细账的贷方发生额核对，以确定存货出库被记录在正确的会计期间									
序号	摘要	出库单（或购货发票）			明细凭证			是否跨期	
		编号	日期	金额	编号	日期	金额		
	……								
截止日前 截止日期：2020 年 12 月 31 日 截止日后									
	……								
审计结论：经审计，未发现原材料领用有跨期入账情形，但有一笔销售男士西服套装的业务提前结转成本，金额为 187263 元。 借：库存商品　　187263 　贷：主营业务成本　　187263									

（六）检查存货是否已按照企业会计准则的规定在财务报表中作出恰当列报和披露（E）

就制造业企业来说，“原材料”与“物资采购”“包装物”“低值易耗品”“委托加工物资”“材料成本差异”“库存商品”“生产成本”等账户的期末余额合并填列在资产负债表中的“存货”项目中。因此，注册会计师应当对资产负债表中的“存货”项目填列数额的正确性进行审计。此外，还应对财务报表附注中存货核算方法、产品成本计算方法及其变更情况、变更原因与变更结果，存货项目及其跌价准备的明细项目等情况的披露的恰当性和充分性进行审查。

任务四　实施应付职工薪酬审计的实质性程序

应付职工薪酬实质性测试

一、应付职工薪酬的审计目标

职工薪酬是企业支付给员工的劳动报酬，其主要核算方式有计时制和计件制两种。职工薪酬可能采用现金的形式支付，因而相对于其他业务更容易发生错误或舞弊行为，如虚报冒领、重复支付和贪污等。同时，职工薪酬有时是构成企业成本费用的重要项目，所以在审计中显得十分重要。

随着经营管理水平的提高和技术手段的发展，职工薪酬业务中进行舞弊及掩饰的可能性已有减少，因为有效的职工薪酬内部控制可以及时揭露错误和舞弊；使用计算机编制职工薪酬表和使用工薪卡，提高了职工薪酬计算的准确性；通过有关机构，如税务部门、社会保障机构的复核，可相应防止职工薪酬计算的错误。

然而，在一般企业中，职工薪酬费用在成本费用中所占比重较大。如果职工薪酬的计算错误，就会影响到成本费用和利润的正确性。所以，注册会计师仍应重视对职工薪酬业务的审计。职工薪酬业务的审计，主要涉及应付职工薪酬项目。

应付职工薪酬的实质性测试程序要围绕着应付职工薪酬的审计目标展开。应付职工薪酬的审计目标与认定对应关系如表 11.10 所示。

表 11.10　应付职工薪酬审计目标与认定对应关系表

审计目标	财务报表认定				
	存在	完整性	权利和义务	计价和分摊	列报
A. 资产负债表中记录的应付职工薪酬是存在的	√				
B. 所有应当记录的应付职工薪酬均已记录		√			
C. 记录的应付职工薪酬是被审计单位应当履行的现时义务			√		
D. 应付职工薪酬以恰当的金额包括在财务报表中，与之相关的计价调整已恰当记录				√	
E. 应付职工薪酬已按照企业会计准则的规定在财务报表中作出恰当列报					√

二、应付职工薪酬审计的实质性程序

（一）获取或编制应付职工薪酬明细表（D）

复核加计是否正确，并与报表数、总账数和明细账合计数核对是否相符。

（二）实质性分析程序（AD/BD）

(1) 比较被审计单位员工人数的变动情况，检查被审计单位各部门各月工资费用的发生额是否有异常波动，若有，则查明波动原因是否合理。

(2) 比较本期与上期工资费用总额，要求被审计单位解释其增减变动原因，或取得公司管理当局关于员工工资标准的决议。

(3) 结合员工社保缴纳情况，明确被审计单位员工范围，检查是否与关联公司员工工资混淆列支。

(4) 核对下列相互独立部门的相关数据：工资部门记录的工资支出与出纳记录的工资支付数；工资部门记录的工时与生产部门记录的工时。

(5) 比较本期应付职工薪酬余额与上期应付职工薪酬余额，是否有异常变动。

（三）检查工资、奖金、津贴和补贴（ABD）

(1) 计提是否正确，依据是否充分，将执行的工资标准与有关规定核对，并对工资总额进行测试;被审计单位如果实行工效挂钩的,应取得有关主管部门确认的效益工资发放额认定证明,结合有关合同文件和实际完成的指标,检查其计提额是否正确,是否应作纳税调整。

(2) 检查分配方法与上年是否一致,除因解除与职工的劳动关系给予的补偿直接计入管理费用外,被审计单位是否根据职工提供服务的受益对象,分别下列情况进行处理:① 应由生产产品、提供劳务负担的职工薪酬,计入产品成本或劳务成本;② 应由在建工程、无形资产负担的职工薪酬,计入建造固定资产或无形资产;③ 作为外商投资企业,按规定从净利润中提取的职工奖励及福利基金,是否相应计入"利润分配——提取的职工奖励及福利基金"科目;④ 其他职工薪酬,计入当期损益。

(3) 检查发放金额是否正确,代扣的款项及其金额是否正确。

(4) 检查是否存在属于拖欠性质的职工薪酬,并了解拖欠的原因。

(四) 检查社会保险费(ABD)

包括医疗、养老、失业、工伤、生育保险费、住房公积金、工会经费和职工教育经费等计提(分配)和支付(使用)的会计处理是否正确,依据是否充分。

(五) 检查辞退福利项目(ABD)

(1) 对于职工没有选择权的辞退计划,检查按辞退职工数量、辞退补偿标准计提辞退福利负债金额是否正确。

(2) 对于自愿接受裁减的建议,检查按接受裁减建议的预计职工数量、辞退补偿标准(该标准确定)等计提辞退福利负债金额是否正确。

(3) 检查实质性辞退工作在一年内完成但付款时间超过一年的辞退福利,是否按折现后的金额计量,折现率的选择是否合理。

(4) 检查计提辞退福利负债的会计处理是否正确,是否将计提金额计入当期管理费用。

(5) 检查辞退福利支付凭证是否真实正确。

(六) 检查非货币性福利(ABD)

(1) 检查以自产产品发放给职工的非货币性福利,检查是否根据受益对象,按照该产品的公允价值,计入相关资产成本或当期损益,同时确认应付职工薪酬;对于难以认定受益对象的非货币性福利,是否直接计入当期损益和应付职工薪酬。

(2) 检查无偿向职工提供住房的非货币性福利,是否根据受益对象,将该住房每期应计提的折旧计入相关资产成本或当期损益,同时确认应付职工薪酬。对于难以认定受益对象的非货币性福利,是否直接计入当期损益和应付职工薪酬。

(3) 检查租赁住房等资产供职工无偿使用的非货币性福利,是否根据受益对象,将每期应付的租金计入相关资产成本或当期损益,并确认应付职工薪酬。对于难以认定受益对象的非货币性福利,是否直接计入当期损益和应付职工薪酬。

(七) 检查以现金结算的股份支付(ABD)

(1) 检查授予后立即可行权的以现金结算的股份支付,是否在授予日以承担负债的公允价值计入相关成本或费用。

（2）检查完成等待期内的服务或达到规定业绩条件以后才可行权的以现金结算的股份支付，在等待期内的每个资产负债表日，是否以可行权情况的最佳估计为基础，按照承担负债的公允价值金额，将当期取得的服务计入成本或费用。在资产负债表日，后续信息表明当期承担债务的公允价值与以前估计不同的，是否进行调整，并在可行权日，调整至实际可行权水平。

（3）检查可行权日之后，以现金结算的股份支付当期公允价值的变动金额，是否借记或贷记“公允价值变动损益”。

（4）检查在可行权日，实际以现金结算的股份支付金额是否正确，会计处理是否恰当。

（八）检查应付职工薪酬是否已按照企业会计准则的规定在财务报表中作出恰当的列报（E）

（1）检查是否在附注中披露与职工薪酬有关的下列信息：① 应当支付给职工的工资、奖金、津贴和补贴，及其期末应付未付金额；② 应当为职工缴纳的医疗、养老、失业、工伤和生育等社会保险费，及其期末应付未付金额；③ 应当为职工缴存的住房公积金，及其期末应付未付金额；④ 为职工提供的非货币性福利，及其计算依据；⑤ 其他职工薪酬。

（2）检查因自愿接受裁减建议的职工数量、补偿标准等不确定而产生的预计负债（应付职工薪酬），是否按照《企业会计准则第 13 号——或有事项》进行披露。

【案例 11.3】

审计人员审查某企业“应付职工薪酬”时，发现 7 月份计提的福利费 11.2 万元，当月职工工资总额为 40 万元。

疑点：福利费计提比例高达 28%，审计人员怀疑其中有超规计提。

审计过程及分析：审计人员调阅 7 月份工资结算单，发现在职职工工资总额为 40 万元，离退休人员工资总额 40 万元，共计 80 万元。又调阅 7 月份计提福利费的 96 # 凭证，其福利费为 80×14%＝11.2 万元，会计分录如下：

借：管理费用　　　　112000

　贷：应付职工薪酬　　　　112000

按规定，离退休人员工资不得计提福利费。被审单位将其与在职职工工资一起计提福利费，目的是多提福利费，虚增费用，从而逃避税款。

对于多提的福利费应转出，并补交所得税。

应补交所得税＝56000×25%＝14000（元）

调整分录为：

借：应付职工薪酬　　　　56000

　贷：管理费用　　　　56000

借：所得税费用　　　　14000

　贷：应交税费—应交所得税　　　　14000

本项目小结

本项目主要介绍了生产与存货循环审计的主要内容。

生产与存货循环的主要业务活动包括:① 计划和安排生产;② 发出原材料;③ 生产产品;④ 核算产品成本;⑤ 产成品入库及存储;⑥ 发出产成品。

生产与存货循环的主要凭证和记录包括:① 生产指令;② 领发料凭证;③ 产量和工时记录;④ 工薪汇总表及工薪费用分配表;⑤ 材料费用分配表;⑥ 制造费用分配汇总表;⑦ 成本计算单;⑧ 存货明细账。

项目十一课后习题

内部控制主要包括生产与存货循环的内部控制及工薪的内部控制。控制测试包括生产与存货循环的控制测试、工薪的控制测试。

生产与存货循环的实质性程序主要包括存货的监盘、存货的计价测试、应付职工薪酬的实质性测试等。

项目十二　筹资与投资循环审计

知识目标

熟悉筹资与投资循环的主要业务活动及主要凭证和记录；了解筹资与投资循环内部控制及相关内部控制的测试；掌握所有者权益相关账户审计目标和实质性测试要点；掌握负债类相关账户审计目标和实质性测试要点；掌握投资类相关账户审计目标和实质性测试要点。

能力目标

能够根据需求设计业务活动表单；能够根据审计目标实施内部控制测试；能够识别筹资与投资业务中的舞弊手段和类型；能够根据审计目标实施实质性测试程序，并编制审计工作底稿。

思政目标

培养学生勤勉尽责和精益专注的工匠精神；培养学生团结协作和敬业奉献的团队意识；培养学生追求卓越和勇于创新的进取精神；培养学生树立激浊扬清的社会责任意识。

任务一　认知筹资与投资循环业务

一、筹资与投资循环的特征

筹资与投资循环由筹资活动和投资活动的交易事项构成。筹资活动是指企业为了满足生存和发展的需要，通过改变企业资本及债务规模和构成而筹集资金的活动，主要由借款交易和股东权益交易组成。投资活动是指企业为享有被投资单位分配的利润，或为谋求其他利益，将资产让渡给其他单位而获得另一项资产的活动，主要由权益性投资交易和债权性投资交易组成。

筹资与投资循环所涉及的资产负债表项目主要包括交易性金融资产、应收利息、应收股利、其他债权投资、债权投资、长期股权投资、投资性房地产、短期借款、交易性金融负债、应付利息、应付股利、长期借款、应付债券、实收资本（或股本）、资本公积、盈余公积、未分配利润等；筹资与投资循环中所涉及的利润表项目主要包括财务费用、投资收益等。

筹资与投资循环具有如下特征：

(1) 审计年度内筹资与投资循环的交易数量较少，而每笔交易的金额通常较大。

(2) 漏记或不恰当地对一笔业务进行会计处理，将会导致重大错误，从而对企业财务报表的公允反映产生较大影响。

(3) 筹资与投资循环交易必须遵守国家法律、法规和相关契约的规定。

二、筹资与投资循环所涉及的主要业务活动

(一) 筹资所涉及的主要业务活动

筹资与投资循环概述

1. 审批授权

企业通过借款筹集资金需要经过管理层的审批，其中债券的发行每次均要由董事会授权；企业发行股票必须依据国家有关法规或企业章程的规定，报经企业最高权力机构（如董事会）及国家有关管理部门批准。

2. 签订合同或协议

向银行或其他金融机构筹资须签订借款合同，发行债券须签订债券契约和债券承销或包销合同。

3. 取得资金

企业实际取得银行或金融机构划入的款项或债券、股票的融入资金。

4. 计算利息或股利

企业应按合同或协议的规定，及时计算利息或股利。

5. 偿还本息或发放股利

银行借款或发行债券应按有关合同或协议的规定偿还本息，融入的股本根据股东大会的决定发放股利。

(二) 投资所涉及的主要业务活动

1. 审批授权

投资业务应由企业的高层管理机构进行审批。

2. 取得证券或其他投资

企业可以通过购买股票或债券进行投资，也可以通过与其他单位联合形成投资。

3. 取得投资收益

企业可以取得股权投资的股利收入、债券投资的利息收入和其他投资收益。

4. 转让证券或收回其他投资

企业可以通过转让证券实现投资的收回；其他投资一经投出，除联营合同期满，或由于其他特殊原因联营企业解散外，一般不得抽回投资。

三、筹资和投资循环涉及的主要凭证和会计记录

（一）筹资活动涉及的主要凭证和会计记录

（1）债券。是公司依据法定程序发行、约定在一定期限内还本付息的有价证券。

（2）股票。是公司签发的证明股东所持有股份的凭证。

（3）债券契约。是一张明确债券持有人与发行企业双方所拥有的权利和义务的法律性文件，其内容一般包括债券发行的标准；债券的明确表述；利息或利息率；受托管理人证书；登记和背书；如系抵押债券，其所担保的财产；债券发生拖欠情况如何处理；对偿债基金、利息支付、本金返还等的处理。

（4）股东名册。发行记名股票的公司应记载的内容一般包括股东的姓名或者名称及住所；各股东所持股份数；各股东所持股票的编号；各股东取得其股份的日期。发行无记名股票的，公司应当记载其股票数量、编号及发行日期。

（5）公司债券存根簿。发行记名公司债券应记载的内容一般包括债券持有人的姓名或者名称及住所；债券持有人取得债券的日期及债券编号；债券总额、债券的票面金额、债券的利率、债券还本付息的期限和方式；债券的发行日期。发行无记名债券的应当在公司的债券存根簿上记载债券总额、利率、偿还期限和方式、发行日期和债券编号。

（6）承销或包销协议。公司向社会公开发行股票或债券时，应当由依法设立的证券经营机构承销或包销，公司应与其签订承销或包销协议。

（7）借款合同或协议。公司向银行或其他金融机构借入款项时与其签订的合同或协议。

（8）有关记账凭证。一般包括收款凭证、付款凭证和转账凭证。

（9）有关会计科目明细账和总账。有关明细账和总账类别较多，这里不予一一列举。

（二）投资活动涉及的主要凭证和会计记录

（1）股票或债券。股票是公司签发的证明股东所持股份的凭证。债券是公司依据法定程序发行、约定在一定期间内还本付息的有价证券。企业所持有的股票或债券一般可证明企业投资的真实性，但应注意其伪造的可能性。

（2）经纪人通知单。当投资是通过经纪人代理进行的，对经纪人通知单的审查可证实企业投资业务的合理性、投资账务处理的正确性。

（3）债券契约。是一张明确债券持有人与发行企业双方所拥有的权利与义务的法律文件。

（4）企业的章程及有关协议。通过对被投资企业的章程及有关协议的审查，审计人员可以确定投资业务的真实性、核算处理的准确性、有无不正常交易。

（5）投资协议。通过投资协议的审查，审计人员可以了解投资义务的详细情况，进而核实企业投资业务的真实性，核算的正确性。

（6）有关记账凭证。一般包括收款凭证、付款凭证和转账凭证。

（7）有关明细账和总账。有关明细账和总账类别较多，这里不予一一列举。

任务二　测试筹资与投资循环内部控制

筹资和投资循环内部控制与控制测试

一、筹资与投资活动的内部控制

（一）筹资活动的内部控制

筹资活动主要由借款交易和股东权益交易组成。股东权益增减变动的业务较少而金额较大，审计人员在审计中一般直接进行实质性程序。企业借款交易涉及短期借款、长期借款和应付债券，这些内部控制基本类似。因此，这里我们以应付债券为例说明筹资活动的内部控制和控制测试。

1. 授权审批控制

重大的筹资活动，如大额银行贷款、发券、发行股票等，应由董事会作出决议并经股东大会批准后，由财务人员执行；小规模的筹资活动，如短期借款等，则可由财务部门负责人根据授权作出决定。

适当的授权控制可明显地提高筹资活动效率，降低筹资风险，防止由于缺乏授权、审批而出现的重大损失或者发生低效率现象。

2. 职责分离控制

(1) 筹资计划编制人与审批人适当分离，以利于审批人从独立的立场来评判计划的优劣。

(2) 经办人员不能接触会计记录，通常由独立的机构代理发行债券和股票。

(3) 会计记录人员同负责收、付款的人员相分离，有条件的应聘请独立的机构负责支付业务。

(4) 证券经办人员同会计记录人员分离。

3. 收入和支出款项控制

如果公司筹资金额巨大，最好委托独立的代理机构代为发行。无论是何种筹资形式，企业应安排专门人员负责利息的计算工作。应付利息应当在有关人员签字确认后，才能对外偿付。企业可委托有关代理机构代发偿付利息，从而减少支票签发次数，降低舞弊可能。除此之外，应定期核对利息支付清单和开出支票总额。股利发放，要以董事会有关发放股利的决议文件(经股东大会批准后)为依据。

4. 筹资登记簿控制

债券和股票都应设立相应的筹资登记簿，详细登记核准已发行的债券和股票有关事项，如签发日期、到期日期、支付方式、支付利率、当时市场利率、金额等。登记的同时应对不同的筹资项目进行编号，对于增资配股更要详细登记，必要时可以备注形式充分说明。

现阶段，由于公司发行债券和股票都是无纸化的形式，一般不存在债券、股票的实物保管问题。

5. 会计记录控制

对筹资业务的会计控制，除了要通过会计系统提供及时、可靠的负债、所有者权益方面的信息外，还要依靠严密的账簿和凭证组织，实施对筹资活动的记录控制。公司必须保证及时地按正确的金额、合理的方法，在适当的账户和合理的会计期间予以正确记录。

（二）投资业务的内部控制

1. 合理的职责分工

这是指合法的投资业务应在业务的授权、业务的执行、业务的会计记录以及投资资产的保管方面都有明确的分工，不得由一人同时负责上述任何两项工作。比如，投资业务在企业高层管理机构核准后，可由高层负责人员授权签批，由财务经理办理具体的股票或债券的买卖业务，由会计部门负责进行会计记录和财务处理，并由专人保管股票或债券。这种合理的分工所形成的相互牵制机制有利于避免或减少投资业务中发生错误或舞弊的可能性。

2. 健全的资产保管制度

企业对投资资产（指股票和债券资产）一般有两种保管方式：一种是由独立的专门机构保管，如委托银行、证券公司、信托投资公司等机构进行保管。这些机构拥有专门的保存和防护措施，可防止各种证券及单据的失窃或毁损，并且由于它与投资业务的会计记录工作完全分离，可以大大降低舞弊的可能性。另一种方式是由企业自行保管，在这种方式下，必须建立严格的联合控制制度，即至少要由两名以上人员共同控制，不得一人单独接触证券。对于任何证券的存入或取出，都要将债券名称、数量、价值及存取的日期等详细记录于登记簿内，并由所有在场的经手人员签名。

3. 详尽的会计核算制度

企业的投资资产无论是自行保管还是由他人保管，都要进行完整的会计记录，并对其增减变动及投资收益进行相关会计核算。具体而言，应对每一种股票或债券分别设立明细分类账，并详细记录其名称、面值、证书编号、数量、取得日期、经纪人（证券商）名称、购入成本、收取的股息或利息等；对于联营投资类的其他投资，也应对投资的形式（如流动资产、固定资产、无形资产等）、投向（即接受投资单位）、投资的计价以及投资收益等作出详细记录。

4. 严格的记名登记制度

除无记名证券外，企业在购入股票或债券时应在购入的当日尽快登记于企业名下，切忌登记于经办人员名下，防止冒名转移并借其他名义谋取私利的舞弊行为发生。

5. 完善的定期盘点制度

对于企业所拥有的投资资产，应由内部审计人员或不参与投资业务的其他人员进行定期盘点，检查是否确为企业所拥有，并将盘点记录与账面记录相互核对以确认账实的一致性。

二、筹资与投资活动的控制测试

（一）筹资活动的控制测试

1. 了解筹资业务内部控制

针对重要的内部控制要点，注册会计师通过询问相关人员、观察相关人员的活动、审阅和检查筹资业务内部控制的文件和记录等方法对筹资业务的内部控制加以了解。

注册会计师可以结合企业的实际情况采用调查表、文字表述或流程图形式及时、适当地记录了解到的筹资业务的内部控制情况。上述程序是风险评估程序的一个组成部分。

2. 测试筹资业务内部控制

（1）对于筹资审批控制可以直接向管理层询问，并检查相关记录和文件。

（2）对于职务分离控制可以采取观察和重新执行的方法。

（3）对于收入和支出控制可以结合货币资金业务的内部控制测试进行。

（4）对于证券发行备查簿的控制可以采取检查的方法。

（5）对于会计记录控制，因其控制过程都在账簿资料和有关文件中体现，所以应侧重检查交易和事项的凭证、文件和记录，通过交易轨迹判断相关控制执行。

3. 评价筹资业务内部控制

注册会计师了解筹资业务的内部控制要点后，测试其执行是否有效，从而对筹资业务的内部控制进行最终的分析、评价。

在评价环节应考虑相关的内部控制是否完善，能否达到控制的目的，在哪些环节存在缺陷以及可能带来的影响。作了这样的评价之后，找出被审计单位的筹资业务的薄弱环节，以确定其对实质性程序工作的影响，从而确定下一步的审计重点。

（二）投资活动的内部控制测试

1. 了解与投资相关的内部控制

审计人员必须全面了解企业本年度各项投资交易及其内部控制的情况，并采用诸如问卷调查等形式描述了解的情况，以便测试核查内部控制。投资内部控制调查如表 12.1 所示。

表 12.1　投资内部控制调查表

提出问题	是	否	不适用	备注
所有投资凭证是否集中保管				
是否委托专门机构代为保管投资证券				
投资证券的保管措施是否有效				
是否定期盘点并与会计记录核对				
证券保管人员是否处理会计记录				
投资证券是否以被审计单位名义登记				
投资证券的购售是否经适当的核准				
是否设立投资证券的明细记录				

续表

提出问题	是	否	不适用	备注
投资收益的会计处理是否正确 投资项目是否经过可行性研究 投资项目是否经过董事会授权 是否定期提交投资业务管理报告				

2. 测试投资的内部控制

测试投资内部控制的程序一般包括：

(1) 进行抽查。审计人员应抽查投资业务的会计记录。例如，可从各类投资业务的明细账中抽取部分会计分录，按原始凭证到明细账、总账的顺序核对有关数据和情况，判断其会计处理过程是否合规完整。

(2) 审计人员应审阅内部审计人员或其他授权人员对投资资产进行定期盘核的报告。应审阅其盘点方法是否恰当、盘点结果与会计记录相核对情况以及出现差异的处理是否合规。如果各期盘核报告的结果未发现账实之间存在差异或差异不大，说明投资资产的内部控制得到了有效的执行。

(3) 分析企业投资业务管理报告。对于企业的长期投资，审计人员应对照有关投资方面的文件和凭据，分析企业的投资业务管理报告。在作出长期投资决策之前，企业最高管理阶层(如董事会)需要对投资进行可行性研究和论证，并形成一定的纪要。投资业务一经执行，又会形成一系列的投资凭据或文件，如证券投资的各类证券，联营投资中的投资协议、合同及章程等。负责投资业务的财务经理须定期向企业最高管理层报告有关投资业务的开展情况(包括投资业务内容和投资收益实现情况及未来发展预测)，即提交投资业务管理报告书，供最高管理层投资决策和控制。审计人员应认真分析这些投资管理报告的具体内容，并对照前述的有关文件和凭据资料，从而判断长期投资业务的管理情况。

3. 评价投资的内部控制

根据上述测试结果，审计人员应对被审计单位投资的内部控制做出评价，确定其存在的薄弱环节或尚需进一步调查的问题，并据以修改、补充或调整其实质性测试的程序及其重点。

任务三　实施负债类相关项目审计的实质性程序

借款是企业承担的一项经济义务，是企业的负债项目。在一般情况下，被审计单位不会高估负债，因为这样于自身不利，且难以与债权人的会计记录相互印证。为了正确反映企业的财务状况和经营成果，必须将企业的负债完整地列示在资产负债表中，并正确地予以计价。审计人员对于负债项目的审计，主要是防止企业低估债务。低估债务的目的在于低估成本费用，从而高估利润。因此低估债务不仅影响财务状况的反映，而且会极大地影响企业财务成果的反映。所以，审计人员在执行借款业务审计时，应将被审计单位是否低估借款作为一个关注的要点。借款审计的内容包括短期借款、长期借款、应付债券的审计。

一、短期借款审计的实质性程序

负债项目的审计

(一) 短期借款的审计目标

短期借款的实质性测试程序要围绕着短期借款的审计目标开展。短期借款的审计目标与认定的对应关系如表 12.2 所示。

表 12.2 短期借款审计目标与认定对应关系表

审计目标	财务报表认定				
	存在	完整性	权利和义务	计价和分摊	列报
A. 资产负债表中记录的短期借款是存在的	√				
B. 所有应当记录的短期借款均已记录		√			
C. 记录的短期借款是被审计单位应当履行的现时义务			√		
D. 短期借款以恰当的金额包括在财务报表中，与之相关的计价调整已恰当记录				√	
E. 短期借款已按照企业会计准则的规定在财务报表中作出恰当列报					√

(二) 短期借款的实质性测试程序

(1) 获取或编制短期借款明细表(D)。是注册会计师测试借款余额的起点，可验证明细表计算的正确性。复核加计正确，并与报表数、总账数和明细账合计数核对是否相符；检查非记账本位币短期借款的折算汇率及折算金额是否正确，折算方法是否前后期一致(表 12.3)。

表 12.3 短期借款明细表

索引号:FA3

客　户:××有限公司　　编　制:赵×　　日　期:2021.1.15

会计期间或截止日:2020.12.31　　复　核:李×　　日　期:2021.1.16

项目	2019.12.31	本期增加	本期减少	2020.12.31
票据贴现	12722340.00	5085745.09	12722340.00	5085745.09
招商银行		10000000.00		10000000.00
合计	12722340.00	15085745.09	12722340.00	15085745.09

审计结论:短期借款的期初余额为 2019 年审计时调整至短期借款的已贴现未到期的银行承兑汇票金额，同时将 2020 年 12 月 31 日已贴现未到期的银行承兑汇票 5085745.09 元计入到短期借款中

(2) 检查被审计单位贷款卡(B)。核实账面记录是否完整。对被审计单位贷款卡上列

示的信息与账面记录核对的差异进行分析，并关注贷款卡中列示的被审计单位对外担保的信息。

(3) 对短期借款进行函证(AC)。注册会计师应当对银行借款及与金融机构往来的其他重要信息实施函证程序，除非有充分证据表明某一借款及与金融机构往来的其他重要信息对财务报表不重要且与之相关的重大错报风险很低。如果不对某一借款及与金融机构往来的其他重要信息实施函证程序，注册会计师应当在审计工作底稿中说明理由。

(4) 检查短期借款的增加(AD/BD)。对年度内增加的短期借款，检查借款合同，了解借款数额、借款用途、借款条件、借款日期、还款期限、借款利率，并与相关会计记录相核对。详细借款信息如表 12.4 所示。

表 12.4　详细借款信息

索引号：FA5

客　户：××有限公司　　编　制：赵×　　日　期：2021.1.15
会计期间或截止日：2020.12.31　　复　核：李×　　日　期：2021.1.16

项目	类别	金额	借款起始日	借款到期日	担保单位	利率
招商银行	担保	10000000.00	2020.5.7	2021.5.7	宏伟纺织公司	固定利率

(5) 检查短期借款的减少(AD/BD)。对年度内减少的短期借款，应检查相关记录和原始凭证，核实还款数额，并与相关会计记录相核对。短期借款检查情况如表 12.5 所示。

表 12.5　短期借款检查情况表

索引号：FA6

客　户：××有限公司　　编　制：赵×　　日　期：2021.1.15
会计期间或截止日：2020.12.31　　复　核：李×　　日　期：2021.1.16

记账日期	凭证编号	业务内容	对应科目	余额	核对内容(用"√""×")表示						备注
					1	2	3	4	5	6	
2020.5.7	银收 10	短期借款	银行存款	10000.00	√	√	√	√			
……											

核对内容说明：1. 原始凭证是否齐全；2. 记账凭证与原始凭证是否相符；3. 账务处理是否正确；4. 是否记录于恰当的会计期间；5. ……

审计结论：经审计，短期借款账务处理正确、恰当

(6) 复核短期借款利息(D)。根据短期借款的利率和期限，检查被审计单位短期借款的利息计算是否正确；如有未计利息和多计利息，应作出记录，必要时提请进行调整。利息分配情况如表 12.6 所示。

表 12.6 利息分配检查情况表

索引号:FA6

客　户:××有限公司　　编　制:赵×　　日　期:2021.1.15

会计期间或截止日:2020.12.31　　复　核:李×　　日　期:2021.1.16

项目名称	实际利息	核对内容(用"√""×")表示						核对是否正确	差异原因分析
		财务费用	在建工程	制造费用	研发支出	……	合计		
短期借款——招行	414067.50	414067.50					414067.50	是	
审计结论:经审计,可以认可被审计单位的利息分配									

(7) 检查被审计单位用于短期借款的抵押资产的所有权是否属于企业,其价值和实际状况是否与契约中的规定相一致(CE)。

(8) 检查被审计单位与贷款人之间所发生的债务重组。检查债务重组协议,确定其真实性、合法性,并检查债务重组的会计处理是否正确(AD)。

(9) 检查短期借款是否已按照企业会计准则的规定在财务报表中作出恰当的列报(E)。一是检查被审计单位短期借款是否按信用借款、抵押借款、质押借款、保证借款分别披露;二是检查期末逾期借款是否按贷款单位、借款金额、逾期时间、年利率、逾期未偿还原因和预期还款期等进行披露。短期借款审定如表 12.7 所示。

表 12.7 短期借款审定表

索引号:FA1

客　户:××有限公司　　编　制:赵×　　日　期:2021.1.15

会计期间或截止日:2020.12.31　　复　核:李×　　日　期:2021.1.16

项目名称	期末未审数	账项调整		重分类调整		期末审定数	上期末审定数	索引号
		借方	贷方	借方	贷方			
短期借款——票据贴现	5085745.09					5085745.09		
短期借款—招商银行	10000000.00					10000000.00		
合计	15085745.09					15085745.09		

审计结论:

经审计,被审计单位短期借款的余额可以确认

【课程思政案例】

审计角度看借款类期初期末金额一样的会计科目

审计实务中，当我们拿到企业的未审报表、科目余额表和序时账之后，有时候会发现一些会计科目初期和期末的金额一样。出现这种情况，很有可能是需要审计调整的。不同的会计科目出现这种情况，可能会有什么原因呢？简单列举几个会计科目来看下。

短期借款一般是1年以内就到期了。正常来说，期初的2.86个亿，到期末应该到期了才对，是合同续签了，还是还了又重新借回等额的借款，又或者是有借有还最终的结果“碰巧”一样，再或者是将一年内到期的长期借款重分类到了短期借款，有的企业财务可能会认为长期借款最后一年到期了于是将账上重分类为短期借款……不管是哪种原因，在第一眼看到财务报表的时候，至少有这个疑惑，后面会通过审计程序去了解具体的情况。

流动负债：		期末余额	期初余额
短期借款		286000000.00	286000000.00
向中央银行借款			
吸收存款及同业存放			
拆入资金			
以公允价值计量且其变动计入当期损益的金融负债			

资料来源：注册会计师视野微信公众号。

【课程思政】 审计人员对审计中发现的问题要善于思考，要具有勤勉尽责和精益专注的工匠精神。

二、长期借款审计的实质性程序

长期借款是指企业由于扩大生产经营规模的需要，而向银行或其他金融机构借入的，偿还期为1年(不含1年)以上的借款。长期借款同短期借款一样，都是企业向银行或其他金融机构借入的款项，因此，长期借款的实质性程序同短期借款的实质性程序较为相似。

(一) 长期借款的审计目标

长期借款的实质性测试程序要围绕着长期借款的审计目标开展。长期借款的审计目标与认定的对应关系如表12.8所示。

表 12.8 长期借款审计目标与认定对应关系表

审计目标	财务报表认定				
	存在	完整性	权利和义务	计价和分摊	列报
A. 资产负债表中记录的长期借款是存在的	√				
B. 所有应当记录的长期借款均已记录		√			
C. 记录的长期借款是被审计单位应当履行的现时义务			√		
D. 长期借款以恰当的金额包括在财务报表中，与之相关的计价调整已恰当记录				√	
E. 长期借款已按照企业会计准则的规定在财务报表中作出恰当列报					√

（二）长期借款的实质性测试程序

（1）获取或编制长期借款明细表(D)。复核加计是否正确，并与总账数和明细账合计数核对是否相符，减去将于一年内偿还的长期借款后与报表数核对是否相符；检查非记账本位币长期借款的折算汇率及折算是否正确，折算方法是否前后期一致，如表 12.9 所示。

表 12.9 长期借款明细表

索引号：FA1

客　户：××有限公司　　编　制：赵×　　日　期：2021.1.15

会计期间或截止日：2020.12.31　　复　核：李×　　日　期：2021.1.16

长期借款明细表				
项目	2019.12.31	本期增加	本期减少	2020.12.31
中国工商银行	10000000.00		3600000.00	6400000.00
合计	10000000.00		3600000.00	6400000.00

审计结论：××有限公司与中国工商银行签订的长期借款在 2020 年展期一年，同时公司在 2020 年归还了 3600000.00 元的借款

（2）检查被审计单位贷款卡，核实账面记录是否完整(B)。对被审计单位贷款卡上列示的信息与账面记录核对的差异进行分析，并关注贷款卡中列示的被审计单位对外担保的信息。

（3）函证重大长期借款。审计人员应向银行或其他债权人函证重大的长期借款(ACD)。

（4）审查年度内增加的长期借款(ABCD)。审计人员应检查借款合同和授权批准，了解借款数额、借款条件、借款日期、还款期限、借款利率、并与相关会计记录相核对。

（5）检查年度内减少的长期借款(ABD)。审计人员应检查相关记录和原始凭证核实还款数额。

(6) 复核长期借款利息(D)。根据长期借款的利率和期限，复核被审计单位长期借款的利息计算是否正确。如有未计利息和多计利息，应做出记录，必要时进行调整。检查长期借款的使用是否符合借款合同的规定，重点检查长期借款使用的合理性。

(7) 检查借款费用的会计处理是否正确(AD)。检查资产负债表日被审计单位是否按摊余成本和实际利率计算确定长期借款的利息费用，并正确计入财务费用、在建工程、制造费用、研发支出等相关账户，是否按合同利率计算应付未付利息计入应付利息科目，是否按其差额计入长期借款——利息调整。同时应检查专门借款和一般借款的借款费用资本化的时点和期间、资产范围、目的和用途等是否符合资本化条件。

(8) 检查被审计单位抵押长期借款的抵押资产的所有权是否属于被审计单位，其价值和实际状况是否与担保契约中的规定相一致(C)。

(9) 检查被审计单位与贷款人进行的债务重组。检查债务重组协议，确定其真实性、合法性，并检查债务重组的会计处理是否正确(AD)。

(10) 检查长期借款是否已按照企业会计准则的规定在财务报表中作出恰当的列报(E)。① 被审计单位是否按信用借款、抵押借款、质押借款、保证借款分别披露；② 对于期末逾期借款，是否分别贷款单位、借款金额、逾期时间、年利率、逾期未偿还原因和预期还款期等进行披露；③ 被审计单位是否在附注中披露与借款费用有关的下列信息：当期资本化的借款费用金额。当期用于计算确定借款费用资本化金额的资本化率；④ 一年内到期的长期借款是否列为一年内到期的非流动负债；⑤ 被审计单位在资产负债表日或之前违反了长期借款协议，导致贷款人可随时要求清偿的负债，应当归类为流动负债。长期借款审定如表12.10所示。

表 12.10 长期借款审定表

索引号：FK1

客 户：××有限公司 编 制：赵五 日 期：2021.1.15

会计期间或截止日：2020.12.31 复 核：李四 日 期：2021.1.16

项目名称	期末未审数	账项调整		重分类调整		期末审定数	上期末审定数	索引号
		借方	贷方	借方	贷方			
中国工商银行借款	6400000.00					6400000.00		
合计	6400000.00					6400000.00		

审计结论：经审计，被审计单位长期借款的余额可以确认

【案例 12.1】

Y公司为建造生产车间，于2016年1月1日从银行借入期限2年，年利率为9%的专门借款100万元。协议规定，每年年末支付利息，期满偿还本金。Y公司分别于2016年年初和2017年年初以银行存款支付了工程价款60万元和40万元。2017年8月车间建造完工且达到预定可使用状态，交付使用。由于生产产品的周期很长，到2017年年末，车间生产的

第一批产品还未完工。

Y公司的相关资料表明，该厂房的预计可使用年限10年，预计净残值7万元。到2017年12月31日，Y公司偿还了借款本金和最后一期利息，办理完决算手续，决算以后，Y公司将该厂房从在建工程转入固定资产。分录如下：

借：固定资产　　　　　　　　　　　1180000

　贷：在建工程　　　　　　　　　　　　　1180000

Y公司对该生产车间从2018年1月起计提折旧。Y公司利润表显示净利润为2万元。

要求：对于资料中的事项，请回答注册会计师是否需要提出审计处理建议？若需提出审计调整建议，请直接列示审计调整分录。

答案提示：生产车间于2017年8月完工且交付使用，应该于当月将在建工程转入固定资产，本题实际于2017年12月31日工程决算后才转入固定资产，由此造成2017年少提了4个月的折旧。另外，固定资产的入账金额不对，因为2017年8月完工以后的借款利息不符合资本化条件，不应该计入在建工程，从而转入固定资产，而应该将9－12月一共4个月（100×9%÷12×4＝3万元）的专门借款利息费用直接费用化，计入财务费用。注册会计师应该建议Y公司调整，调整分录如下：

借：财务费用　　　　　　　　　　　30000

　贷：固定资产　　　　　　　　　　　　30000

固定资产原值118－3＝115（万元），2017年应该计提的折旧＝（115－7）÷120×4＝3.6（万元）

借：存货　　　　　　　　　　　　　36000

　贷：固定资产——累计折旧　　　　　　36000

三、实施应付债券审计的实质性程序

应付债券是指企业为筹集长期资金而实际发行的债券及应付的利息，它是企业筹集长期资金的一种重要方式。企业发行债券的价格受同期银行存款利率的影响较大，一般情况下，企业可以按面值发行、溢价发行和折价发行债券。

债券发行有面值发行、溢价发行和折价发行三种情况。企业应设置“应付债券”科目，并在该科目下设置“债券面值”“债券溢价”“债券折价”“应计利息”等明细科目，核算应付债券发行、计提利息、还本付息等情况。

（一）应付债券的审计目标

应付债券的实质性测试程序要围绕着应付债券的审计目标开展。应付债券的审计目标与认定的对应关系如表12.11所示。

表 12.11 应付债券审计目标与认定对应关系表

审计目标	财务报表认定				
	存在	完整性	权利和义务	计价和分摊	列报
A. 资产负债表中记录的应付债券是存在的	√				
B. 所有应当记录的应付债券均已记录		√			
C. 记录的应付债券是被审计单位应当履行的现时义务			√		
D. 应付债券以恰当的金额包括在财务报表中，与之相关的计价调整已恰当记录				√	
E. 应付债券已按照企业会计准则的规定在财务报表中作出恰当列报					√

（二）应付债券的实质性测试程序

(1) 获取或编制应付债券明细表(D)。注册会计师应首先取得或编制应付债券明细表，并同有关的明细分类账和总分类账核对相符。应付债券明细账通常都包括债券名称、承销机构、发行日、到期日、债券总额(面值)、实收金额、折价和溢价及其摊销、应付利息、担保情况等内容。

(2) 检查债券交易的有关原始凭证(ABD)。① 检查企业现有债券副本，确定其发行是否合法，各项内容是否同相关的会计记录相一致；② 检查企业发行债券所收入现金的收据、汇款通知单、送款登记簿及相关的银行对账单；③ 检查用以偿还债券的支票存根，并检查利息费用的计算；④ 检查已偿还债券数额同应付债券借方发生额是否相符；⑤ 如果企业发行债券时已作抵押或担保，注册会计师还应检查相关契约的履行情况。

(3) 函证"应付债券"账户期末余额(CD)。函证目的是为了确定"应付债券"账户期末余额的真实性；函证对象是直接向债权人及债券的承销人或包销人进行函证；函证内容应包括应付债券的名称、发行日、到期日、利率、已付利息期间、年内偿还的债券、资产负债表日尚未偿还的债券及注册会计师认为应包括的其他重要事项。

(4) 检查应付债券的增加。审阅债券发行申请和审批文件，检查发行债券所收入现金的收据、汇款通知单、送款登记簿及相关的银行对账单，核实其会计处理是否正确(ABD)。

(5) 检查债券利息费用的会计处理是否正确，资本化的处理是否符合规定(AD)。① 对于分期付息、一次还本的债券，检查资产负债表日是否按摊余成本和实际利率计算确定债券利息费用，并正确计入在建工程、制造费用、财务费用、研发费用等科目，是否按票面利率计算确定应付未付利息，计入应付利息科目，是否按其差额调整应付债券——利息调整；② 对于一次还本付息的债券，检查资产负债表日是否按摊余成本和实际利率计算确定债券利息费用，并正确计入在建工程、制造费用、财务费用、研发费用等科目，是否按票面利率计算确定应付未付利息，计入应付债券——应计利息，是否按其差额调整应付债券——利息调整。

(6) 检查到期债券的偿还。检查偿还债券的支票存根等相关会计记录,检查其会计处理是否正确(ABD)。

(7) 检查可转换公司债券是否将负债和权益成分分拆,可转换公司债券持有人行使转换权利,将其持有的债券转为股票时其会计处理是否正确(AD)。

(8) 如发行债券时已作抵押或担保,应检查相关契约的履行情况(C)。

(9) 检查应期债券是否已按照企业会计准则的规定在财务报表中作出恰当列报(E)。一年内到期的应期债券是否列为一年内到期的非流动负债;期末到期未偿付的债券金额及逾期原因是否充分披露。

【案例 12.2】

审计人员在审查某公司发行债券时发现:应付债券—面值 10 万元。应付债券—债券折价 5 万元,票面利率 12%,被审计单位发行债券严重损害公司利益,怀疑其中肯定存在违法行为。调阅发行债券的批文,规定发行价格 10 万,发行期 3 年,利率 12%,审查其凭证,分录如下:

借:现金　　50000

　　应付债券——债券折价　　50000

　　贷:应付债券——债券面值　　100000

所附原始凭证全部为该公司内部职工购入。

要求:指出上述事项存在的问题,并进行调整。

答案提示:该公司发行债券违反章程规定,以折价方式发行变相为职工谋福利,增加公司利息费用,减少所得税支出。非法折价发行的债券应限期收回。收回时分录为:

借:现金　　50000

　　贷:应付债券——债券折价　　50000

任务四　实施所有者权益类相关项目审计的实质性程序

所有者权益是企业投资者对企业净资产的所有权,包括投资者对企业的投入资本以及企业存续过程中形成的资本公积、盈余公积和未分配利润。

根据资产负债表的平衡原理,所有者权益在数量上等于企业的全部资产减去全部负债后的余额,即企业净资产数额。如果审计人员能够对企业的资产和负债进行充分的审计,证明两者的期初余额、期末余额和本期变动都是正确的,这便从侧面为所有者权益的期末余额和本期变动的正确性提供了有力的证据。同时,由于所有者权益增减变动的业务较少、金额较大的特点,审计人员在审计了企业的资产和负债之后,往往只花费较少的时间对所有者权益进行审计。尽管如此,在审计过程中,对所有者权益进行单独审计仍是十分必要的。

一、实收资本(股本)审计的实质性程序

实收资本(股本)是指投资者作为资本投入企业的各种财产,是企业注册登记的法定资本总额的来源,它表明所有者对企业的基本产权关系。实收资本(股本)的构成比例是企业据以向投资者进行利润或股利分配的主要依据。

(一) 实收资本(股本)的审计目标

所有者权益项目的审计

实收资本(股本)的实质性测试程序要围绕着实收资本(股本)的审计目标开展。实收资本(股本)的审计目标与认定的对应关系如表12.12所示。

表12.12 实收资本(股本)的审计目标与认定对应关系表

审计目标	财务报表认定				
	存在	完整性	权利和义务	计价和分摊	列报
A. 资产负债表中记录的实收资本(股本)是存在的	√				
B. 所有应当记录的实收资本(股本)均已记录,实收资本(股本)的增减变动符合法律、法规和合同、章程的规定		√			
C. 实收资本(股本)以恰当的金额包括在财务报表中				√	
D. 实收资本(股本)已按照企业会计准则的规定在财务报表中作出恰当列报					√

(二) 实收资本(股本)审计的实质性程序

除股份有限公司对股东投入资本应设置"股本"账户外,其余企业的所有者投入的资本,集中在"实收资本"账户中反映,核算企业实际收到的投资者投入的资本。由于投入资本业务数量较少,有时甚至整年都没有变动,对实收资本(股本)的审计通常采用详细审查的方法,对企业设立和增资扩股而发生的实收资本(股本)变动进行测试。其具体内容如下:

(1) 获取或编制实收资本(股本)增减变动情况明细表(表12.13),复核加计正确,与报表数、总账数和明细账合计数核对相符(C)。

表12.13 实收资本(股本)明细表

索引号:QA2

客　户:××有限公司　　编　制:赵×　　日　期:2021.1.15

会计期间或截止日:2020.12.31　　复　核:李×　　日　期:2021.1.16

股东名称	期初余额	本期增加	本期减少	期末余额	备注

续表

股东名称	期初余额	本期增加	本期减少	期末余额	备注
审计结论:					

(2) 查阅公司章程、股东大会、董事会会议记录中有关实收资本(股本)的规定。收集与实收资本(股本)变动有关的董事会会议纪要、合同、协议、公司章程及营业执照,公司设立批文、验资报告等法律性文件,并更新永久性档案(AB)。

(3) 检查实收资本(股本)增减变动的原因,查阅其是否与董事会纪要、补充合同、协议及其他有关法律性文件的规定一致,逐笔追查至原始凭证,检查其会计处理是否正确。注意有无抽资或变相抽资的情况,如有,应取证核实,作恰当处理。对首次接受委托的客户,除取得验资报告外,还应检查并复印记账凭证及进账单(ABC)。

(4) 对于以资本公积、盈余公积和未分配利润转增资本的,应取得股东(大)会等资料,并审核是否符合国家有关规定(AB)。

(5) 以权益结算的股份支付,取得相关资料,检查是否符合相关规定(AB)。

(6) 根据证券登记公司提供的股东名录,检查被审计单位及其子公司、合营企业与联营企业审核是否有违反规定的持股情况(AB)。

(7) 以非记账本位币出资的,检查其折算汇率是否符合规定(C)。

(8) 检查实收资本(股本)的列报是否恰当(D),如表12.14所示。

表12.14 实收资本(股本)审定表

索引号:QA2

客 户:××有限公司 编 制:赵× 日 期:2021.1.15

会计期间或截止日:2020.12.31 复 核:李× 日 期:2021.1.16

项目名称	期末未审数	账项调整		重分类调整		期末审定数	上期末审定数	索引号
		借方	贷方	借方	贷方			
××股份公司	8000000.00					8000000.00		
××股份公司	6000000.00					6000000.00		
××股份公司	6000000.00					6000000.00		
合计	20000000.00					20000000.00		
审计结论:经审计,××有限公司实收资本的余额可以确认								

【案例 12.3】

审计人员在审查新办企业A公司时,发现该企业“银行存款”账上余额100万元,实际生产经营中却现金周转困难。

分析:审计人员怀疑投资人以现金投入的实收资本未实际到位,于是调阅了“实收资本”下的明细科目,其中“实收资本——甲公司”明细账上注明投入现金80万元,向会计人员索要原始凭证——银行存款回单,会计人员无法出示。审计人员与银行联系,银行告知并未收到一笔甲公司汇入该企业的80万元款项;再与A公司联系,A公司承认甲公司并未将款项汇出。该企业已经运行(营业执照已签发)6个月,投资者仍未将认缴的出资份额缴足。致使生产经营出现困难,而且该企业会计人员核算不合规范,随便记账。

审计人员建议A公司调账。收到投资前,应作调整分录:

借:实收资本——甲公司　　800000

　　贷:银行存款　　800000

经银行证实实际收到投资时,再作相反分录。

【案例 12.4】

审计人员在对B企业“股本”总账时,发现在贷方出现90万元发生额,但摘要内容没有注明谁是投资者,对应科目为“银行存款”,时间为9月5日,查账时间为9月20日。

分析:查账人员对没有注明投资者感到疑惑,怀疑有转移收入的可能。审计人员检查了9月5日借记银行存款的会计凭证,得知付款单位为某建筑公司,被查企业恰好生产建筑材料,会计部门没有关于此笔存款的更多资料。经与付款单位联系,知其购买该企业产品,价值90万元,款项于9月4日汇出。返回检查该企业的销货合同,证实90万元实为销售收入。经过审计人员的取证,会计人员承认想隐瞒该季收入和少交所得税,并想使自有资金增多,故而将应作销售收入的90万元转入了资本金。

审计人员建议被审计单位作如下调整:

借:股本　　900000

　　贷:销售收入　　900000

二、资本公积审计的实质性程序

资本公积是指企业在经营过程中由于接受捐赠、股本溢价以及法定财产重估增值等原因所形成的公积金。会计准则所规定的可计入资本公积的贷项有四个内容:资本(股本)溢价、其他资本公积、资产评估增值、资本折算差额。

(一) 资本公积的审计目标

资本公积的实质性测试程序要围绕着资本公积的审计目标开展。资本公积的审计目标与认定的对应关系如表12.15所示。

表 12.15　资本公积审计目标与认定对应关系表

审计目标	财务报表认定				
	存在	完整性	权利和义务	计价和分摊	列报
A. 资产负债表中记录的资本公积是存在的	√				
B. 所有应当记录的资本公积均已记录，资本公积的增减变动符合法律、法规和合同、章程的规定		√			
C. 资本公积以恰当的金额包括在财务报表中				√	
D. 资本公积已按照企业会计准则的规定在财务报表中作出恰当列报					√

（二）资本公积审计的实质性程序

（1）获取或编制资本公积明细表（C）。复核加计正确，并与报表数、总账数和明细账合计数核对相符，如表 12.16 所示。

表 12.16　资本公积明细表

索引号：QB2

客　户：××有限公司　　编　制：赵×　　日　期：2021.1.15

会计期间或截止日：2020.12.31　　复　核：李×　　日　期：2021.1.16

项目名称	期初余额	本期增加	本期减少	期末余额	备注
一、资本（股本）溢价					
1.					
……					
二、其他资本公积					
1.					
……					
合计					
审计结论：					

（2）收集与资本公积变动有关的股东大会决议、董事会会议纪要、资产评估报告等文件资料，更新永久性档案。首次接受委托的，应检查期初资本公积的原始发生依据（ABC）。

（3）根据资本公积明细账，对股本溢价、其他资本公积各明细的发生额逐项审查（C），如表 12.17 所示。

（4）检查资本公积各项目，考虑对所得税的影响（C）。

（5）记录资本公积中不能转增资本的项目（C）。

（6）确定资本公积的披露是否恰当（D）。

表 12.17　资本公积审定表

索引号:QB1

客　户:××有限公司　　编　制:赵×　　日　期:2021.1.15

会计期间或截止日:2020.12.31　　复　核:李×　　日　期:2021.1.16

项目名称	期末未审数	账项调整		重分类调整		期末审定数	上期末审定数	索引号
		借方	贷方	借方	贷方			
一、资本(股本)溢价								
鹏程公司股本投入溢价	450000.00					450000.00		
二、其他资本公积								
安居房地产净资产变动	192802.60					192802.60		
合计	642802.60					642802.60		
审计结论:经审计,××有限公司资本公积的余额可以确认								

【案例 12.5】

审计人员在审查某企业“资本公积”明细账时,发现8月15日50#凭证摘要为“溢价发行股票”。审计人员由明细账追查至相应记账凭证,发现8月15日50号凭证会计分录为:

借:银行存款　　96000

　贷:股本　　80000

　　资本公积——股本溢价　　16000

记账凭证后附原始凭证为银行收账通知单、股东大会通过的发行股票的决议。

分析:审计人员觉得该笔业务有异常。发行股票为何没有发行费用?这是不太合理的。于是检查8月15日前后的管理费用、财务费用账户记录,发现财务费用账户中一笔业务摘要为:发行股票手续费。分录:

借:财务费用　　2000

　贷:银行存款　　2000

对于股票发行溢价发行的,发行价格与其面值的差额扣除委托证券商代理发行股票而支付的手续费、佣金等后再计入资本公积。

审计人员首先审查企业股票发行的程序,查明有当地证券管理部门的批准文件,并依法办理了必要手续,然后按下列公式重新计算股票溢价的计算是否正确。

股票溢价=实际发行的股票数量×(每股发行价格-每股票面价值)-股票发行费用

股票溢价=8000×(12-10)-800-1200=14000(元)

企业多计股票溢价=16000-14000=2000(元)

重新计算结果表明,该企业的股票溢价是14000元,而不是16000元。

审计人员认为股票发行手续费2000元属于股票发行费用,应从股票溢价收入中扣除,不应列入财务费用,已列入的应予调账。

因此,正确的分录应该是:

借：银行存款　　　　　　　　　　94000
　　贷：股本　　　　　　　　　　　　80000
　　　　资本公积——股本溢价　　　　　14000

应建议被审计单位调整账目。

三、盈余公积审计的实质性程序

盈余公积是企业按照规定从税后利润中提取的积累资金，是具有特定用途的留存收益，主要用于弥补亏损和转增资本，也可以按规定用于分配股利。盈余公积包括法定盈余公积和任意盈余公积。

（一）盈余公积的审计目标

盈余公积实质性测试程序要围绕着盈余公积的审计目标开展。盈余公积的审计目标与认定的对应关系如表12.18所示。

表12.18　盈余公积审计目标与认定对应关系表

审计目标	财务报表认定				
	存在	完整性	权利和义务	计价和分摊	列报
A. 资产负债表中记录的盈余公积是存在的	√				
B. 所有应当记录的盈余公积均已记录，盈余公积的增减变动符合法律、法规和合同、章程的规定		√			
C. 盈余公积以恰当的金额包括在财务报表中				√	
D. 盈余公积已按照企业会计准则的规定在财务报表中作出恰当列报					√

（二）盈余公积的实质性测试程序

(1) 取得或编制盈余公积明细表(C)。复核加计正确，并与报表数、总账数和明细账合计数核对相符。

(2) 收集与盈余公积变动有关的董事会会议纪要、股东(大)会决议以及政府主管部门、财政部门批复等文件资料，进行审阅，并更新永久性档案(ABC)。

(3) 对法定盈余公积和任意盈余公积的发生额逐项审查至原始凭证(ABC)。① 审查法定盈余公积和任意盈余公积的计提顺序、计提基数、计提比例是否符合有关规定，会计处理是否正确；② 审查盈余公积的减少是否符合有关规定，取得董事会会议纪要、股东(大)会决议，予以核实，检查有关会计处理是否正确。

(4) 确定盈余公积的列报是否恰当(D)。

【案例 12.6】

审计人员对长城公司 2020 年度法定盈余公积的提取和使用情况进行了审计，发现以下问题：(1) 法定盈余公积的提取比例为 6%。经询问有关人员，据称系当年税后利润较多，适当降低了提取比例。(2) 审查盈余公积的使用时发现有救灾捐赠 15 万元。

分析：盈余公积的提取比例是否可以根据税后利润多少任意调节？盈余公积是否可以用于救灾捐赠？(1) 按照《公司法》有关规定，公司制企业应当按照净利润的 10%提取法定盈余公积。非公司制企业法定盈余公积的提取比例可超过净利润的 10%。法定盈余公积累计额达到注册资本的 50%时可以不再提取。而长城公司以税后利润较多为理由少提法定盈余公积是不合法的。(2) 企业提取的盈余公积经批准可用于弥补亏损、转增资本、发放现金股利或利润等。长城公司将救灾捐赠从盈余公积中列支是不合规的。

根据上述情况，审计人员提出如下意见：

(1) 法定盈余公积应严格按照规定的提取比例提取，该公司应补提不足部分。

(2) 救灾捐赠的 15 万元不应在盈余公积中列支，按税法规定，在年度应纳税所得额 3%以内的部分，在计算应纳税所得额时准予扣除，超过 3%的部分，应从税后利润中列支。该公司应调整其错误处理。

四、未分配利润审计的实质性程序

未分配利润是指未作分配的净利润，即这部分利润没有分配给投资者，也未指定用途。未分配利润是企业当年税后利润在弥补以前年度亏损、提取公积金和公益金以后加上上年末未分配利润，再扣除向所有者分配的利润后的结余额，是企业留于以后年度分配的利润。它是企业历年积存的利润分配后的余额，也是所有者权益的一个重要组成部分。企业的未分配利润通过“利润分配——未分配利润”明细科目核算，其年末余额反映历年积存的未分配利润(或未弥补亏损)。

(一) 未分配利润的审计目标

未分配利润实质性测试程序要围绕着未分配利润的审计目标开展。未分配利润的审计目标与认定的对应关系如表 12.19 所示。

表 12.19　未分配利润的审计目标与认定对应关系表

审计目标	财务报表认定				
	存在	完整性	权利和义务	计价和分摊	列报
A. 资产负债表中记录的未分配利润是存在的	√				
B. 被审计单位所有应当记录的未分配利润均已记录，未分配利润增减变动符合法律、法规和章程的规定		√			

续表

审计目标	财务报表认定				
	存在	完整性	权利和义务	计价和分摊	列报
C. 未分配利润以恰当的金额包括在财务报表中，与之相关的计价调整已恰当记录				√	
D. 未分配利润已按照企业会计准则的规定在财务报表中作出恰当列报					√

（二）未分配利润的实质性测试程序

(1) 获取或编制利润分配明细表(C)。复核加计是否正确，与报表数、总账数及明细账合计数核对是否相符。

(2) 检查未分配利润期初数与上期审定数是否相符，涉及损益的上期审计调整是否正确入账(C)。

(3) 收集和检查与利润分配有关的董事会会议纪要、股东(大)会决议、政府部门批文及有关合同、协议、公司章程等文件资料更新永久性档案。对照有关规定确认利润分配的合法性。检查对资产负债表日后至财务报告批准报出日之间由董事会或类似机构所制定利润分配方案中拟分配的股利，是否在财务报表附注中单独披露。注意当境内与境外会计师事务所审定的可供分配利润不同时，被审计单位进行利润分配的基数是否正确(ABC)。

(4) 检查本期未分配利润变动除净利润转入以外的全部相关凭证，结合所获取的文件资料，确定其会计处理是否正确(ABC)。

(5) 了解本年利润弥补以前年度亏损的情况，如果已超过弥补期限，且已因为抵扣亏损而确认递延所得税资产的，应当进行调整(C)。

(6) 确定未分配利润的列报是否恰当(D)。

【案例 12.7】

审计人员李明在对W公司的未分配利润进行审计时，发现未分配利润明细账其中一笔业务摘要为“转增资本”。金额为100000元。该笔业务有没有异常？

分析：该公司把未分配利润100000元转增资本。管理当局解释，公司原注册资本为300000，甲乙双方出资者各占70%和30%。工商部门因在年检过程中发现其会计报表中的实收资本仅有200000，要求公司或追加投资以补足其注册资本或变更登记其注册资本额(减资)，公司因不准备追加投资，又不想减少其注册资本为200000，经董事会决议，将其未分配利润100000元转为实收资本，全部作为甲方出资。但我国任何会计制度都没有规定“未分配利润可以转增资本”。因此，审计人员不能对该项业务确认，应建议被审计单位调账。

盈余公积与未分配利润常见错弊：

(1) 为了逃避所得税，将本应该计入当期损益的项目计入盈余公积，常见的做法有将无法支付的应付账款计入盈余公积；将资产盘盈、罚没收入等计入盈余公积。

(2) 盈余公积提取的顺序和基数不正确，有些企业直接从成本费用中提取。

(3) 列支的渠道不正确。

(4) 利润分配及亏损弥补的顺序不合规。

任务五　实施投资类相关项目审计的实质性程序

2019年新修订的企业会计准则对金融资产进行了重新定义，原交易性金融资产、可供出售金融资产、持有至到期投资三项金融资产分别被定义为以公允价值计量且其变动计入当期损益的金融资产、以公允价值计量且其变动计入其他综合收益的金融资产以及以摊余成本计量的债权投资，其中以公允价值计量且其变动计入当期损益的金融资产仍通过原有账户交易性金融资产账户核算，以公允价值计量且其变动计入其他综合收益的金融资产和以摊余成本计量的债权投资分别通过其他债权投资和债权投资账户核算，原有可供出售金融资产和持有至到期投资不再使用。除以上列举的三项外，投资项目还包含长期股权投资、投资性房地产、应收利息、投资收益审计、应收股利、交易性金融负债等。下面介绍一些重要项目的审计。

一、以公允价值计量且其变动计入当期损益的金融资产审计的实质性程序

以摊余成本计量的金融资产和以公允价值计量且其变动计入其他综合收益的金融资产之外的金融资产，应当分类为以公允价值计量且其变动计入当期损益的金融资产。在会计上，通过“交易性金融资产”账户核算。

(一) 交易性金融资产的审计目标

交易性金融资产实质性测试程序要围绕着交易性金融资产的审计目标开展。交易性金融资产的审计目标与认定的对应关系如表12.20所示。

表12.20　交易性金融资产审计目标与认定对应关系表

审计目标	财务报表认定					
	存在	完整性	权利和义务	准确性，计价和分摊	分类	列报与披露
A. 资产负债表中记录的交易性金融资产是存在的	√					
B. 所有应当记录的交易性金融资产均已记录		√				
C. 记录的交易性金融资产由被审计单位拥有或控制			√			
D. 交易性金融资产以恰当的金额包括在财务报表中，与之相关的计价调整已恰当记录				√		

续表

审计目标	财务报表认定					
	存在	完整性	权利和义务	准确性，计价和分摊	分类	列报与披露
E. 交易性金融资产计入恰当的账户					√	
F. 交易性金融资产已按照企业会计准则的规定在财务报表中作出恰当列报						√

（二）交易性金融资产审计的实质性程序

（1）获取或编制交易性金融资产明细表（D）。复核加计正确，并与报表数、总账数和明细账合计数核对是否相符；检查非记账本位币交易性金融资产的折算汇率及折算是否正确。

（2）就被审计单位管理层将投资确定划分为交易性金融资产的意图获取审计证据，并考虑管理层实施该意图的能力（CEF）。

（3）确定交易性金融资产余额正确及存在（ADEF）。① 获取股票、债券、基金等账户对账单，与明细账余额核对，作出记录或进行适当调整；② 被审计单位人员盘点交易性金融资产，编制交易性金融资产盘点表，审计人员实施监盘并检查交易性金融资产名称、数量、票面价值、票面利率等内容，同时与相关账户余额进行核对，如有差异，查明原因，作出记录或进行适当调整；③ 如交易性金融资产在审计工作日已售出或兑换，则追查至相关原始凭证，以确认其在资产负债表日存在；④ 在外保管的交易性金融资产等应查阅有关保管的文件，必要时可向保管人函证，复核并记录函证结果。了解在外保管的交易性金融资产实质上是否为委托理财，如是，则应详细记录，分析资金的安全性和可收回性，提请被审计单位重新分类，并充分披露。

（4）确定交易性金融资产的会计记录是否完整，并确定所购入交易性金融资产归被审计单位所拥有：取得有关账户流水单，对照检查账面记录是否完整。检查购入交易性金融资产是否为被审计单位拥有；向相关机构发函，并确定是否存在变现限制，同时记录函证过程（BC）。

（5）确定交易性金融资产的计价是否正确：复核交易性金融资产计价方法，检查其是否按公允价值计量，前后期是否一致；复核公允价值取得依据是否充分。公允价值与账面价值的差额是否计入公允价值变动损益科目（D）。

（6）抽取交易性金融资产增减变动的相关凭证，检查其原始凭证是否完整合法，会计处理是否正确：抽取交易性金融资产增加的记账凭证，注意其原始凭证是否完整合法，成本、交易费用和相关利息或股利的会计处理是否符合规定；抽取交易性金融资产减少的记账凭证，检查其原始凭证是否完整合法，会计处理是否正确；注意出售交易性金融资产时其成本结转是否正确（ABD）。

（7）检查有无变现存在重大限制的交易性金融资产，如有，则查明情况，并作适当调整（C）。

(8) 检查交易性金融资产是否已按照企业会计准则的规定在财务报表中作出恰当列报(F)。

【案例 12.8】

2016 年 5 月 13 日,甲公司支付价款 1060000 元从二级市场购入乙公司发行的股票 100000 股,每股价格 10.60 元(含已宣告但尚未发放的现金股利 0.60 元),另支付交易费用 1000 元。甲公司将持有的乙公司股权划分为以公允价值计量且其变动计入当期损益的金融资产,且持有乙公司股权后对其无重大影响。假定不考虑其他因素,甲公司的账务处理如下:

甲公司在购入当日做了如下的账务处理:

借:交易性金融资产——成本　　1000000

　应收股利　　61000

　贷:其他货币资金——存出投资款　　1061000

甲公司其他相关资料如下:

(1) 5 月 23 日,收到乙公司发放的现金股利,甲公司的账务处理如下:

借:其他货币资金——存出投资款　　60000

　贷:应收股利　　60000

(2) 6 月 30 日,乙公司股票价格涨到每股 13 元,甲公司没有对该变动进行任何账务处理;

(3) 8 月 15 日,将持有的乙公司股票全部售出,每股售价 15 元,甲公司的相关账务处理如下:

借:其他货币资金——存出投资款　　1500000

　贷:交易性金融资产——成本　　1000000

　　投资收益　　500000

要求:对于资料中的事项,请判断甲公司的做法是否正确,不正确的请列示正确的账务处理。

答案提示: (1) 购入时:甲公司的处理不正确。以公允价值计量且其变动计入当期损益的金融资产初始确认时,应按公允价值计量,相关交易费用应当直接计入当期损益。甲公司正确的账务处理如下:

借:交易性金融资产——成本　　1000000

　应收股利　　60000

　投资收益　　1000

　贷:其他货币资金——存出投资款　　1061000

审计调整分录如下:

借:投资收益　　1000

　贷:应收股利　　1000

(2) 5 月 23 日:甲公司的处理是正确的。

(3) 6 月 30 日:甲公司的处理不正确。资产负债表日,企业应将以公允价值计量且其变动计入当期损益的金融资产的公允价值变动计入当期损益。正确的账务处理如下:

借：交易性金融资产——公允价值变动　　300000
　　贷：公允价值变动损益　　300000

审计调整分录同上。

(4) 8月15日：甲公司的处理不正确。处置该金筹资产时，其公允价值与初始入账金额之间的差额应确认为投资收益，同时调整公允价值变动损益。甲公司正确的账务处理如下：

借：其他货币资金——存出投资款　　1500000
　　公允价值变动损益　　300000
　　贷：交易性金融资产——成本　　1000000
　　　　　　　　　　　——公允价值变动　　300000
　　　　投资收益　　500000

审计调整分录如下：

借：公允价值变动损益　　300000
　　贷：交易性金融资产——公允价值变动　　300000

二、以公允价值计量且其变动计入其他综合收益的金融资产审计的实质性程序

金融资产同时符合下列条件的，应当分类为以公允价值计量且其变动计入其他综合收益的金融资产：① 企业管理该金融资产的业务模式既以收取合同现金流量为目标又以出售该金融资产为目标；② 该金融资产的合同条款规定，在特定日期产生的现金流量，仅为对本金和以未偿付本金金额为基础的利息的支付。在会计上，通过“其他债权投资”账户核算。

(一) 其他债权投资的审计目标

其他债权投资实质性测试程序要围绕着其他债权投资的审计目标开展。其他债权投资的审计目标与认定的对应关系如表12.21所示。

表12.21　其他债权投资审计目标与认定对应关系表

审计目标	财务报表认定					
	存在	完整性	权利和义务	准确性，计价和分摊	分类	列报与披露
A. 资产负债表中记录的其他债权投资是存在的	√					
B. 所有应当记录的其他债权投资均已记录		√				
C. 记录的其他债权投资由被审计单位拥有或控制			√			
D. 其他债权投资以恰当的金额包括在财务报表中，与之相关的计价调整已恰当记录				√		

续表

审计目标	财务报表认定					
	存在	完整性	权利和义务	准确性，计价和分摊	分类	列报与披露
E. 其他债权投资计入恰当的账户					√	
F. 其他债权投资已按照企业会计准则的规定在财务报表中作出恰当列报						√

（二）其他债权投资审计的实质性程序

(1) 获取或编制其他债权投资明细表(DE)。复核加计是否正确，并与总账数和明细账合计数核对是否相符；结合其他债权投资减值准备科目与报表数核对是否相符；与被审计单位讨论以确定划分为其他债权投资的金融资产是否符合会计准则的规定；与上年明细项目进行比较，确定与上年分类相同。

(2) 根据被审计单位管理层的意图和能力，判断其他债权投资的分类是否正确(DE)。

(3) 确定其他债权投资的余额正确并存在(ABCDE)。① 对于没有划分为以公允价值计量且其变动记入当期损益的金融资产，获取股票、债券、基金等账户对账单，与明细账余额核对，需要时，向证券登记公司等发函询证，以确认其存在。如有差异，查明原因，作出记录或进行适当调整；② 被审计单位的主管会计人员盘点库存其他债权投资，编制其他债权投资盘点表，注册会计师实施监盘并检查其他债权投资名称、数量、票面价值、票面利率等内容，并与相关账户余额进行核对；如有差异，查明原因。作出记录或进行适当调整；③ 如其他债权投资在审计工作日已售出或兑换，则追查至相关原始凭证，以确认其在审计截止日存在；④ 在外保管的其他债权投资等应查阅有关保管的文件，必要时可向保管人函证，复核并记录函证结果。了解在外保管的其他债权投资是否实质上为委托理财，如是，则应详细记录，分析资金的安全性和可收回性，提请被审计单位重新分类，并充分披露。

(4) 确定其他债权投资的会计记录完整，由被审计单位拥有(BC)。分别自本期增加、本期减少中选择适量项目；追查至原始凭证，检查其是否经授权批准，确认有关其他债权投资的购入、售出、兑换及投资收益金额正确，记录完整；并确认所购入其他债权投资归被审计单位拥有；检查其他债权投资的处置时，是否将原值接计入资本公积的公允价值变动累计额对应处置部分的金额转出，计入投资收益。

(5) 确定其他债权投资的计价正确(D)。① 复核其他债权投资的计价方法，检查其是否按公允价值计量，前后期是否一致，公允价值取得依据是否充分；② 与被审计单位讨论以确定实际利率确定依据是否充分，非本期新增投资，复核实际利率是否与前期一致；③ 重新计算持有期间的利息收入和投资收益：按票面利率计算确定当期应收利息，按其他债权投资摊余成本和实际利率计算确定当期投资收益，差额作为利息调整，与应收利息和投资收益中的相应数字核对无误；④ 复核其他债权投资的期末价值计量是否正确，会计处理是否正确。其他债权投资期末公允价值变动应计入其他综合收益。但应关注按实际利率法计算确定的利息、减值损失、外币货币性金融资产形成的汇兑损益应确认为当期损益。与财务费用、资产减值损失等科目中的相应数字核对无误。

(6) 期末对其他债权投资进行如下逐项检查,以确定是否已经发生减值(D)。① 核对其他债权投资减值准备本期与以前年度计提方法是否一致,如有差异,查明政策调整的原因,并确定政策变更对本期损益的影响,提请被审计单位作适当披露;② 期末,对其他债权投资逐项进行检查,以确定是否已经发生减值;如果其他债权投资的公允价值发生较大幅度下降,或在综合考虑各种相关因素后,预期这种下降趋势属于非暂时性的,可认定该项其他债权投资已发生减值,应当确认减值损失,并与被审计单位已计提数相核对,如有差异,查明原因;③ 将本期减值准备计提(或转回)金额与利润表资产减值损失中的相应数字核对无误;④ 其他债权投资减值准备按单项资产(或包括在具有类似信用风险特征的金融资产组)计提,计提依据充分,得到适当批准。

(7) 检查非货币性资产交换、债务重组的会计处理是否正确(ABCD)。

(8) 结合银行借款等的检查,了解其他债权投资是否存在质押、担保的情况。如有,则应详细记录,并提请被审计单位进行充分披露(CF)。

(9) 检查其他债权投资的列报是否恰当,各类其他债权投资期初、期末价值;确定其他债权投资的依据;其他债权投资利得和损失的计量基础;其他债权投资减值的判定依据(F)。

【案例 12.9】

被审计单位甲公司于 2016 年 4 月 10 日购入 D 公司股票 2000000 股,每股市价 10 元,其中包含已宣告未发放的现金股利 1 元。甲公司另支付相关费用 100000 元。初始确认时,该股票划分为以公允价值计量且其变动计入其他综合收益的金融资产。当日甲公司的账务处理如下:

借:其他债权投资——成本　　18100000
　　应收股利　　2000000
　　贷:其他货币资金——存出投资款　　20100000

甲公司至 2010 年 12 月 31 日仍持有该股票,该股票当时的市价为 9.3 元。甲公司当时的账务处理如下:

借:其他债权投资——公允价值变动　　500000
　　贷:其他综合收益——其他债权投资公允价值变动　　500000

同日,甲公司将上述股票对外出售 1000000 股,每股售价 9.4 元,当日甲公司的账务处理如下:

借:其他货币资金——存出投资款　　9400000
　　其他综合收益——其他债权投资公允价值变动　　500000
　　贷:其他债权投资——成本　　9050000
　　　　投资收益　　850000

要求:请指出甲公司的上述账务处理是否正确,不正确的请编制调整分录。

答案提示:甲公司在购入及期末其他债权投资公允价值变动时的账务处理是正确的;出售时的账务处理不正确,正确的账务处理如下:

借:其他货币资金——存出投资款　　9400000
　其他综合收益——其他债权投资公允价值变动　　250000
　贷:其他债权投资——成本　　9050000
　　其他债权投资——公允价值变动　　250000
　　投资收益　　350000

调整分录如下:

借:投资收益　　500000
　贷:其他综合收益——其他债权投资公允价值变动　　250000
　　其他债权投资——公允价值变动　　250000

三、以摊余成本计量的债权投资审计的实质性程序

企业金融资产同时符合下列条件的,应当分类为以摊余成本计量的金融资产:① 企业管理该金融资产的业务模式是以收取合同现金流量为目标;② 该金融资产的合同条款规定,在特定日期产生的现金流量,仅为对本金和未偿付本金金额为基础的利息的支付。在会计上,通过"债权投资"账户核算。

(一) 债权投资的审计目标

债权投资实质性测试程序要围绕着债权投资的审计目标开展。债权投资的审计目标与认定的对应关系如表12.22所示。

表12.22　债权投资审计目标与认定对应关系表

审计目标	财务报表认定					
	存在	完整性	权利和义务	准确性,计价和分摊	分类	列报与披露
A. 资产负债表中记录的债权投资是存在的	√					
B. 所有应当记录的债权投资均已记录		√				
C. 记录的债权投资由被审计单位拥有或控制			√			
D. 债权投资以恰当的金额包括在财务报表中,与之相关的计价调整已恰当记录				√		
E. 债权投资计入恰当的账户					√	
F. 债权投资已按照企业会计准则的规定在财务报表中作出恰当列报						√

(二) 债权投资审计的实质性程序

(1) 获取或编制债权投资明细表(D)。复核加计正确,并与总账数和明细账合计数核对

是否相符；结合债权投资减值准备科目与报表数核对是否相符；检查非记账本位币债权投资的折算汇率及折算是否正确；与被审计单位讨论以确定划分为债权投资的金融资产是否符合企业会计准则的规定；与上年度明细项目进行比较，确定与上年度分类相同。具有到期日固定、回收金额固定或可确定、企业有明确意图和能力持有至到期、有活跃市场特征的金融资产可划分为债权投资的金融资产。

(2) 就被审计单位管理层将投资确定划分为债权投资的意图获取审计证据，并考虑管理层实施该意图的能力(CEF)。应向管理层询问，并通过下列方式对管理层的答复予以印证。① 考虑管理层以前所述的对于划分为债权投资的实际实施情况；② 复核包括预算、会议纪要等在内的书面计划和其他文件记录；③ 考虑管理层将某项资产划分为债权投资的理由；④ 考虑管理层在既定经济环境下实施特定措施的能力。

(3) 确定债权投资的余额正确和债权投资的存在(ABCD)。① 被审计单位的主管会计人员盘点库存债权投资，编制债权投资盘点表。审计人员实施监盘并检查债权投资的名称、数量、票面价值、票面利率等内容，并与相关账户余额进行核对，如有差异，查明原因，作出记录或进行适当调整；② 如债权投资在审计工作日已售出或兑换，则追查至相关原始凭证，以确认其在资产负债表日存在；③ 在外保管的债权投资等应查阅有关保管的文件，必要时可向保管人函证。询证函由注册会计师直接收发，复核并记录函证结果。了解在外保管的债权投资实质上是否为委托理财，如是，则应详细记录、分析资金的安全性和可收回性，提请被审计单位重新分类，并充分披露；④ 如可以向证券公司等获取对账单的，应取得对账单，并与明细账余额核对，需要时，向其等发函询证，以确认其存在，如有差异，查明原因，作出记录或进行适当调整。

(4) 确定债权投资的会计记录完整，并确定归被审计单位拥有(ABCD)。分别自本期增加、本期减少中选择适量项目；追查至原始凭证，检查其是否经授权批准，确认有关债权投资的购入、售出、处置及投资收益金额正确，记录完整。并确认所购入债权投资归被审计单位拥有。

(5) 确定债权投资的计价正确(D)。① 检查债权投资初始计量正确；复核其计价方法，检查是否按摊余成本计量，前后期是否一致；② 与被审计单位讨论确定实际利率确定依据是否充分，非本期新增投资，复核实际利率是否与前期一致；③ 重新计算持有期间的利息收入和投资收益。按票面利率计算确定当期应收利息，按债权投资摊余成本和实际利率计算确定当期投资收益，差额作为利息调整。与应收利息(分期付息)或应计利息(到期付息)和投资收益中的相应数字核对无误。

(6) 检查债权投资与其他债权投资相互重分类的依据是否充分，会计处理是否正确(CDE)。

(7) 期末对成本计量的债权投资进行如下逐项检查，以确定是否已经发生减值(D)。① 核对债权投资减值准备本期与以前年度计提方法是否一致，如有差异，查明政策调整的原因，并确定政策改变对本期损益的影响，提请被审计单位作适当披露；② 期末，对债权投资逐项进行检查，以确定是否已经发生减值。确有出现导致其预计未来现金流量现值低于账面价值的情况，将预计未来现金流量现值低于账面价值的差额作为债权投资减值准备予以计提。并与被审计单位已计提数相核对，如有差异，查明原因；③ 将本期减值准备计提(或转回)金额与利润表资产减值损失中的相应数字核对；④ 债权投资减值准备按单项资产

(或包括在具有类似信用风险特征的金融资产组)计提,计提依据充分,得到适当批准。债权投资价值得以恢复的,原确认的减值损失应予以转回,复核转回后的账面价值不超过假设不计提减值准备情况下该债权投资在转回日的摊余成本,会计处理是否正确。

(8) 检查非货币性资产交换、债务重组时取得或转出债权投资的会计处理是否正确(ABCD)。

(9) 结合银行借款等的检查,了解债权投资是否存在质押、担保情况。如有,则应详细记录,并提请被审计单位进行充分披露(CE)。

(10) 检查债权投资的列报是否恰当。各类债权投资期初、期末价值;确定债权投资的依据;债权投资利得和损失的计量基础(F)。

【案例 12.10】

被审计单位乙公司于2010年3月因持有的原已划分为债权投资的某公司债券(债券的成本为1000000元)价格持续下跌,于4月1日出售该债权投资的10%,收取价款120000元。将其余部分转入其他债权投资,乙公司相关的账务处理如下:

(1) 出售10%,收取价款:

借:其他货币资金——存出投资款　　120000
　贷:债权投资——成本　　100000
　　投资收益　　20000

将其余部分转入其他债权投资:

借:其他债权投资——成本　　900000
　贷:债权投资——成本　　900000

(2) 到4月3日,乙公司将该债券全部出售,收取价款1180000元,并作如下的账务处理:

借:其他货币资金——存出投资款　　1180000
　贷:其他债权投资——成本　　900000
　　投资收益　　280000

要求:请判断上述账务处理有无不妥,如需调整请列示调整分录。

答案提示: (1) 将其余部分转入其他债权投资的账务处理不正确。转入时其他债权投资应该按转入时的公允价值入账。正确的账务处理如下:

借:其他债权投资——成本　　1080000
　贷:债权投资——成本　　900000
　　其他综合收益　　180000

建议乙公司作如下调整:

借:其他债权投资——成本　　180000
　贷:其他综合收益　　180000

(2) 4月3日全部出售债券的处理不正确。正确的账务处理如下:

借:银行存款　　1180000
　贷:其他债权投资——成本　　1080000
　　投资收益　　100000

借：其他综合收益　　180000

　贷：投资收益　　180000

建议乙公司作如下调整：

借：其他综合收益　　180000

　贷：其他债权投资——成本　　180000

四、长期股权投资审计的实质性程序

长期股权投资是指通过投资取得被投资单位的股份。小企业对被投资单位无共同控制且无重大影响的，长期股权投资应当采用成本法核算；对被投资单位具有共同控制或重大影响的，长期股权投资应当采用权益法核算。

（一）长期股权投资的审计目标

长期股权投资实质性测试程序要围绕着长期股权投资的审计目标开展。长期股权投资的审计目标与认定的对应关系如表12.23所示。

表12.23　长期股权投资审计目标与认定对应关系表

审计目标	财务报表认定					
	存在	完整性	权利和义务	准确性，计价和分摊	分类	列报与披露
A. 资产负债表中记录的长期股权投资是存在的	√					
B. 所有应当记录的长期股权投资均已记录		√				
C. 记录的长期股权投资由被审计单位拥有或控制			√			
D. 长期股权投资以恰当的金额包括在财务报表中，与之相关的计价调整已恰当记录				√		
E. 长期股权投资记录于恰当的账户					√	
F. 长期股权投资已按照企业会计准则的规定在财务报表中作出恰当列报						√

（二）长期股权投资的实质性测试程序

（1）获取或编制长期股权投资明细表(D)。复核加计正确，并与总账数和明细账合计数核对相符；结合长期股权投资减值准备科目与报表数核对相符，如表12.24所示。

表 12.24　长期股权投资明细表

索引号:ZM3

客　户:××有限公司　　　编　制:赵×　　　日　期:2021.1.15

会计期间或截止日:2020.12.31　　　复　核:李×　　　日　期:2021.1.16

长期股权投资明细表						
被投资单位	期初投资比例	期末投资比例	期初数	本期借方	本期贷方	期末数
东兴服装公司	10%	10%	1987262.65			1987262.65
上海纬欣	10%	10%	302645.40			302645.40
迅通公司	63%	0%	1305034.85		1305034.85	——
京海投资	4%	4%	829140.15			829140.15
新华纺织公司	0%	1%	100000.00			100000.00
北京安安贸易公司	35%	35%	20000000.00			20000000.00
丽晶股份有限公司	25%	25%	290058.71			290058.71
舒宜纺织股份有限公司	0%	7%	——	1560405.41		1560405.41
合计			24814141.71			25069512.27

(2) 确定长期股权投资是否存在,并归被审计单位所有;根据管理层的意图和能力,分类是否正确;针对各分类其计价方法、期末余额是否正确(ACDEF)。① 根据有关合同和文件,确认长期股权投资的股权比例和时间,检查长期股权投资核算方法是否正确;取得被投资单位的章程、营业执照、组织机构代码证等资料;② 分析被审计单位管理层的意图和能力,检查有关原始凭证,验证长期股权投资分类的正确性(分为对子公司、联营企业、合营企业和其他企业的投资四类),是否不包括应由金融工具确认和计量准则核算的长期股权投资;③ 对于应采用权益法核算的长期股权投资,获取被投资单位已经注册会计师审计的年度财务报表,如果未经注册会计师审计,则应考虑对被投资单位的财务报表实施适当的审计或审阅程序。a. 复核投资损益时,根据重要性原则,应以取得投资时被投资单位各项可辨认资产的公允价值为基础,对被投资单位的净损益进行调整后加以确认;b. 被投资单位采用的会计政策及会计期间与被审计单位不一致的,应当按照被审计单位的会计政策及会计期间对被投资单位的财务报表进行调整,据以确认投资损益,并作出详细记录;c. 将重新计算的投资损益与被审计单位计算的投资损益相核对,如有重大差异,查明原因,并做适当调整;d. 关注被审计单位在其被投资单位发生净亏损或以后期间实现盈利时的会计处理是否正确;e. 检查除净损益以外被投资单位所有者权益的其他变动,是否调整计入所有者权益;f. 对于采用成本法核算的长期股权投资,检查股利分配的原始凭证及分配决议等资料,确定会计处理是否正确;g. 对被审计单位实施控制而采用成本法核算的长期股权投资,比照权益法编制变动明细表,以备合并报表使用;h. 对于成本法和权益法相互转换的,检查其投资

成本的确定是否正确。

(3) 确定长期股权投资增减变动的记录是否完整(ABD)。① 检查本期增加的长期股权投资,追查至原始凭证及相关的文件或决议及被投资单位验资报告或财务资料等,确认长期股权投资是否符合投资合同、协议的规定,会计处理是否正确(根据企业合并形成、企业合并以外其他方式取得的长期股权投资分别确定初始投资成本);② 检查本期减少的长期股权投资,追查至原始凭证,确认长期股权投资的处理有合理的理由及授权批准手续,会计处理是否正确。

(4) 期末对长期股权投资进行逐项检查,以确定长期股权投资是否已经发生减值(D)。

(5) 检查通过发行权益性证券、投资者投入、企业合并等方式取得的长期股权投资的会计处理是否正确(ABD)。

(6) 对于长期股权投资分类发生变化的,检查其核算是否正确(DE)。

(7) 结合银行借款等的检查,了解长期股权投资是否存在质押、担保情况。如有,则应详细记录,并提请被审计单位进行充分披露(CF)。

(8) 与被审计单位人员讨论确定是否存在被投资单位由于所在国家和地区及其他方面的影响,其向被审计单位转移资金的能力受到限制的情况。如存在,应详细记录受限情况,并提请被审计单位充分披露(CE)。

(9) 检查长期股权投资的列报是否恰当(F)。① 子公司、合营企业和联营企业清单,包括企业名称、注册地、业务性质、投资企业的持股比例和表决权比例;② 合营企业和联营企业当期的主要财务信息,包括资产、负债、收入、费用等的合计金额;③ 被投资单位向投资企业转移资金的能力受到严格限制的情况;④ 当期及累计未确认的投资损失金额;⑤ 与对子公司、合营企业及联营企业投资相关的或有负债。长期投资审定如表 12.25 所示。

表 12.25 长期股权投资审定表

索引号:ZM1

客　户:××有限公司　　编　制:赵×　　日　期:2021.1.15

会计期间或截止日:2020.12.31　　复　核:李×　　日　期:2021.1.16

项目名称	期末未审数	账项调整		重分类调整		期末审定数	上期末审定数	索引号
		借方	贷方	借方	贷方			
京海投资	829140.15					829140.15		
经纬纺织机械有限公司	100000.00					100000.00		
……	……					……		
合计	25069512.27					25069512.27		

审计结论:经审计,××有限公司长期股权投资可以确认的余额为 25569512.27 元

【案例 12.11】

被审计单位甲公司原持有 G 公司 60%的股权，采用成本法核算，其账面余额是 60000000 元，没有计提减值准备。2013 年 12 月 6 日，甲公司将其持有的对 G 公司的长期股权投资中的 1/3 出售给 H 企业，至此，甲公司持有 G 公司 40%的股权。出售当日 G 公司可辨认净资产的公允价值总额为 160000000 元。出售时取得价款 36000000 元。当日作了如下的账务处理：

借：银行存款　　　　36000000

　贷：长期股权投资　　　　20000000

　　投资收益　　　　16000000

甲公司原取得 G 公司 60%股权时，G 公司可辨认净资产的公允价值总额为 90000000 元，假定公允价值与账面价值相同。自甲公司取得对 G 公司长期股权投资到处置该长期股权投资 1/3 之前，G 公司一共实现净利润 50000000 元，但一直未进行利润分配。除此实现的净利润以外，G 公司没有发生其他计入资本公积的交易或事项。甲公司按照净利润的 10%提取盈余公积。

审计中我们发现，甲公司没有将出售 1/3 股权后剩余的长期股权投资账面价值与原投资时享有的 G 公司可辨认净资产的公允价值份额之间的差额 4000000 元作进一步处理。

甲公司在出售 20%的股权后，甲公司对 G 公司的持股比例为 40%，在 G 公司董事会中派有代表，但不能对 G 公司的生产经营决策实施控制。对 G 公司长期股权投资由成本法改为按权益法核算。

甲公司基于处置投资后按持股比例计算享有 G 公司从购买日到处置日之间的净损益 20000000 元，同时调整了留存收益。相关的账务处理如下：

借：长期股权投资　　　　20000000

　贷：盈余公积　　　　2000000

　　利润分配——未分配利润　　　　18000000

要求：请判断上述账务处理是否正确，不正确的请编制调整分录。

答案提示：上述账务处理没有不正确的。甲公司出售 1/3 股权后剩余的长期股权投资账面价值与原投资时享有的 G 公司可辨认净资产的公允价值份额之间的差额 4000000 元，该部分差额从本质上是投资企业在取得投资过程中通过购买作价体现出的与所取得股权份额相对应的商誉及不符合确认条件的资产价值。初始投资成本大于投资时应享有被投资单位可辨认净资产公允价值的份额，两者之间的差额不要求对长期股权投资的成本进行调整。

本项目小结

本项目主要介绍了筹资与投资项目审计的主要内容。

筹资与投资循环审计包括筹资与投资两部分。筹资活动是指企业为满足生存和发展的需要，通过改变企业资本及债务规模和构成而筹集资金的活动。投资活动是指企业为享有被投资单位分配自己的利润，或为谋求其他利益，将资产让渡给其他单位而获得另一项资产的活动。

筹资活动主要由借款交易和股东权益交易组成。股东权益增减变动的业务较少而金额较大,注册会计师在审计中一般直接进行实质性程序。

投资活动的内部控制包括合理的职责分工、健全的资产保管制度、详尽的会计核算制度、严格的记名登记制度、完善的定期盘点制度。投资活动的控制测试包括了解与投资相关内部控制、进行抽查、审阅内部盘核报告、分析企业投资业务管理报告。

项目十二课后习题

筹资与投资循环的实质性程序包括借款相关项目的实质性程序、所有者权益相关项目的实质性程序、投资相关项目的实质性程序。

参 考 文 献

[1] 阿伦斯,等.审计学:一种整合方法[M].谢盛纹,译.北京:中国人民大学出版社,2013.
[2] 蔡春.审计理论结构研究[M].大连:东北财经大学出版社,2001.
[3] 陈汉文.审计[M].3版.北京:中国人民大学出版社,2020.
[4] 李金华.中国审计史[M].北京:中国时代经济出版社,2004.
[5] 刘家义.中国特色社会主义审计制度研究[M].北京:商务印书馆,中国时代经济出版社,2016.
[6] 彭毅林.审计学:理论、案例与实务[M].北京:人民邮电出版社,2017.
[7] 秦荣生,卢春泉.审计学[M].10版.北京:中国人民大学出版社,2019.
[8] 宋常.审计学[M].8版.北京:中国人民大学出版社,2018.
[9] 韦尔斯.公司舞弊手册:防范与检查[M].朱锦余,等,译.大连:东北财经大学出版社,2010.
[10] 吴秋生.审计学[M].4版.上海:上海财经大学出版社,2018.
[11] 叶陈刚,李洪,张岩.审计学[M].3版.北京:机械工业出版社,2019.
[12] 朱锦余.审计[M].6版.大连:东北财经大学出版社,2022.
[13] 中国注册会计师协会.审计[M].北京:中国财政经济出版社,2022.
[14] 刘明辉.审计[M].第7版.大连:东北财经大学出版社,2019.
[15] 刘明辉.审计习题与案例[M].大连:东北财经大学出版社,2019.